VIDA INTERIOR

Blucher

KARNAC

VIDA INTERIOR

Psicanálise e desenvolvimento da personalidade

Margot Waddell

Tradução
Patrícia F. Lago

Authorised translation from the English language edition published by Karnac Books Ltd.

Vida interior: psicanálise e desenvolvimento da personalidade

Título original: *Inside Lives: Psychoanalysis and the Growth of Personality*

© 2002 Margot Waddell

© 2017 Editora Edgard Blücher Ltda.

Equipe Karnac Books

Editor-assistente para o Brasil Paulo Cesar Sandler

Coordenador de traduções Vasco Moscovici da Cruz

Revisora gramatical Beatriz Aratangy Berger

Conselho consultivo Nilde Parada Franch, Maria Cristina Gil Auge, Rogério N. Coelho de Souza, Eduardo Boralli Rocha

Blucher

Rua Pedroso Alvarenga, 1245, 4º andar
04531-934 – São Paulo – SP – Brasil
Tel.: 55 11 3078-5366
contato@blucher.com.br
www.blucher.com.br

Segundo o Novo Acordo Ortográfico,
conforme 5. ed. do *Vocabulário
Ortográfico da Língua Portuguesa*,
Academia Brasileira de Letras, março
de 2009.

É proibida a reprodução total ou parcial
por quaisquer meios sem autorização
escrita da editora.

Todos os direitos reservados pela
Editora Edgard Blücher Ltda.

FICHA CATALOGRÁFICA

Waddell, Margot

    Vida interior : psicanálise e desenvolvimento
da personalidade / Margot Waddell ;
tradução de Patrícia F. Lago. – São Paulo :
Blucher, 2017.

    384 p.

    Bibliografia
    ISBN 978-85-212-1211-9

    Título original: *Psychoanalysis and the Growth
of Personality*

    1. Psicanálise 2. Personalidade I. Título.
II. Lago, Patrícia F.

17-0725   CDD 150.195

Índice para catálogo sistemático:
1. Psicanálise

Para

meus pais, James e Dorothy,

e meus filhos, Nicholas e Anna.

"Ó, vale forjador d'almas, suplico-te: avocai o mundo."
—*Keats, Cartas de John Keats, 1987*

Agradecimentos

Sendo este o tipo de livro que é, parece apropriado reverter a ordem costumeira de reconhecimentos e agradecimentos. Minha primeira e mais profunda dívida de gratidão é, então, para meus pais, meus filhos e enteados, por suas personalidades sábias, tolerantes, estimulantes e desafiadoras: para James e Dorothy, para Nicholas e Anna, e para David, Sarah e Emma. Em seguida meus agradecimentos vão para meus mentores intelectuais e professores analíticos, com quem aprendi tanto: inicialmente, à memória de Martha Harris, de quem, na chegada a Tavistock, ouvi pela primeira vez sobre algo chamado "desenvolvimento da personalidade"; e para Donald Meltzer, que me capacitou para pensar sobre isso; mais recentemente, para Michael Feldman, Hanna Segal e Leslie Sohn. Sou particularmente grata aos muitos alunos, colegas e pacientes que, ao longo dos anos, e frequentemente sem o saberem, contribuíram tão ricamente para o pensamento que foi colocado neste livro. Um trabalho como este é forjado nos pensamentos e experiências de um grande número de pessoas. É difícil dizer "muito obrigada" o suficiente aos amigos e colegas que, em diferentes estágios do "desenvolvimento" do manuscrito, foram tão incansavelmente prestativos e entusiasmados. Alguns leram partes do texto, outros, com uma generosidade extraordinária, trabalharam em tudo, meticulosamente, de forma crítica e com enorme interesse e apoio. Quaisquer omissões significativas ou colocações questionáveis que tenham permanecido são, no fim, de minha responsabilidade exclusiva. Então, meus agradecimentos são para: Ines Cavill, Pip Garvey, Jeremy Mulford, Priscilla Roth, Margaret Rustin, Alison Swan-Parente, Diana Thomas, Gianna Williams; e principalmente, a Rachel Davenhill e Rozsika Parker, pelos rascunhos iniciais, e, no acabamento, a David Wiggins. Destes últimos, em cada caso, a sensibilidade de discernimento, a crença no projeto e o comprometimento rigoroso com a clareza, inteligibilidade e simplicidade me ajudaram imensamente.

O livro literalmente não teria sido "escrito" se não fosse o brilhantismo tecnológico, vontade, carinho e envolvimento de Sandra Masterson, que, sob pressão, lidou com intermináveis rascunhos, reformulações e mudanças de ideia. Mais formalmente, mas não menos sinceramente, meus agradecimentos vão para os recursos da Clínica Tavistock, mais especialmente a Michèle e Marcos de Lima, a Eleanor Morgan, a Nick Temple e ao meu próprio lugar lá, o Departamento do Adolescente. Finalmente, meus agradecimentos são devidos à Duckworth, a editora original da série, e à Karnac, por trazer uma segunda edição estendida, muito melhorada pela generosa e cuidadosa ajuda de Nicola Bion com a revisão.

Prefácio dos editores da série

Desde que foi fundada em 1920, a Clínica Tavistock desenvolveu uma ampla gama de abordagens terapêuticas para a saúde mental, que foram fortemente influenciadas pela psicanálise. Adotou também a terapia familiar sistêmica como modelo teórico e na abordagem clínica de problemas familiares. A clínica é a maior instituição de formação na área de saúde mental na Grã-Bretanha, oferecendo cursos de pós-graduação e qualificação em serviço social, psicologia, psiquiatria, psicoterapia infantil, de adolescentes e de adultos, bem como em enfermagem e cuidados primários de saúde. Treina cerca de 1.400 estudantes por ano em mais de 45 cursos.

A filosofia da Clínica tem como fim promover métodos terapêuticos em saúde mental. A sua abordagem é fundada na experiência clínica, que é a base do seu trabalho de consultoria e pesquisa. Esta série visa disponibilizar o trabalho clínico, teórico e de pesquisa mais influente na Clínica Tavistock. Ela estabelece novas abordagens na compreensão e no tratamento de distúrbios psicológicos em crianças, adolescentes e adultos, tanto em indivíduos como nas famílias.

Vida Interior pertence ao coração do pensamento e do trabalho da Clínica Tavistock. Seu objetivo é trazer a teoria psicanalítica para a vida, para torná-la acessível a uma gama muito maior de leitores, leigos e profissionais, do que aqueles que normalmente estariam familiarizados com esse tipo de abordagem. Ele conta, nos termos mais simples, a história mais complexa: a história do desenvolvimento interno de uma pessoa, desde a infância até a velhice. Ao fazê-lo, reflete e abrange a estrutura geracional da Clínica como um todo, traçando as influências interativas – entre bebês, crianças, adolescentes e adultos – na natureza e qualidade do crescimento e desenvolvimento emocional.

Nicholas Temple e Margot Waddell

Editores da Série

Prefácio à segunda edição

Desde que *Vida interior* foi publicado pela primeira vez, fui questionada algumas vezes sobre os "últimos anos", sobre o momento na vida em que devastações físicas e mentais levaram a pessoa ao crepúsculo da vida que não é seguido por uma alvorada. Meu próprio interesse e preocupação se voltaram crescentemente para esses dias finais e para a categoria dos muito idosos – especialmente no que diz respeito à confusão e à demência. São concedidos apenas recursos escassos e uma compreensão muito parcial para aqueles que sofrem de capacidades abjetamente reduzidas, quando a deterioração mental captura, embaralha ou inverte os caminhos de desenvolvimento traçados nestas páginas.

Então, decidi aproveitar a oportunidade de uma segunda edição para concluir o livro com um capítulo adicional – "Os últimos anos". Esse capítulo fecha o ciclo, pois ele foca justamente nos aspectos da compreensão psicanalítica e do pensamento observacional que moldaram o pensamento do resto do livro. Do começo ao

PREFÁCIO À SEGUNDA EDIÇÃO

fim, me baseei no desenvolvimento infantil e explorei as capacidades que favorecem o crescimento emocional em bebês e crianças pequenas. Essas mesmas capacidades também são muito relevantes e reconfortantes na velhice extrema.

Nos últimos dois anos, tive o privilégio de entrar em contato com algumas observações sensíveis e detalhadas realizadas em uma única família. Isso me encorajou a explorar as formas como o conhecimento psicanalítico do desenvolvimento inicial pode contribuir, de modo muito imediato, para a compreensão dos estados mentais debilitados, e para encontrar significado em algumas dessas formas de comunicação obscuras e estranhas, que podem ser tudo o que resta a alguém que está chegando ao final de sua vida.

Nota da autora

Como alguns dos trabalhos descritos neste livro ocorreram ao longo de muitos anos, não foi possível em todos os casos reconhecer ou adequadamente agradecer a todos os envolvidos – com quem fico em dívida e a quem sou profundamente grata. Todos os nomes e detalhes foram alterados para garantir a confidencialidade.

Uma nota histórica

Em março de 1896, Freud aplicou pela primeira vez o termo "análise psíquica" para o tratamento que estava oferecendo a seus pacientes perturbados. Na década seguinte, ele publicaria duas obras que, entre elas, continham uma nova visão da experiência humana e, segundo alguns, reformulavam a consciência do mundo ocidental: *A Interpretação dos Sonhos* e *Três Ensaios sobre a Sexualidade*. O que os 92 anos seguintes deixaram claro é que, apesar de muitas concepções errôneas, a psicanálise é um campo de estudos vivo e em desenvolvimento. Baseando-se na genialidade de Freud, ela continua a desenvolver novos modelos à luz da experiência clínica, e resiste a definições ou conceituações precisas.

Freud sempre questionou, modificou e retrabalhou suas próprias teorias. Perto do fim de sua vida, seus interesses começaram a estender-se a problemas na composição do *self*, mas a principal metáfora continuou sendo a de desenterrar cidades soterradas; o modelo principal era o médico, de cura de sintomas; o principal

16 UMA NOTA HISTÓRICA

método terapêutico era o reconstrutivo, a definição detalhada de um trauma passado como "causa" das dificuldades presentes.

A ênfase na personalidade como um todo caracterizou o trabalho com crianças, que começou nos anos 1920 e que teria um impacto tão dramático na teoria e prática da psicanálise de forma geral. O campo era dominado por duas mulheres vienenses, Melanie Klein e Anna Freud. Ambas dedicavam-se ao estudo de modelos de desenvolvimento e de déficits na experiência, e ambas compartilharam uma ênfase que olhava mais para frente do que para o passado. No entanto, enquanto a posição de Anna Freud manteve-se próxima da de seu pai, a de Klein, em contraste, apesar de ela localizá-la dentro da tradição freudiana, resultou no que acabou sendo uma mudança de concepção fundamental no pensamento psicanalítico.

Klein foi uma das primeiras psicanalistas a trabalhar diretamente com crianças, na verdade com crianças muito pequenas. Seu próprio analista, Karl Abraham, notavelmente disse a ela que o futuro da psicanálise estava nessa área de trabalho. Com suas ideias e as de seus colegas, certos conceitos psicanalíticos básicos, como, por exemplo, a inveja do pênis e o medo da castração, perderam sua centralidade para serem substituídos por uma imagem extraordinariamente rica e complexa da vida interior da criança, e até mesmo do bebê. Nesse contexto, a natureza e a qualidade dos relacionamentos emocionais prevaleceram, em vez de aspectos baseados na intensidade quantitativa de forças biologicamente conduzidas.

Klein e outros, particularmente W. R. D. Fairbairn e D. W. Winnicott, traçaram uma evolução crucial no desenvolvimento, da ansiedade pela sobrevivência do *self* para a preocupação com os outros, a responsabilidade emocional e um desejo de reparação. Com a vinculação do desenvolvimento com preocupações éticas e questões de valor, a psicanálise tornou-se gradualmente menos ligada aos instintos e mais interessada na vida emocional e no significado. Esse interesse no efeito formativo das relações precoces tornou-se conhecido como uma abordagem de "relações de objeto", uma expressão que, embora tosca, salienta a importância primária da natureza e da qualidade do relacionamento entre o *self* e o outro.

Foi com essas ideias sobre o papel da ansiedade infantil e falha ambiental, mais tarde detectáveis na arena simbólica da fala e do brinquedo, que foram lançadas as bases para a compreensão psicanalítica e o tratamento de processos psicóticos (considerados por Freud como não passíveis de psicanálise) e, mais recentemente, de estados autistas e *borderline*. Novamente, a experiência clínica rendeu novos *insights*. A origem dessas severas dificuldades de aprendizagem e desenvolvimento começou a ser identificada nos distúrbios de pensamento, cujos determinantes emocionais foram buscados nas trocas inconscientes mais primárias e na qualidade do cuidado na relação primária do bebê com a sua mãe.

Foi Wilfred Bion, trabalhando nos anos 1950, 1960 e 1970, que focou seu trabalho na relação entre a maneira como uma pessoa usa sua mente e a capacidade dessa pessoa para o desenvolvimento emocional. Ele e aqueles influenciados por ele elaboraram e refinaram o pensamento de Klein, e também o evoluíram de formas inovadoras e por vezes muito diferentes. Assim, o termo "pós-Kleiniano" refere-se a uma série de psicanalistas e psicoterapeutas que se basearam e se baseiam em um arcabouço Kleiniano, seja para desenvolvê-lo, seja para criar seus próprios caminhos a partir dele.

Essas mudanças nas ênfases teóricas refletem-se no método terapêutico. Os analistas e terapeutas tornaram-se não tanto

18   UMA NOTA HISTÓRICA

especialistas imparciais, mas participantes envolvidos, refletindo sobre suas próprias respostas conscientes e inconscientes, que constituem então menos uma interferência (como Freud acreditava) do que uma parte indispensável do método de trabalho. Conflitos internos agora tendem a ser formulados em termos da predominância de diferentes aspectos do *self* e das lutas de uma pessoa para tornar-se livre das garras sufocantes do interesse restrito ao *self*; para ser mais aberta à verdade dos relacionamentos íntimos; para ter uma mente própria e respeito pela dos outros.

Conteúdo

Introdução	21
1. Estados mentais	27
2. Primórdios	41
3. Primeira infância: continência e *rêverie*	59
4. Primeira infância: defesas contra dor	79
5. Primeira infância: desmame e separação	101
6. Latência	129
7. Modelos de aprendizagem	163
8. A família	189
9. Puberdade e adolescência inicial	209
10. Adolescência média: um exemplo clínico	233
11. Adolescência final: vidas fictícias	257

20 CONTEÚDO

12. O mundo adulto	283
13. Os anos posteriores	313
14. Os últimos anos	341
Apêndice	361
Bibliografia selecionada	369
Índice remissivo	377

Introdução

Nestas páginas, me propus a contar uma história. Em muitos aspectos, uma história simples. Ela é contada do meu próprio ponto de vista; é enraizada em uma determinada tradição psicanalítica, a do pensamento Kleiniano e pós-Kleiniano, e é impregnada com o trabalho que venho fazendo nos últimos 25 anos. Mas, em outro sentido, é a mais complexa de todas as histórias: a de como uma pessoa cresce, ou, talvez, uma maneira de pensar sobre como uma pessoa cresce. A história não é contada em termos ortodoxos de desenvolvimento, nem pretende ser uma visão abrangente da forma como a teoria psicanalítica poderia, de forma expositiva, explicar tais questões. É, antes, uma tentativa de traçar o desenrolar da história interna, da vida interior de uma pessoa, as formas como ele ou ela podem tornar-se mais, ou tornar-se menos, capazes de ter sua própria experiência.

Uma ênfase no desenvolvimento voltada para o futuro, em vez de uma voltada para o passado, para as possíveis fontes de sinto-

22 INTRODUÇÃO

mas, caracterizou desde o início o trabalho de Klein. Baseando-se em sua técnica pioneira de brincar com crianças, ela evoluiu o trabalho de Freud, ressaltando a força penetrante dos impulsos infantis na vida adulta e a riqueza e a complexidade da vida da mente, continuamente ativa, mesmo quando sem consciência externa. Ela chamou essa atividade de "fantasia inconsciente". Ela sugeriu que o desenvolvimento humano não se dá por meio de um progresso evolutivo de um estágio psicossexual para o próximo, como sugerido por Freud, mas sim de uma evolução de diferentes estados mentais, cada um caracterizado por defesas, ansiedades e qualidades de relacionamento específicas.

Klein, em particular, estava interessada nos fatores que permitem à criança adquirir gosto pela vida, desenvolver relacionamentos valiosos e seguros, uma curiosidade saudável e uma forte capacidade imaginativa. Ela ouvia o que as crianças estavam falando e prestava muita atenção no que elas expressavam em suas brincadeiras. Acompanhava seus pensamentos, fantasias e ideias a respeito das suas preocupações diárias e, especialmente, sobre questões internas – sobre o que estava acontecendo com seus próprios corpos e com os corpos de suas mães. Como consequência, ela apresentou um quadro extraordinariamente vívido e diverso da vida interior da criança pequena, e, por inferência, também do bebê. A mente tornou-se uma espécie de teatro interno, um teatro gerador de significado das experiências externas, em que eram representadas questões de contos de fadas. Klein convenceu-se de que uma pessoa era moldada inicialmente não tanto por impulsos biológicos, mas sim por relacionamentos, originados nas primeiras trocas entre a mãe e o bebê.

Também tenho interesse pelo desenvolvimento ordinário, criativo de uma pessoa. Com frequência, são alguns dos aspectos mais problemáticos do crescimento que não apenas precisam de atenção em si, mas também iluminam os processos do dia a dia. Minha esperança é que os diversos aspectos das muitas vidas em que tive o privilégio de me basear, seja diretamente ou através do trabalho de colegas, ofereçam alguns *insights* sobre os conceitos teóricos que fundamentam essa forma de pensar, e também transmitam o que significa pensar psicanaliticamente, bem como a forma como um pai ou uma mãe pensam. Estes últimos não são, de modo algum, a mesma coisa, mas o processo extraordinariamente difícil de crescer internamente, assim como externamente, tem certas características em comum com as do processo psicanalítico – características essas que serão delineadas nas páginas a seguir. Pode haver objetivos comuns em ambos os casos: o autoconhecimento e a capacidade de ter um senso de *self* tão integrado quanto possível.

Do começo ao fim, é dada menor ênfase aos detalhes visíveis de qualquer interação em particular e maior ênfase ao possível significado daquela interação no mundo interno da pessoa em questão. O conceito de mundo interno é tomado como certo pelos psicanalistas, mas é importante tentar ter clareza quanto ao que queremos dizer quando falamos sobre esse tema, que tem um papel tão central em um livro como este. A psicanalista Joan Rivière, descrevendo a visão Kleiniana, colocou a questão com muita clareza:

> *Embora em Psicanálise falemos no mundo interno, convém observar que essa frase não denota qualquer conceito que pudesse interpretar-se como uma réplica do mundo externo, contida dentro de nós. O mundo interno é, exclusivamente, um mundo de relações pessoais em que nada é exterior, no sentido de que tudo quanto nele acontece refere-se ao eu, ao indivíduo em que ele é uma parte. É unicamente formado na base dos próprios impulsos e desejos do indivíduo em relação às outras*

24 INTRODUÇÃO

pessoas, assim como de suas reações a estas, como obje-
tos de seus desejos. Essa vida interior tem sua origem,
pelo menos, no nascimento, e a nossa relação com o nos-
so mundo interno desenvolve-se a partir do nascimento,
tal como sucede à nossa relação com o mundo externo...
Então, nosso amor e ódio de outros se relaciona tanto
(ou mais cruelmente) com seus aspectos dentro de nós
quanto com os situados fora de nós. (1952, p. 162)

Essas ideias psicanalíticas complexas precisam tornar-se mais acessíveis. A tentativa de fazê-lo revelou-se um desafio muito maior do que previ. Ainda há muito a ser compreendido. De fato, pode-se argumentar que a própria psicanálise está apenas no sopé de explorar o que Freud em algum lugar descreveu como "o mais maravilhoso e misterioso de todos os instrumentos, a mente humana". Essas ideias não são postas aqui para explicar a natureza humana, mas sim para descrever algumas das suas qualidades e características. Filósofos e escritores envolveram-se com essas mesmas questões ao longo dos tempos. É em parte por essa razão que tantas vezes acabei utilizando da poesia, drama e ficção para abordar tais assuntos por uma linguagem diferente, mais ressonante. Mas, além disso, olhar para a literatura é enfatizar o quão importante para o crescimento pessoal são a imaginação e a compreensão, o quão intimamente relacionadas são a capacidade de pensar e a capacidade de formar símbolos e extrair significado da experiência. Abordagens psicanalíticas podem facilmente desviar-se de descrição para explicação. Wordsworth bem reconheceu tal perigo:

Mas quem deve dividir em partes
Seu intelecto por regras geométricas...
Quem deve apontar como se tivesse uma varinha, e dizer

Essa porção do rio da minha mente
Veio daquela fonte?

(Prelúdio, II, pp. 243-249)

O interesse deste livro é pela maneira como a psicanálise pode iluminar não tanto os marcos do desenvolvimento, mas sim o crescimento da consciência individual, que é algo tão difícil de compreender como o desenvolvimento – o crescimento moral e emocional do *self*, o caráter. Ao descrever esses processos em relação à experiência individual de bebês, crianças, adolescentes e adultos, minha esperança é que também as próprias teorias tornem-se mais claras.

O fato de que parece haver uma tendência subjacente para o desenvolvimento em cada pessoa, assim como em cada paciente, desestimula a visão de que circunstâncias adversas em certo estágio ou idade são necessariamente determinantes. As medidas defensivas que alguém pode precisar adotar para a sobrevivência psíquica em um ponto de sua vida podem aprisioná-lo nesse modo regressivo ou de autoproteção. Ou, ainda, elas podem ser parte de uma operação de *holding*; nesses casos, elas podem ser atenuadas à luz de experiências posteriores, mais positivas. O desenvolvimento, portanto, ocorre de forma irregular.

A capacidade de desenvolver-se, de experimentar a vida de forma a aprender com ela e sobre ela, está enraizada em uma enorme gama de fatores interligados, para os quais a teoria psicanalítica fornece certos conceitos centrais e mecanismos descritivos. A análise e reanálise desses conceitos em relação às experiências vividas por alguém, em diferentes idades e estados mentais, oferecerá os elementos básicos do quadro de desenvolvimento apresentado aqui, um quadro que transmitirá como o sentido de mundo

26 INTRODUÇÃO

de uma pessoa, bem como sua visão de si mesma no mundo, gradualmente adquirem sentido e definição.

Ben Nicholson (1984) descreveu sua noção do que significa o ensino da arte: "É realmente uma questão de descobrir a verdadeira vocação artística de uma pessoa (todos têm uma, mas muitas vezes profundamente enterrada) e, em seguida, liberá-la – significa, acredito eu, capacitar alguém (ou a si mesmo) a tornar-se mais plenamente vivo" (p. 6). Suas palavras bem transmitem meu interesse em escrever este livro, e, na verdade, meu interesse na própria psicanálise.[1]

Nota

1. Devo agradecer Martina Thomson por essa citação do seu livro *On Art and Therapy: An Exploration* (1997, p. 6).

1. Estados mentais

O tempo presente e o tempo passado
Estão ambos talvez presentes no tempo futuro,
E o tempo futuro também contido no tempo passado.
—*T. S. Eliot*

As noções de crescimento e desenvolvimento sugerem uma progressão linear, que é mais diretamente descrita pela passagem cronológica do tempo do nascimento à morte. Há algo, no entanto, em relação a esses aspectos do desenvolvimento da natureza humana que a simples cronologia não consegue explicar. É o que alguns psicanalistas chamam de "estados mentais".

Não existe uma definição psicológica simples para o que Eliot sugere no poema citado, mas ainda assim o trecho transmite algo crucial para a tarefa de compreender o que significa a noção de "estados mentais". Qualquer estado mental no presente, ainda que fugaz, é fundado no passado e, ao mesmo tempo, contém um possível futuro. Muito reside na sua natureza e qualidade: ele alimenta as bases para uma possibilidade de desenvolvimento? Ele limita um crescimento potencial a determinada "configuração mental" estática ou congelada? Ele coloca o desenvolvimento em um curso reverso, ligando a personalidade a um *self* passado do qual é novamente difícil de desligar-se? Tais estados podem ser efêmeros ou podem ser arraigados. Eles podem conter encorajamento para seguir adiante, ou oferecer a tentação de olhar para trás.

Cada estado mental singular, ainda que temporário, tem um impacto na personalidade como um todo. O grau de impacto varia conforme o efeito recíproco entre o estado de desenvolvimento particular envolvido e, dentro de tal estado, a atitude mental que é dominante em dado momento.

É certamente possível descrever as características físicas, e até, em certa medida, as emocionais e comportamentais de qualquer fase ou estágio de desenvolvimento, mas a experiência de cada pessoa também tem sua própria especificidade complexa. Seu "presente" está impregnado com as luzes e sombras do seu próprio passado, e do passado dos seus pais. Ele olha adiante para seu próprio futuro, para o futuro dos seus pais, e até mesmo para o futuro dos seus possíveis filhos.[1]

As teorias de Klein e Bion possibilitaram pensar sobre a natureza e o significado do comportamento humano, como ele é afetado pela predominância mutável de diferentes estados mentais e pelo impacto desses estados nos saltos de desenvolvimento apropriados a idades específicas: por exemplo, a infância, a latência, a adolescência, a idade adulta. Klein designava esses estados mentais ou atitudes como "posições", pelo que ela tinha em mente algo como a perspectiva a partir da qual alguém pode ver a si mesmo e suas relações com o mundo. Essas são as posições esquizoparanoide e depressiva.[2] A teoria de "posições" a partir das quais a vida e os relacionamentos são experimentados constituiu uma mudança significativa na compreensão psicanalítica, afastando-se da ênfase na explicação e cura de sintomas específicos em direção a uma abordagem segundo a qual as possibilidades de desenvolvimento são delineadas na pessoa como um todo, em sua relação com os estados mentais vigentes.

O termo "esquizoparanoide" descreve a posição mais primitiva, de crianças muito pequenas. Ele engloba tanto a natureza da ansiedade predominante, que é o medo da perseguição, quanto a natureza da defesa contra esses medos. Esta última está no termo "esquizoide", ou funcionamento cindido,[3] em que tanto as pessoas como os acontecimentos são experienciados em termos muito extremos, seja como irrealisticamente maravilhosos (bom) ou como irrealisticamente terríveis (ruim). Esse estado mental tende a caracterizar-se por uma preocupação exclusiva com os próprios interesses, por um sentimento de perseguição em face de dor e sofrimento emocional, e por um foco na autopreservação a todo custo. É um estado natural e necessário nessa fase muito precoce. Para a criança, é ter que gerenciar experiências emocionais que ela ainda não tem a capacidade psíquica para digerir por si mesma.

Na posição seguinte, a "depressiva", prevalece uma atitude com maior consideração, um relacionamento com o outro de certa forma equilibrado, embora ambivalente. Surgem sentimentos de preocupação, e o princípio de uma capacidade de experimentar remorso pelo mal que sente ter sido feito, para o ente ou os entes queridos, pelo *self* frustrado e irritado. Tal reconhecimento desperta sentimento de culpa e o desejo de tornar as coisas melhores, de reparar. Essas respostas estão organizadas em torno de uma experiência do outro como separado do *self*, como sendo uma

30 ESTADOS MENTAIS

pessoa inteira, possuindo sua própria vida independente, alheia às preocupações limitadas das necessidades pessoais imediatas. Essa experiência, por sua vez, desperta ansiedade, pelo receio de que a fragilidade do outro também possa colocar em risco o *self*. No centro dessa ansiedade está o problema permanentemente complexo da relação entre egoísmo e altruísmo. Esse problema torna-se focado nos sentimentos profundamente mistos e ambivalentes que Klein descreve como característicos da posição depressiva.

A mudança de estado mental de esquizoparanoide para depressivo – ou do primariamente narcisista para o relacionamento objetal[4] –, nos termos que a teoria psicanalítica descreve, é maravilhosamente evocada no romance *Middlemarch*, de George Eliot. A descrição é da desilusão de uma jovem noiva, tanto com ela como com o marido:

> *Todos nascemos em estupidez moral, tomando o mundo como um úbere de que se alimentam nossos seres superiores: Dorothea tinha cedo começado a emergir dessa estupidez, mas ainda assim havia sido mais fácil para ela imaginar como se dedicaria ao Sr. Casaubon, tornando-se mais sábia e forte na força e sabedoria dele, do que conceber com essa clareza, que já não é reflexão, mas sensação – uma ideia forjada na objetividade dos sentidos, como a solidez dos objetos –, que ele possuía um eixo equivalente de si mesmo, do qual as luzes e sombras sempre prosseguem com uma certa diferença.*
>
> *(1872, 1985, p. 243)*

Essa mudança de um estado mental para outro, ainda que inicialmente possível na primeira infância, não é de forma nenhuma inteiramente obtida naquele momento. Ao contrário, é um desafio para o qual deve haver repetidas respostas ao longo da vida.

No trabalho de Klein, há uma percepção de que ocorrem oscilações ao longo da vida entre uma atitude predominantemente egoísta e autocentrada em relação ao mundo e uma atitude de generosidade e preocupação, ainda que tal atitude seja sempre influenciada por uma preocupação com o *self*. Mesmo depois de uma postura mais depressiva ter sido alcançada, é possível que, sob a influência de uma ansiedade intensificada, do medo de separação, por exemplo, uma pessoa perca a capacidade de ver as coisas a partir do ponto de vista de outra pessoa e torne-se obstinadamente convencida do seu próprio. Ela pode escorregar, nos termos de Klein, de uma capacidade de preocupação depressiva para um conjunto mais egoísta de preocupações com ela mesma. Da mesma forma, ela pode recuperar seu *self* empático anterior quando o período de teste houver passado.

Bion (1963) tendia a ver a relação entre as duas atitudes como um tipo mais imediato de vaivém. Ele representava esquematicamente a questão como um movimento contínuo entre os dois polos PS ↔ D (p. 102). A formulação PS ↔ D sugere ainda uma noção específica de Bion: a saber, que cada avanço no desenvolvimento ocasiona um grau de perturbação interna e ansiedade que temporariamente coloca a personalidade em desordem, ou seja, de volta a um estado mental mais caótico.[5] A turbulência incitada pelas mudanças internas é intrínseca ao crescimento emocional, daí a ênfase bidirecional no diagrama. Tal diagrama também sugere uma oscilação constante, a cada momento, entre diferentes estados mentais temporários, bem como entre estados mentais que, de modo mais amplo, pertencem às grandes fases de desenvolvimento sendo descritas.

32   ESTADOS MENTAIS

Essa ideia de estados mentais em constante mudança, cogitada tanto por Klein como por Bion, propõe uma explicação de crescimento e desenvolvimento em que uma série de diferentes tipos de oscilação está sempre presente. Há uma interação constante, por exemplo, entre os estados mentais que geralmente caracterizam cada fase de desenvolvimento. Mas em cada fase existe também uma interação entre as posições esquizoparanoide e depressiva. Atitudes mentais próprias de diferentes estágios de desenvolvimento – infância, latência, adolescência e idade adulta – sofrerão, a qualquer momento, a influência de forças emocionais próprias de uma ou outra posição, independentemente da idade real do indivíduo. O estado mental de um adulto pode ser encontrado em um bebê; o de um bebê, em um adolescente; o de uma criança pequena em um idoso; o de um homem de meia idade em um menino na latência. Esses diversos estados mentais produzirão efeitos em relação à atitude emocional referente ao *self* e ao *self*-no-mundo que prevalecer no momento. Presente, passado e futuro estão contidos em qualquer estado mental. Esses estados flutuam e se alteram com as nuances das forças e relações internas e externas, sempre oscilando entre tendências egoísticas e altruístas.

Baseando-se em uma das metáforas de George Eliot, pode--se descrever o vaivém como uma alternância entre olhar para o *self* em um espelho e olhar através de uma janela para as vidas de outras pessoas. Talvez, sob o impacto da renovação de ansiedades ou perdas, o olhar possa retornar novamente para o espelho.[6] É muitas vezes difícil tentar determinar com alguma precisão qual é o estado dominante, mas é necessário, a fim de identificar as experiências que são significativas para o *self* em crescimento, e como elas podem, como consequência, promover o desenvolvimento.

* * *

Um par de breves exemplos ajudará a esclarecer essa relação complexa entre estados mentais e estágios de desenvolvimento. Eles destacam a importância, tanto para o *self* como para o outro, de se registrar qual aspecto da personalidade é predominante em qualquer dado momento. Só então é possível determinar qual poderia ser uma resposta apropriada, ou possível – uma que estimule a compreensão, em vez de obstruí-la.

O primeiro é uma vinheta. Ela descreve como a Sra. Brown, de oitenta e nove anos de idade, passou a sentir um ciúme intenso ao acreditar que seu marido, Eric, de noventa anos de idade e fiel por quase 60 anos de casamento, estava sentindo-se atraído por sua amiga recém-viúva de oitenta anos de idade, Gladys. Quando questionada, em um almoço de domingo, por que estava atipicamente calada, a Sra. Brown descreveu o "péssimo momento" por que tinha passado em um jantar na noite anterior. A Sra. Brown havia combinado com seu marido de tentar animar Gladys. Ela disse que a noite havia sido terrível porque ficou claro que a dona da casa "estava apenas esperando eu morrer para que ela pudesse morar com Eric". Ao relatar suas suspeitas, a Sra. Brown olhava ansiosamente para seu marido, que parecia confuso, aparentemente sem entender o que ela estava sugerindo. Ele simplesmente comentou que não gostaria de ter que conviver com "todos os parentes horríveis de Gladys". A Sra. Brown não se tranquilizou. Apenas ao final, e após questionamento explícito, seu marido acrescentou que a viúva, também, era horrível e absolutamente fora de questão como uma parceira em potencial. Sua esposa relaxou e começou a falar animadamente e coerentemente sobre a situação política corrente.

Apesar de seus anos de maturidade e da constância de seu marido, a Sra. Brown ficou temporariamente sobrecarregada por um tipo de ansiedade que é experimentada pela primeira vez muito cedo na vida, e que é característica dos sentimentos edípicos da

34 ESTADOS MENTAIS

infância, que é o desejo por parte do bebê, ou criança, da posse exclusiva de um dos pais e exclusão do outro.[7] Foi incapaz de pensar ou funcionar apropriadamente até que sua mente foi colocada em repouso. Ela encontrou-se no encalço das inseguranças primárias que nunca haviam sido completamente dissipadas. O que, para outros, aparentava ser a sabedoria de anos, escondia um *self* tempestuoso, que era vulnerável, frágil e propenso a angústias e medos irracionais quando quer que ela fosse confrontada com perda, real ou imaginária.

A Sra. Brown foi assolada por uma certeza persecutória de traição e abandono. Essa certeza possuía todos os traços distintivos da crença ciumenta de uma criança de ter sido substituída no afeto da pessoa que mais importa. A criança é forçada a perceber que aquela pessoa mais amada também tem relacionamentos importantes com outros, sejam eles um parceiro ou filhos. A Sra. Brown foi incapaz de manter em mente o tipo de pessoa que ela sabia que seu marido era. Ela ignorou o Eric real e viu apenas uma versão polarizada e persecutória de seus temores. Era como se ela tivesse perdido a capacidade de consideração depressiva e tivesse ficado presa em um estado esquizoparanoide, mais característico, em termos de desenvolvimento, de um bebê de três meses de idade do que de um adulto de oitenta e nove anos de idade. Neste estado mental, a Sra. Brown poderia transformar até mesmo a figura mais fiel e carinhosa em um algoz volúvel.

Em uma situação como essa, percebe-se a maneira como, a qualquer momento, uma pessoa pode encontrar-se em um estado mental que é sentido como incontrolável e insuportavelmente persecutório. Esses estados têm de lutar com outras forças na personalidade, as quais pertencem a um *self* mais estável, calmo e esperançoso. Uma batalha interna deste tipo parecia estar acontecendo no curso de uma sessão de terapia de Leroy, um menino de doze anos de idade. Leroy estava no início da puberdade e começando a lutar com preocupações com as mudanças no seu corpo e sentimentos sexuais desconhecidos. Ele também estava ficando cada vez mais inquieto, com uma mistura de emoções, em relação ao seu pai ausente e pouco confiável, que havia saído de casa quando ele era bebê. Desde então, seu pai permanecera mudando-se constantemente, tendo filhos com diversas parceiras diferentes e sobrevivendo como músico por contratos eventuais. Em uma ocasião, quando Leroy tinha acabado de ser informado de que seu pai estava inesperadamente voltando para casa para uma visita, ele ficou especialmente confuso sobre seus sentimentos em geral e em relação a seu pai:

Ele caminhava e fazia barulhos estranhos com trechos de melodias e música "rap". Seu ar era arrogante e ao mesmo tempo preocupado. Ele olhou para mim (seu terapeuta homem) de uma forma que pareceu intrusiva, e em seguida atirou-se em uma cadeira. Deitado de costas, com os pés em cima da mesa, ele disse: "Eu preciso de booceetaaaaa!...". Quando eu perguntei mais sobre o que ele estava pensando, ele respondeu asperamente: "Ah, vou te dizer. Minha mãe me bateu no fim de semana e tenho dezessete tapas nas minhas costas. Você não pode vê-los agora porque eles melhoraram". Ele falou indistintamente, mas parecia haver uma ligação entre os "tapas" e uma referência disfarçada a consumo de drogas. Ouvi em silêncio. O excitamento de Leroy começou a diminuir. Ele repentinamente anunciou que nada do que dissera era verdade. Sua mãe não tinha batido nele, mas ele tinha tido uma briga com seu amigo Ziggy. "Ele disse que não quer que eu vá à sua festa de aniversário.

Eu disse que não me importava e o empurrei. Ele então me deu um soco e eu caí, e eu me levantei e dei um gancho e o derrubei, e depois dei um chute nele." Leroy fez uma pausa e disse, com uma voz suave, que agora se sentia muito culpado. Ele não achava que Ziggy tivesse se machucado muito. Ele (Leroy) não queria machucar ninguém. "Eu sou uma boa pessoa na verdade."

Neste pequeno trecho, podemos ver como diferentes estados mentais e visões de mundo dominavam os pensamentos e comportamentos de Leroy quase que momento a momento. Seu terapeuta sabia que ele estava preocupado com a visita de seu pai. Ele estava com medo de que seu pai ficasse zangado com ele por se meter em encrencas e não ter um bom desempenho na escola. A arrogância sexualmente carregada de Leroy indicava não somente uma negação de quão pequeno e inadequado ele realmente se sentia, mas também, talvez, uma identificação parcial com uma imagem interna de seu pai como uma pessoa de quem ele se gabava, mas que ele também temia. Às vezes ele o via como bom, e às vezes como apenas "um músico severo, erotizado e usuário de drogas".

Leroy queria ser grande, ser parte do mundo adolescente mais velho, viril, das drogas e *raves*. Sua tendência a dramatizar e exagerar ("Minha mãe me bateu... dezessete tapas") era uma tentativa de mascarar os sentimentos subjacentes de vulnerabilidade, medo e culpa. De repente, por trás da arrogância, seu *self*-bebê--deixado-de-lado emergiu ("Ele não quer que eu vá à sua festa de aniversário"). Por trás do forte lutador de doze anos de idade havia um menininho ferido, tentando infligir dor no outro, primeiro verbalmente e depois fisicamente. Era como se, no estilo valentão clássico, esses dois rapazes tentassem aliviar-se de seus próprios sentimentos feridos fazendo com que outros se sentissem igualmente feridos. Por suas ações, Leroy estava comunicando a Ziggy o quão chateado ele havia ficado por ter sido deixado de fora da "festa". Mas o momento e a ferocidade do ataque sugerem que ele carregou o peso dos sentimentos violentos e angustiados, até então não expressos, de ter sido deixado de fora da vida de seu pai. Dessa vez específica, ele poderia estar especialmente consciente e incomodado com o fato de que ele não fazia parte da vida dos seus irmãos mais novos (ele morava sozinho com a mãe). Figurativamente, ele não foi convidado para os seus aniversários também. Na companhia de seu terapeuta, Leroy poderia começar a pensar sobre suas mágoas profundas, e sobre como suas dificuldades com sentimento de culpa e perda constantemente o impeliram a uma imagem extremamente polarizada sobre a forma como as coisas são. Nesse quadro, o seu lado bom estava sempre em risco de ser deixado de lado ou esquecido.

Por esses exemplos, começamos a entender como podem ocorrer mudanças entre estados mentais em que o "pensamento" ocorre de uma forma realista, ligada ao *self* conhecido, e aqueles em que, sob a influência de ansiedade, o pensamento se separa da sua base emocional, e ideias ou atitudes irracionais ou rígidas começam a sobrevir. Os exemplos transmitem o quão complexo pode ser o impacto que diferentes estados mentais e visões do *self-no-mundo* podem ter na personalidade e no comportamento. Um aspecto da sua complexidade é que eles não são naturalmente ligados à cronologia dos estágios de desenvolvimento. E ainda assim eles devem ser levados em conta para a compreensão das sutilezas do desenvolvimento da personalidade. Isso está na essência do funcionamento mental ordinário. Surgem dificuldades, contudo, se um estado mental predomina, excessivamente ou de forma demasiado rígida, a qualquer idade: ou seja, se houver uma ausência da fluidez normal do movimento de um estado para outro, de uma maneira que pode tornar-se "inadequada" para a idade. É adequado, por exemplo, que uma criança seja infantil, mas não um funcionário público; é adequado que um menino de sete anos de idade seja muito organizado, metódico, até mesmo um pouco retraído e controlado, mas não um adolescente; é adequado que alguém com dezesseis anos de idade esteja preocupado com sua identidade sexual e com desafiar a autoridade, mas não uma criança na latência, e assim por diante.

Se alguém tiver tido a experiência de uma mente continente e observadora externa, disponível para discriminar qual parte do *self* está "no comando" em determinado momento, essa pessoa vai obter, da experiência, uma medida de alguma função semelhante de "*holding*", que pode, então, permitir que as diferentes partes do *self* fiquem em contato uma com a outra. Pois se os vários estados mentais forem sentidos como sendo recebidos, sustentados[8] e de certa forma compreendidos, os sentimentos intensos, seja de raiva, medo, ansiedade, ciúme ou paixão, podem ser cada vez mais reconhecidos por aquilo que são. Eles podem ser conhecidos e assimilados na personalidade (ver Capítulo 3). Isso é especialmente verdadeiro em um cenário grupal, onde os sentimentos individuais podem não ser alterados pelo reconhecimento e compreensão.

Não é difícil, por exemplo, entender como Leroy, vivendo como ele vivia em uma comunidade estressada e economicamente desfavorecida, poderia tornar-se ainda mais levado ao tipo de comportamento reativo, brigão e sexualmente provocante descrito anteriormente. Houve claramente um componente de sobrevivência nesse papel que era socialmente adaptativo e não isento de satisfações pessoais. E, no entanto, em muitos aspectos, estava profundamente em desacordo com o lado mais terno e problemático da personalidade de Leroy.

Os exemplos descritos neste capítulo introdutório mostram que há sempre a possibilidade de um determinado estado mental, a qualquer momento, tomar o controle, de forma inadequada e preocupante. Distúrbios podem ser superados espontaneamente, como aconteceu com a Sra. Brown; ou uma criança pode simplesmente desenvolver-se a partir deles. Mas os distúrbios podem ser de longo prazo, ainda que latentes, apenas tornando-se manifestos em alguma crise posterior na vida. Eles podem também, dolorosamente, perder a fluidez e endurecer em traços de caráter que prejudicam a personalidade em crescimento, em vez de favorecê-la e sustentá-la.

Notas

1. Para fins de clareza, estou utilizando o pronome masculino "ele" de forma relutante ao longo do texto. Como tantos dos recentes processos em discussão descrevem interações com a mãe, a acumulação de pronomes femininos ficou muito confusa e a formulação ele/ela muito atrapalhada. No entanto, como ressalta Judy Shuttleworth (1989), as funções sendo atribuídas às mães podem ser, e são, desempenhadas pelos pais e por outros cuidadores que estão em uma relação próxima e continuada com a criança (p. 203).

2. Para a posição esquizoparanoide, consulte Klein (1946); para a posição depressiva, consulte Klein (1935, 1940, 1945). Para uma revisão extremamente clara e concisa da teoria Kleiniana, consulte Spillius, E. B. (1994). Developments in Kleinian thought: overview and personal view, *Psychoanalytic Inquiry*, *14*(3), 324-364. Para definições de conceitos e terminologia Kleinianas, consulte Hinshelwood, R. D. (1989). *A Dictionary of Kleinian Thought*. London: Free Association Books.

3. *Split functioning.*

40 ESTADOS MENTAIS

4. Na sua forma mais simples, o "objeto" e as "relações-de-objeto" podem ser descritos como as representações internas de figuras e relações que são emocionalmente significativas, seja positiva ou negativamente. Por exemplo, o bebê tem uma experiência interna de bondade e bem-estar como consequência de ser alimentado, não só fisicamente, mas com amor e atenção. Com a repetição dessas experiências, o bebê sentirá que tem uma fonte de bondade dentro dele, que ele sente como uma espécie de presença concreta, uma que faz parte dele, e não somente que é oferecida a ele de fora. Ele tem um bom relacionamento com um bom "objeto".

5. O termo que Bion utiliza para esse tipo de turbulência, que é o prelúdio para o crescimento emocional, é "mudança catastrófica", consulte o Capítulo 7.

6. Consulte, por exemplo, *Adam Bede*, Capítulo 15.

7. Freud descreve um sonho de realização de desejos, ou mito, de tomar o lugar de um genitor e casar-se com o outro. A versão mais básica desse desejo é expressa no anseio da criança de manter o genitor do sexo oposto para si e banir o genitor do mesmo sexo. Freud ficou impressionado com a forma como esses desejos e anseios, geralmente inconscientes, foram descritos no mito de Édipo, como contado por Sófocles no drama *Édipo Rei*. Aqui o herói, sem querer, mata seu pai e se casa com sua mãe. Refletindo sobre o impacto da obra sobre o público, Freud escreveu: "Cada membro já foi, na origem e na fantasia, exatamente como Édipo". O público veria "a realização do sonho aqui transplantada em realidade" (1897b, p. 265). Consulte Britton, R. The Oedipus Situation and the Depressive Position. In Anderson, R. (Ed.), *Clinical Lectures on Klein and Bion*. London: Routledge, 1991. Veja também o Capítulo 5 e o Apêndice.

8. Os termos "holding", "hold" e derivados serão traduzidos neste texto pela expressão "sustentar". (N. do T.)

2. Primórdios

"Comece pelo começo", disse o Rei gravemente,
"e prossiga até chegar ao fim; então pare."
—*Lewis Carrol*

O conhecimento do mundo interno do bebê pode ser adquirido, ou inferido, a partir de uma série de fontes e de diversas maneiras: a partir do comportamento e de processos de pensamento tanto daqueles com estados mentais relativamente imperturbados quanto daqueles com estados mentais reconhecidamente perturbados; a partir da natureza da relação clínica estabelecida no consultório; a partir da atenção psicanalítica às brincadeiras e sonhos de crianças mais velhas, adolescentes e adultos; a partir de estudos de observação de bebês e crianças pequenas;[1] e, mais recentemente, a partir do estudo de imagens de ultrassom da vida intrauterina.[2] Definir quando se dá o início do mundo interno é uma questão difícil.

42 PRIMÓRDIOS

Este capítulo aborda as circunstâncias do nascimento psicológico do bebê. A relação entre o fato do nascimento físico e o momento do nascimento psicológico tem sido objeto de muito debate. Alguns situam o nascimento da personalidade muitos meses depois do nascimento de fato; outros pensam que ocorre *no* nascimento; aqueles com mente psicanalítica tendem a considerar que ocorre em algum momento durante a gestação no útero. Freud (1925) deixou claro que a "impressionante cesura do ato do nascimento" não deve ser superestimada (p. 138). Uma série de investigações posteriores, vinculando estudos intrauterinos com observações psicanaliticamente informadas durante a primeira infância, confirmou que "a natureza e a nutrição interagiram por tanto tempo no útero que é impossível separá-los; mesmo a ideia de natureza e nutrição como entidades separadas chega a parecer demasiadamente tosca para ser útil".[3]

Alessandra A. Piontelli (1992) fez uma extensa pesquisa sobre o comportamento fetal e infantil com base em monitoramentos por ultrassom que ela acompanhou com observações regulares. Esse trabalho, e o de outros nessa área, documenta uma continuidade notável entre a vida no útero e a vida no mundo exterior. Confirma as intuições de longa data daqueles que trabalharam sem o benefício da tecnologia moderna. Piontelli convincentemente descreve como seu interesse nesse trabalho foi estimulado durante uma breve consulta psicoterapêutica (algumas sessões ao longo de um período de três semanas):

> *Uma criança muito nova (18 meses) e muito inteligente foi trazida a mim por seus pais sensíveis, a quem ela parecia estar enlouquecendo com sua incessante inquietação e falta de sono. Quando vi Jacob pela primeira vez, enquanto seus pais me explicavam todos os seus*

problemas, notei que ele parecia mover-se irrequieta-mente, quase como se obcecado pela busca de algo em cada canto possível do espaço limitado da sala do meu consultório, procurando por algo que ele nunca parecia capaz de encontrar. Seus pais comentaram esse fato, di-zendo que ele agia daquela forma todo o tempo, dia e noite. Ocasionalmente, Jacob também tentou sacudir vários objetos da sala, como se estivesse tentando trazê--los de volta à vida. Seus pais então me disseram que todos os marcos do seu desenvolvimento (como sentar, engatinhar, caminhar ou proferir sua primeira pala-vra) pareceram ter sido acompanhados de ansiedade e dor intensas, como se ele estivesse com medo, como eles disseram, "de deixar algo para trás." Quando eu disse a ele com simplicidade que ele parecia estar procurando por algo que tinha perdido e não poderia encontrar em lugar algum, Jacob parou e olhou para mim muito inten-samente. Então comentei sobre sua tentativa de sacudir todos os objetos para trazê-los de volta à vida, como se ele estivesse com medo de que seu silêncio significasse a morte. Seus pais quase irromperam em lágrimas, e me disseram que Jacob era, na verdade, um gêmeo, mas que seu irmão, Tino, como eles já haviam decidido chamá-lo, morrera duas semanas antes de nascer. Jacob, portanto, havia passado duas semanas in utero *com seu irmão gê-meo morto e, consequentemente, sem reação. A simples percepção desse fato, bem como a verbalização do medo dele de que cada etapa do seu desenvolvimento, a partir dos primeiros sinais de alerta de seu nascimento iminen-te, poderia ter sido acompanhada pela morte de um ente*

*querido por quem ele sentia-se responsável, trouxe uma
mudança quase inacreditável em seu comportamento.
(pp. 17-18).*

Piontelli demonstra muito plausivelmente, com isenções
adequadas para quaisquer certezas ou definições, a importância
pós-natal de experiências pré-natais. Como ela assinala, mesmo
dentro da literatura psicanalítica mais geral, nem todos consideram o fato do nascimento como o "ponto de virada que coloca o
funcionamento mental em movimento" (p. 18). Ao contrário, alguns acreditam que ele marca um ponto em um contínuo de um
emaranhado extraordinariamente complexo dos fios fisiológicos e
psicológicos que interagem, então e posteriormente, para formar
o "*self*" de uma pessoa. Aos fatos crus da herança genética devem
ser adicionados aqueles do ambiente natural (graus de liberdade
de movimento no útero; qualidade da placenta; líquido amniótico
etc.). Ainda assim, os chamados "fatos" do ambiente natural são eles
próprios já significativamente afetados pelos estados mentais conscientes e inconscientes da mãe, em relação ao seu corpo e ao seu
próprio ambiente e à qualidade dos cuidados disponíveis para ela
nesse ambiente. Existem ligações conhecidas, por exemplo, entre o
desenvolvimento fisiológico do bebê e o estado hormonal da mãe,
sua dieta e atividades mentais e físicas. Fatores físicos e emocionais
na vida da mãe também afetam a natureza do mundo intrauteri-
no de modo mais geral. O mundo interior é extremamente sensível
aos estados mentais, sejam eles calmos ou ansiosos, e também é
responsivo ao impacto de estímulos físicos, do som, luz e vibração,
por exemplo, sejam eles de qualidade calmante ou disruptiva. Como
veremos em detalhes, nesse estágio inicial não é possível fazer uma
distinção fácil entre fatores físicos e emocionais, internos e externos.
Cada gravidez é única, e em cada caso uma enorme variedade de
possibilidades deverá ser levada em consideração.

O que a gravidez significa para a mãe? Para o casal? A família? Quando a questão do gênero, ou do lugar na família, vem à tona? O bebê é querido? Almejado? Temido? A gravidez é sentida como o erro de um encontro casual ou a consumação de uma união amorosa? Uma adição alegre ou uma intrusão dolorosa? O feto é sentido como sendo uma perturbação, uma presença estranha e alheia, ou uma presença bem-vinda e protegida? A gravidez nunca será sentida de maneira simples, como sendo exatamente qualquer uma dessas coisas. Mais provavelmente, ela será sujeita a determinado tipo de sentimentos e fantasias inconscientes, passível de diversas mudanças conscientes e inconscientes, para trás e para frente, que continuará a ser expresso com o desenrolar do relacionamento com essa criança em particular.[4]

Dependendo da fantasia inconsciente subjacente e das fantasias conscientes predominantes, o próprio nascimento será experimentado como uma alegria, uma maravilha, um alívio, uma perda, um trauma, uma descoberta; provavelmente uma mistura de tudo isso. Os acontecimentos que de fato ocorrem no nascimento também têm uma contribuição significativa, em termos da qualidade da experiência para o genitor ou genitores e, inextricavelmente, para o bebê: o grau de ansiedade, de conforto ou desconforto, de intervenção tecnológica; a natureza do ambiente do nascimento; a quantidade de stress, de perigo ou de confiança. A realidade externa de tais eventos pode ser bonita ou dura, mas o seu significado e a extensão em que eles são sentidos como prazerosos, angustiantes, manejáveis ou insuportáveis, estarão intimamente relacionados com a disposição interna, psicológica, de todos os envolvidos.

As atitudes e respostas do genitor ou genitores no presente serão intimamente relacionadas com suas próprias experiências passadas, seja em realidade ou fantasia. A gravidez muito rapidamente, e compreensivelmente, mobiliza as partes infantis da futura

46 PRIMÓRDIOS

mãe e/ou pai, cada um dos quais pode, por vezes, sentir uma carência tão imperativa e opressiva como a de um bebê recém-nascido. Ansiedades irracionais podem surgir de repente, ou crises desconhecidas de insegurança, medo ou dependência. A possibilidade de manutenção dos sentimentos dos genitores dentro de limites realistas depende da qualidade do cuidado emocional com que eles podem contar, tanto das figuras parentais que eles mantêm em seus próprios corações e mentes (daqui em diante referidas como "pais internos") como do seu relacionamento um com o outro e com suas famílias.

A descrição de Piontelli de obstetras e genitores, enquanto viam as fotos de seus bebês por ultrassom, provê evidências claras das especificidades de personalidade tão cedo atribuídas a esses fetos: "ele é do tipo nervoso"; "ele é muito calmo"; "ela é pensativa"; "ela tem bom caráter"; "olha como ele cuida mal do cordão". Esses aparentes julgamentos de valor do comportamento real e das características físicas se baseiam em observação, mas estão também sujeitos à predisposição dos observadores. Eles são, ao menos em parte, correlativos às atribuições de caráter conscientes e inconscientes feitas por todos os genitores aos seus filhos não nascidos (com frequência expressos de forma bastante gráfica em sonhos de gravidez), e são inseparáveis das necessidades, esperanças, experiências passadas, visão de si, circunstâncias sociais, ambições e estados mentais variantes do próprio genitor ou genitores.

Diante de um comprometimento tão incrível como a responsabilidade pelo bem-estar de outro por toda a vida, uma responsabilidade que começa com um período excepcionalmente longo de total dependência, o mais confiante dos pais ou mães se sentirá em alguma medida intimidado e ansioso. O otimismo diário poderá dar lugar a terrores noturnos, em que sonhos são preenchidos com situações de medo. Tais sonhos muitas vezes expressam preocupações inconscientes com a enormidade da tarefa de manter vivo esse novo e ainda desconhecido pequeno ser. Uma mãe grávida, Sra. Price, descreveu essa experiência: "Acho que me dei conta pela primeira vez que aquilo estava realmente acontecendo, que eu realmente teria um bebê, na semana em que comecei a ter sonhos terríveis sobre ela. Eu sonhava que ela tinha nascido e que eu a estava esquecendo, a deixando para trás em algum lugar, ou esquecendo de alimentá-la." A Sra. Price então contou dois desses sonhos, que expressavam ansiedades características em relação ao vigor de sua capacidade materna, ansiedades que acabaram por ser relacionadas com suas próprias experiências precoces. Em um sonho,

> *Coloquei o bebê para dormir em uma gaveta. Fechei a gaveta e, para meu terror absoluto, só lembrei dois dias depois que ela estava lá dentro. Corri até a gaveta e descobri que ela tinha encolhido para o tamanho de uma boneca. Ela estava toda murcha, mas ainda tinha um rosto belo e suave.*

Enquanto refletia sobre seu sonho, essa futura mãe lembrou que seu "bebê esfomeado" era exatamente igual a uma boneca chinesa que pertencera à sua própria mãe e que foi dada a ela quando ela era criança. Sua mãe, ela lembrou, lhe disse em uma ocasião para não brincar com a boneca, para não quebrar seu rosto. Ela desobedeceu. A boneca de fato quebrou, e foi colocada em uma gaveta com a ordem de que jamais deveria ser utilizada para brincar novamente.

No sonho da Sra. Price, a culpa e aflição aparentemente duradouras por esse episódio infeliz estavam ligadas a um contínuo medo inconsciente pelo risco de infligir dano ao desobedecer

48 PRIMÓRDIOS

à voz de uma mãe interna; uma voz que para sempre ameaçava com desaprovação e punição. Com a gravidez, ela tornou-se especialmente sensível a ansiedades e medos primitivos. Será que ela novamente, como seu sonho sugeriu, metaforicamente desobedeceria àquela voz e, em consequência, machucaria seu bebê, assim como tinha machucado a boneca? Será que ela era uma pessoa má que não tinha direito de pensar que poderia ser mãe de verdade, já que tinha fracassado em ser mãe de faz de conta? Era significativo que ela sentisse tão claramente que seu bebê seria uma menina. Era como se, inconscientemente, ela já houvesse ligado essa criança real com a boneca do passado, e com todas as preocupações e culpas complexas e duradouras relacionadas àquele dia terrível.[5]

Parece muito provável que a boneca também representasse sua irmãzinha, em relação a quem, quando criança, a Sra. Price tinha sentimentos profundamente ambivalentes, como o próximo sonho deixa claro. Ela relatou que sonhou, na noite seguinte, que

> *Fui para uma piscina e coloquei minha menininha recém-nascida em um armário enquanto eu estava na água. Depois me vesti e fui para casa. Só muito mais tarde lembrei que o bebê ainda estava no armário. Voltei correndo e a encontrei, faminta, mas ainda viva.*

A Sra. Price imediatamente descreveu uma segunda ocasião em que seus pais ficaram muito zangados com ela. Quando adolescente, ela levara sua irmã menor para a piscina local. Sua irmã brincava alegremente na piscina infantil quando ela encontrou alguns amigos. Esquecendo de sua incumbência, ela saiu com seus amigos, e mais tarde teve que escutar as inesquecíveis acusações de "abandono do dever", "egocentrismo", "não ser confiável". À luz de seu sonho, a Sra. Price se deu conta de que o abandono de sua irmã era provavelmente relacionado com sua pouco velada agressão violenta em relação a ela. Como adulta, ela estava agora inconscientemente aterrorizada, com receio de que algum elemento dessa parte destrutiva dela mesma pudesse afetar o relacionamento com seu bebê. Ou seja, ela temia que pudesse de alguma forma infligir em seu próprio bebê o mesmo tipo de negligência prejudicial advinda de aspectos mal resolvidos de seus relacionamentos passados, tanto com seus pais como com sua irmã menor.

Este exemplo abre espaço para muitos pensamentos e possíveis interpretações. Nos termos mais simples, torna-se claro que, desde o começo, a tarefa do bebê de estabelecer um sentido de quem ele ou ela é, nesse quadro extraordinariamente complexo de fatos e fantasias inter-relacionadas, pode ser muito difícil – uma tarefa para a vida inteira. O potencial de desenvolvimento está intrinsecamente vinculado com esse confuso emaranhado primitivo da vida física e psíquica, com as conexões e desconexões entre mãe e bebê, já tão profundas e tão sutis. Nenhuma conclusão pode ser tirada quanto ao impacto preciso de qualquer um desses fatores. Mas a presença deles é poderosamente sentida entre a miríade de forças que subsequentemente forjam a unicidade do temperamento e do caráter, alguns aspectos dos quais são aparentes desde o momento do nascimento, e nas primeiras poucas horas e dias de vida. O bebê chega com sua *própria* vida emocional complexa. Ele também já está investido com uma extensa gama de sentimentos, esperanças e medos de outras pessoas, com semelhanças ou diferenças esperadas ou imputadas, por exemplo, com pais ou irmãos, e com expectativas quanto ao que ele fará pelos pais, ou pelo casal, quanto ao lugar que ocupará na família. As mais poderosas e incontestáveis dessas influências e determinantes são aquelas de seu ambiente mais imediato, seu mundo, o mundo do corpo e mente da sua mãe.

50 PRIMÓRDIOS

Como Piontelli sugere, muito já foi discutido quanto à maneira como fatores físicos e experiências afetam a criança no útero (pp. 18-19). Menos é conhecido sobre o impacto no bebê do estado mental da mãe, e sobre o relacionamento entre o estado mental e a disposição do bebê, tanto antes como depois do nascimento. Pesquisas clínicas com crianças constantemente fornecem evidências das incríveis ligações, ainda longe de serem compreendidas, entre, de um lado, a experiência única da mãe em cada gravidez e, de outro, a experiência física e psicológica do bebê. No exemplo a seguir, podemos compreender um pouco o impacto sobre um menino pequeno, Tommy, da intricada correspondência entre as circunstâncias de sua concepção, gestação e nascimento, as fantasias pré-natais e atitudes pós-natais da sua mãe e suas próprias emoções e comportamentos iniciais.

Tommy foi encaminhado para terapia quando tinha três anos. Ele tinha muitos problemas aflitivos. Eram particularmente preocupantes os estados de extremo terror e desespero em que ele entrava quando estava em recintos fechados. Quando "liberado", ele permanecia sem energia e regredido por várias horas. Separações de qualquer tipo eram extremamente difíceis, especialmente da sua mãe, a quem, quando sua ausência era ameaçada, ele se agarrava como se sua vida dependesse de permanecer em contato físico. A mãe de Tommy foi muito sincera quanto aos seus sentimentos de profunda ambivalência em relação a ele, seu único bebê. Acreditando ser uma pessoa "imatura e má", ela há muito tempo havia decidido que não teria filhos. Na realidade, ela parecia ter temido a ideia de qualquer tipo de relacionamento íntimo. A concepção foi resultado de um breve encontro com um desconhecido com quem ela perdera totalmente o contato. Descobriu que estava grávida tarde demais para fazer o desejado aborto e ficou convencida de que o bebê que ela carregava seria deformado, ou uma espécie de monstro. Teve um parto extremamente traumático. A gravidez foi prolongada, e seu bebê de 5 kg ficou emperrado no canal de nascimento. Foi feita uma cesariana de emergência, durante a qual o anestésico falhou. Os horrores de "sangue e violência" foram agravados pela agonia da mãe. Posteriormente, ela foi incapaz de amamentar esse monstro/bebê, que ela sentiu que lhe causara tanto tormento. Entrou em uma profunda e prolongada depressão.

Tommy foi descrito como sendo desde o início muito ansioso, especialmente em relação à proximidade física, que ele parecia quase ao mesmo tempo buscar desesperadamente e rejeitar de forma igualmente desesperada. Sua angustiada mãe o descreveu como sendo simultaneamente claustrofóbico e agorafóbico. Suas ansiedades eram ainda mais evidentes em seu comportamento em relação à alimentação. Ele caracteristicamente segurava o seio com toda a força e repentinamente o rejeitava, como se tivesse nojo dele.

Não surpreendentemente, Tommy achava a sala de terapia por vezes um lugar perigoso, persecutório, que o aprisionava, e por vezes um lugar reconfortante e desejável. Um aspecto de seu comportamento inicial particularmente perturbador e comovente era o que só poderia ser descrito como uma aparente encenação[6] repetida da apavorante experiência do seu próprio nascimento. Eventualmente, Tommy parecia reviver o terror de ficar totalmente emperrado e sufocado e, depois, de ser repentinamente precipitado para o caos de luz ofuscante, gritos e confusão geral. Pode-se imaginar que sua mãe, ela própria tão traumatizada, era pouco capaz de aliviar o terror do seu filho, ou de torná-lo tolerável para ele em qualquer sentido. Nesse momento, ela tinha a oferecer pouco da tranquilidade que poderia ter integrado a psique agitada de Tommy no calor da devoção cuidadosa, ainda que perturbada, de uma mãe.

52   PRIMÓRDIOS

A experiência de sua gravidez de Tommy, culminando em um nascimento tão doloroso, não foi suportável para a mãe. O tamanho do bebê e sua dificuldade em ajudá-lo no mundo pareciam confirmar a extrema relutância da sua parte em deixá-lo nascer. Ela efetivamente disse que tinha medo de olhar para ele. Demorou muito para ela, apesar de (para sua surpresa) amá-lo, conseguir atenuar seu ódio por essa criança que lhe tinha "infligido tanta agonia" e que, ela acreditava, quase a tinha assassinado.

Tommy parecia passar constantemente por sequências de aprisionamento apavorado, seguidas pelo que parecia uma experiência de desintegração, terminando com uma fraca e atordoada exploração de seu entorno. Ele por vezes se afastava de sua terapeuta, ou da sala de terapia, como se com horror, aparentemente temeroso de ser trancado em um local terrível e persecutório. Era frequentemente no corredor (canal de nascimento?) que ficava entre a sala de espera e a sala de terapia que ele parecia imergir em sentimentos particularmente avassaladores. Ao longo de semanas e meses, a ferocidade de seu terror lentamente diminuiu. Foi como se ele tivesse sido levado a proporções mais administráveis, como resultado de ter sido encenado em um cenário onde, além de revivê-lo, Tommy pôde também conversar sobre ele e pensar sobre o que poderia significar.

A sessão a seguir ocorreu quando Tommy tinha apenas quatro anos. Nessa ocasião, sua terapeuta sentiu que seu medo inicial dela, e particularmente do corredor, era tão intenso que até mesmo palavras poderiam ser experimentadas por ele como muito duras e intrusivas. Enquanto ele estava afundado na cadeira, gritando e soluçando e tentando cobrir seus olhos e orelhas ao mesmo tempo, ela silenciosamente começou a cantarolar para ele, de uma forma calma e responsiva.

Na medida em que seu choro diminuía, ele começou a desenrolar-se de sua enfurecida, desolada e petrificada posição fetal e, timidamente, não diferente de um pequeno animal assustado, olhar ao redor da sala. Ele começou a tocar em diferentes superfícies, como se para descobrir sua textura de novo. Primeiro as do seu corpo, e depois da cadeira em que ele estava encolhido, e, depois, dos objetos mais próximos a ele. Todo o tempo ele estava agarrado em seu "ba-ba-di" (seu cobertor especial). Ele olhou pela janela, contemplou sua terapeuta e solenemente jogou seu "ba-ba-di" no chão. À sugestão de que o cobertor poderia lembrá-lo de sua mamãe e de que isso era um conforto para ele, Tommy assentiu e respondeu, "Tem um buraco nele". Imediatamente começou a contar para sua terapeuta a história de Pedro e o Lobo, descrevendo os perigos do lobo assustador "sair" para o jardim, assustando outros animais e os comendo. Ele rapidamente acrescentou, "Não é real, é só de mentirinha, porque ele é colocado no toca-fitas e toca várias vezes".

Essa curta troca parecia cheia de possíveis significados. Tommy pareceu estar experimentando algum tipo de emergência de um estado mental assustado, que pareceu para sua terapeuta uma repetição da experiência de um bebê de cinco quilos, plenamente formado, confinado dentro do útero, e depois preso pelos músculos do canal de nascimento, enquanto ele e sua mãe se retorciam, fisicamente (e psicologicamente), em diferentes direções. Vemos como essa emergência estava intimamente ligada em sua mente a uma fonte de conforto que era associada à sua mãe – o cobertor. Mas ele imediatamente mencionou o "buraco". É certamente possível que Tommy estivesse indicando sentir que parecia faltar algo em sua mãe. Ele estava, talvez, representando sua interpretação da depressão dela, de sua ausência de mente, ou mesmo alguma intuição de que ela desejava que ele não estivesse em sua mente, ou seja, que houvesse um buraco onde ele estava. Em outro nível, no entanto, ele poderia estar descrevendo uma experiência pré-natal interna, em que literalmente existia um buraco na sua mamãe, seja o canal de nascimento ou o corte da cesariana, através do qual ele escapou, ou foi expulso, ou foi lançado, ou mesmo caiu – talvez uma mistura de tudo isso.

O "buraco" parecia lembrar a Tommy a história de Pedro e Lobo, que foi imediatamente seguida por sua observação sobre o toca-fitas. Foi como se ele quisesse indicar para sua terapeuta que os perigosos eventos descritos na história não deveriam ser compreendidos como realmente ocorrendo, mas simplesmente sendo "passados" várias vezes. Isso soou quase como um comentário sobre os eventos que haviam recém ocorrido na sessão. Tommy parecia estar declarando que essa história do "lobo mau" não era *tão* assustadora, pois ela não estava acontecendo de verdade. Era um *"replay"* do evento real, e não o evento em si. Talvez ele estivesse lembrando *a si mesmo* que, por mais assustadora que a encenação e revivência de seu próprio nascimento pudessem ser, era algo, no entanto, que, diferentemente do que ocorrera poucos minutos antes, ele era capaz de reviver em vez de realmente ter que passar por. Ele agora era capaz de pensar sobre aquilo, encontrar uma maneira simbolicamente eficaz de expressá-lo, em vez de ter que concretamente vivê-lo. Pode ter havido um sentido adicional, mais em fantasia do que de fato, de que a encenação e revivência poderiam estar sob seu controle, que era *ele* que podia colocar a fita no toca-fitas ou escolher não colocar. No entanto, alguma ansiedade parecia ter remanescido, pois ele rapidamente disse à sua terapeuta que, embora existam lobos reais, eles ficam em zoológicos. "Eles ficam atrás de grades e não podem sair."

Tommy, então, disse algo surpreendentemente próximo de um *insight* inconsciente, levando em conta seu estar-no-mundo inicial: "Como você pode saber se você é uma coisa assustadora?", ele elaborou, "E se você nascer um bebê-coisa assustador?". Em uma conversa posterior na mesma sessão, Tommy ficou preocupado com um buraco no rodapé. Ele pensou que poderia ser um buraco de camundongo. Sua terapeuta ligou essa percepção com uma reflexão de Tommy que sugeria que camundongos eram muito pequenos, e que pessoas muitas vezes ficavam assustadas com eles, mas que os camundongos deveriam ser mais assustados do que assustadores. Mais tarde, ainda na mesma sessão, Tommy puxou sua manga para mostrar à sua terapeuta um pedaço do que ele chamava de "pele assustadora", onde seu cotovelo tinha sido esfolado. O dano à sua pele parecia estar associado com o medo de existir um buraco assustador nele próprio, como em sua mãe. Havia algo confiável que pudesse mantê-lo integrado? (Ver Capítulo 4.)

A partir desses pequenos detalhes, podemos reunir uma noção bastante rica da ânsia de Tommy para tornar suas experiências negativas mais suportáveis pensando nelas, e de algumas das medidas que ele adotou para ajudá-lo a sobreviver psiquicamente. O exemplo oferece uma noção muito imediata do quão extraordinariamente complexo é o padrão de influências e determinantes nesse estágio inicial. Com três anos, Tommy parecia ter uma imagem bastante característica de si mesmo, baseada tanto em sua experiência real como no que sua mãe transmitia para ele. Ele carregava uma convicção de ser uma coisa-bebê assustadora, um bebê/monstro terrível que poderia angustiar e repelir a pessoa de quem ele mais precisava, sua amada mãe. Sua pergunta para a terapeuta referia-se a como ele poderia saber (ou seja, compreender e dar sentido internamente) por que motivo ele era uma coisa--bebê assustadora. Ele temia ser, e se sentia como uma figura de lobo assustador que devorava a vida dos outros (como sua mãe tão vividamente descreveu, o bebê que colocava a vida dela em risco). E onde ele estava melhor? No exterior, onde parecia despertar horror (o lobo "saindo" para o jardim); ou no interior (atrás de grades)? Ele era mais assustado e assustador como uma criança nascida ou não nascida? Os dois lugares eram intensamente alarmantes, como ele tão dramaticamente demonstrou; daí, talvez, a agorafobia e claustrofobia que tanto alarmavam sua mãe. Ambos os lugares eram extremamente inseguros, o compelindo a agarrar-se, a todo custo, para não cair em algum aterrorizante "buraco".

Este exemplo descreve, com clareza, experiências que ressoam com os tipos de tumultos e ambivalências internas que a gravidez e o nascimento de um primeiro filho com frequência geram. Há, em muitas mães, ansiedades profundas sobre perda, e medos pela mudança, que frequentemente causam angústia e incerteza, embora possam estar ocultos sob as emoções mais disponíveis de alegria e expectativa. Sempre há, em algum grau, a espécie de perturbação interior que Tommy e sua mãe sofreram de forma particularmente aguda. No caso deles, ambos tinham uma capacidade para comunicar seu sofrimento, e, como consequência, encontraram algum alívio para seu impacto insuportável. A medida das suas dificuldades pode transmitir alguma noção da intensa realidade do mundo psicológico, bem como físico, em que bebês nascem. Além dos "fatos" observáveis desse início, existe o mais intrincado entrelaçamento consciente e inconsciente de amor e expectativa, de esperança, de medo e de ódio; tópicos que, mesmo que sejam tênues e diminutos, fazem cada um sua contribuição particular para a tapeçaria da vida por vir de um bebê.

Notas

1. A prática de realizar observações semanais regulares de bebês e crianças jovens em seus ambientes caseiros, introduzida por Esther Bick, em 1948, na Clínica Tavistock como parte da formação, contribuiu para a compreensão de seus mundos interiores e de suas relações familiares.

2. Ultrapassa o escopo deste livro abordar a extensa variedade de ideias e pesquisas importantes nessas áreas a partir da perspectiva da psicologia do desenvolvimento, particularmente em relação à primeira infância. Aqueles cujas pesquisas tratam mais diretamente e de forma mais esclarecedora dos meus interesses atuais incluem, por exemplo, T. G. R. Bower, T. B. Brazelton, A. W. Liley, L. Murray, D. Stern, C. Trevarthan. Mas a discussão de seu trabalho não enfoca principalmente a dificuldade de definir o significado, para determinada pessoa, daquele aspecto particular do "desenvolvimento" observável, ou na dificuldade de saber como tal aspecto pode ser registrado internamente e externamente. As duas abordagens não são de forma alguma antitéticas, como Anne Alvarez (1992) deixa muito claro em *Live Company: Psychoanalytic psychotherapy with autistic, borderline and deprived and abused children*. London: Routledge.

3. Elizabeth Bott-Spillius, in A. Piontelli (1992). *From Foetus to Child: an observational and psychoanalytic study* (p. ix). London: Routledge.

4. Fantasia, (como nesse caso) escrita com "Ph", é um termo utilizado na escrita psicanalítica em inglês para descrever o conteúdo da vida mental interior contínua, inconsciente de uma pessoa. Fantasia, com "F", denota o termo para a vida imaginativa cotidiana, consciente. [Neste texto, *phantasy* será traduzido por "fantasia inconsciente" e *fantasy* por "fantasia". (N. do T.)]

5. Há um importante debate corrente sobre a construção da diferença de gêneros e as maneiras como o desenvolvimento é modulado pelas expectativas de acordo com o gênero. Um esboço claro das principais questões e argumentos pode ser encontrado em Parker, R. (1995). Does Gender

Make a Difference?. In *Torn in Two: The experience of maternal ambivalence*. London: Virago.

6. O termo "re-enactment" e derivados serão traduzidos neste texto como "encenação". (N. do T.)

3. Primeira infância: continência e *rêverie*

(...) quando bebê, através do toque,
mantive diálogos mudos com o coração da minha mãe (...)
—Wordsworth

Melanie Klein entendia que o bebê, completamente dependente, habitava um mundo de profunda gratificação e extremo desconforto, até mesmo terror; preso aos sentimentos apaixonados de amor e ódio, constantemente oscilando entre experiências de integração e desintegração, temendo por vezes pela sua sobrevivência. De forma muito simplificada, com o mamilo na boca, cercado por braços amorosos, embalado pelo som da voz da mãe e pela atenção gentil dos seus olhos e mente, o bebê terá uma experiência de ser amado.[1] Ele terá uma noção de coerência, de ter um centro, que pode se manter mesmo em caso de ausência temporária. Privado de experiências suficientes desse tipo, por uma ausência muito prolongada, por exemplo, ou pelo impacto recorrente de dor

60   PRIMEIRA INFÂNCIA: CONTINÊNCIA E *RÊVERIE*

e frustração, a experiência do bebê de falta de coisas boas torna-
-se um sentimento intensificado da presença persecutória ativa de
coisas ruins dentro dele. Ele habita um mundo polarizado e, inevitavelmente, as turbulências comuns da vida infantil geram nele
ansiedade, cuja intensidade podemos apenas supor.

Bion (1962b) conjecturou que o que capacita um bebê para
suportar essas dores e frustrações é uma forma rudimentar de pensamento, que se torna possível se o impulso para evadir experiências
dolorosas não for demasiado forte, nem a experiência em si for muito
opressiva (pp. 83-87). Enquanto Freud destacava o conflito primário
do bebê como centrado nos instintos de vida e morte, e Klein enfa-
tizava o conflito entre os estados de amor e ódio, Bion acrescentou
conceitos radicalmente novos. Ele viu o conflito como a difícil situação de ter, de um lado, o desejo de saber e entender a verdade sobre
sua própria experiência e, de outro, a aversão a tal conhecimento e
compreensão. Ele defendeu que a autenticidade da busca pela verdade da experiência de alguém depende da capacidade dessa pessoa
de realmente *viver* a experiência, no sentido de permanecer nela, de
realmente passar por ela e sofrê-la, em vez de procurar descartá-la,
ou encontrar alguma maneira de contorná-la.

No pensamento de Bion, o modelo do crescimento da mente
torna-se um modelo alimentar, em que a mente é nutrida pelas
experiências verdadeiras e envenenada pelas falsas. Esse tipo de
alimento para o pensamento não é tanto relacionado a questões
cognitivas, mas sim emocionais e imaginativas. A noção de Bion
do processo pelo qual esse tipo muito específico de "pensamento"
vem a existir relaciona-se à qualidade da comunicação original entre mãe e bebê, à disponibilidade daquilo que corresponderia a um
seio "pensante". Ele sugeriu que um aspecto da capacidade materna primária para alimentar seria, metaforicamente, oferecer algum
tipo de forma para os "pensamentos" rudimentares da criança,

que são inicialmente uma confusão de impulsos e sensações. Ao mesmo tempo, essa capacidade de alimentar proporcionaria os elementos iniciais de um aparato pelo qual esses pensamentos rudimentares poderiam ser organizados, e assim tornarem-se *propriamente* disponíveis para serem pensados e ganharem significado. O seio "pensante" refere-se a uma função materna específica, que pode parecer derivar de Freud e Klein, mas que, de fato, sugere um modelo de pensamento bastante diferente, oferecendo uma nova perspectiva da natureza do desenvolvimento. Enquanto no pensamento de Klein o seio serve como metáfora para as funções maternas primárias – de alimentar, gratificar, satisfazer –, com Bion, ele serve como uma metáfora para a mente. A mãe traz para o bebê não somente suas qualidades diretamente carinhosas e amorosas, mas também seu *self* pensante, seus estados mentais e emocionais que, abarcando o caos da vida psíquica de seu infante, estabelecem uma precondição para capacidades mais integradas, para um *self* mais integrado.

Uma analogia útil para essas ideias um tanto abstratas é a de uma criança tentando fazer um quebra-cabeça. Podemos imaginar uma situação em que uma criança é incapaz de ver onde uma peça se encaixa no quebra-cabeça como um todo, tornando-se cada vez mais ansiosa e chateada. Podem haver diversas respostas de diferentes mães (ou mesmo, em momentos distintos, da mesma mãe), cada uma delas ocasionada por múltiplas causas complexas. A incapacidade de sua criança para completar o que lhe parece um quebra-cabeça bastante simples pode engendrar em uma mãe sentimentos de ansiedade (sobre a incompetência de seu filho), e, portanto, irritabilidade. A criança, sentindo isso, torna-se mais ansiosa e, assim, menos capaz de conseguir fazê-lo, finalmente explodindo em lágrimas. Ela não apenas nada aprende com essa experiência, como também, sem sentir a diversão da conclusão do quebra-cabeça, fica inibida para tentar novamente – "quebra-cabeças são chatos". Ou, então, ela pode entrar em rivalidade com seu *self* "não bom". Ela pode tentar superar a ansiedade e, no processo, para reconquistar a estima da sua mãe, retomar seus esforços intensivamente.

Outra mãe pode, como um irmão, simplesmente pegar a peça e colocá-la, pensando que assim o problema estará resolvido, ou, mais provavelmente, não pensando muito no assunto, simplesmente querendo livrar-se da situação. Provavelmente se seguirão lágrimas de raiva ou aceitação mal-humorada, seja de uma criança que ainda não desistiu da luta por autonomia e pelo desejo de tirar suas próprias conclusões, ou de uma que desistiu e passivamente se acomoda ao que quer que ocorra.

Uma terceira resposta que a mãe pode dar é começar observando com atenção e sugerindo que a criança tente um pouco mais. Pode ser necessário certo tempo para compreender o grau de dificuldade da criança. O problema pode ser resolvido, em certa medida, simplesmente pela disponibilidade emocional da mãe e por sua receptividade à fonte e intensidade da aflição. Como consequência, a criança pode então ser capaz de colocar a peça por si mesma. Mas não, o estresse continua. Percebendo que sua criança ainda não consegue pensar por si mesma, a mãe vira a peça ao contrário para que sua forma corresponda mais prontamente ao buraco que ela deve preencher. Com uma exclamação de prazer, a criança encaixa a peça. Ao sustentar seu estado emocional, em vez de agir prematuramente ou prolongar excessivamente a frustração, essa mãe permite que sua criança "veja" o que havia sido impossível poucos momentos antes.

Nessa terceira resposta, percebe-se a capacidade inconsciente da mãe de reunir as peças e fragmentos do *self* triste e derrotado da criança e oferecer a ela uma noção de adequação emocional, uma coerência entre a mente da criança e da mãe, posteriormente expressa no reconhecimento da forma externa, que também foi percebida então como se encaixando. Algo aconteceu entre mãe e filho que permitiu ao filho sentir-se compreendido. Dessa experiência, a criança pôde obter um senso de realização e autoestima. É inseparável disso, sem dúvida, uma sensação de ser amado e amoroso, e uma profunda expectativa de sentimentos similares de outros e em relação a outros.

Essa situação diz respeito a uma criança mais velha, quando as coisas são mais claras, mas uma versão muito anterior do processo em que Bion estava tão interessado é visível na seguinte sequência de uma observação de bebês, relatada quando o bebê tinha três meses de idade:

A mãe colocou seu bebê para mamar. Ele sugava firmemente, fazendo ruídos de aspiração. Parecia bastante relaxado, mas então de repente tossiu, continuou sugando por um tempo e, em seguida, começou a chorar. A mãe o colocou sentado em seu colo para fazê-lo arrotar. Ele chorava alto, um choro estridente seguido por poucos soluços. Ele moveu sua cabeça para os lados. Seu rosto estava róseo e enrugado. Esse comportamento parava e ele relaxava por um tempo, e depois o repetia. Ele não arrotou. Em nenhum momento chorou plenamente, apenas de forma espasmódica. A mãe levantou-o para seu ombro e seus gritos aumentaram. Ela o colocou com a barriga em seu joelho e ele continuou chorando, jogando a cabeça para trás. Ela o sentou por um tempo, dizendo que

64 PRIMEIRA INFÂNCIA: CONTINÊNCIA E *RÊVERIE*

> *assim ele ficava mais confortável. Todo o tempo ela falava com ele suavemente. Ela disse ao observador que podia sentir como suas pernas e sua barriga estavam duras, e decidiu levá-lo de volta ao peito "Para ver se ajuda". O bebê sugou bastante avidamente e pareceu relaxar. Cochilou. Ela o manteve nessa posição por um tempo, e então, quando o moveu, ele acordou. Ela o sentou para que arrotasse. Ele arrotou e sentou-se no colo da sua mãe parecendo sonolento, com a cabeça balançando. Mas quando ela ofereceu-lhe novamente o seio para ver se ele ainda estava com fome, ele sugou ruidosamente, suas bochechas movimentando-se furiosamente. O resto de seu corpo estava parado. Ele gradualmente reduziu o ritmo e parou de alimentar-se. Então ele deitou-se nos braços da mãe e contemplou sua face. Ela sorriu e falou com ele. Ele balbuciou em resposta e balançou as mãos.[2]*

A capacidade dessa mãe de sustentar a ansiedade do seu bebê e a sua própria, de seguir pensando frente aos enigmáticos protestos e angústias cada vez mais intensas, utilizando seus recursos internos e oferecendo-os, lindamente exemplifica o que Bion (1962b) chamou de "*rêverie*" (p. 36). A mãe gradualmente dissipa a angústia do bebê, buscando se envolver com ela em vez de explicá-la. Ela é capaz de tolerá-la sem conhecer sua fonte. Ela se impede de desviar do verdadeiro significado da experiência por prematuramente impor uma solução do tipo "Ele deve estar com a fralda suja". Ela gentilmente fala, embala, afaga, alimenta, reflete, até que seu bebê, deleitando-se na calma da intimidade confiante, começa a se recuperar. O bebê está sentindo algum tipo de dor interna e ansiedade. Dor física e dor psíquica são indistinguíveis. Quando a dor se intensifica, ele torna-se incapaz de compreendê-la ou lidar com ela. Com todos os recursos que seu pequeno arsenal reúne, ele procura expelir a dor. Através da sua boca, seus pulmões, sua musculatura, seus olhos, ele tenta projetar (livrar-se) as sensações terríveis, em um esforço para aliviar-se delas. Felizmente para ele, há um seio/mãe "pensante" disponível que é capaz de assumir as projeções, resistir sobrecarregar-se por elas, torná-las manejáveis e, de certa forma, devolver para ele um tipo de experiência que faz com que ele se sinta despojado de terror e capaz de reintegração.

Foi crucial para essa experiência de integração o fato de que a mãe, nessa ocasião, compreendeu e conteve a aflição do seu bebê. Ao bebê foi oferecida, e ele foi capaz de receber, uma versão verdadeira de si mesmo, não uma versão distorcida por preconceitos ansiosos da sua mãe, ou por imputações de algo que ela considerou ser a experiência dele, mas que na realidade resultava da sua própria impaciência ou ansiedade. Ela não foi tomada por opiniões de segunda mão sobre o que seria provavelmente o problema, mas sim pelo que ela *sentia* ser o problema. Um bebê que tem essa experiência de forma suficientemente frequente será capaz de absorver essas mesmas funções mentais. Ele será capaz de psiquicamente absorvê-las, ou seja, introjetá-las. Lentamente, enquanto ele aprende essas funções, elas se tornam integradas na estrutura da sua personalidade. Ao final, ele irá adquirir o senso de que possui uma força interior própria, e não será total e ansiosamente dependente de ajuda externa para se manter coeso. (Para uma explicação dos processos de projeção e introjeção, ver Apêndice.)

No *Prelude*, Wordsworth (1984) descreve a beleza da relação entre a mãe e o bebê, a complexidade de sua "conversa íntima" pré-verbal, as origens rudimentares das primeiras percepções e ânsias da criança; sua busca por um sentimento de reciprocidade que pode ajudá-la a compreender seu mundo consciente e inconsciente.

> *Abençoado o bebê,*
> *(Pois nas minhas melhores conjecturas eu traçaria*
> *O progresso do nosso ser) bendito o bebê,*
> *Embalado nos braços da sua Mãe, o bebê que adormece*
> *No seio da sua mãe, que, quando sua alma*
> *Reivindica semelhanças manifestas com outra alma terrena,*
> *Obtém paixão dos olhos da sua mãe! (ll. 236-240)*

Poucas linhas depois, Wordsworth descreve como, desde

> *bebê, por relações de toque*
> *Mantive diálogos mudos com o coração da minha mãe,*
> *Esforcei-me para mostrar a forma*
> *Como a sensibilidade infantil,*
> *Grande direito de nascimento de nosso ser, era em mim*
> *Aumentada e sustentada. (ll. 283-288)*

Aqui, Wordsworth captura algo do impacto e da beleza da capacidade de uma mãe para o tipo de "*rêverie*" recém-descrito. Esse é o termo que Bion utiliza para o estado mental em que é possível para a mãe estar inconscientemente em contato com as evacuações – comunicações de dor do bebê, ou suas expressões de prazer –, recebê-las, ser capaz de envolver-se com elas e saboreá--las, se calmas e amorosas, ou ajustá-las, se angustiadas e raivosas, e devolvê-las para ele de forma reconhecível e agora tolerável. Bion acreditava que essa capacidade seria essencial para a possibilidade do bebê vir a conhecer, reunir e compreender as diferentes partes de si mesmo e suas relações com os outros.[3]

De acordo com essa forma de ver as coisas, a mãe torna-se o "continente", e as emoções e impulsos fragmentários do bebê, o "contido" (1962b, p. 90). A relação continente/contido constitui o modelo de Bion para pensar os pensamentos, um modelo para processar experiências emocionais que, na medida em que sejam repetidamente reproduzidas no infinito fluxo de vida posterior, têm uma contribuição fundamental para a estruturação da personalidade. A vida instintiva pode ser, assim, vinculada a pensamentos, em vez de ser apenas encenada e reencenada. Inicialmente, a mãe pensa *pela* criança. Lentamente, o recém-nascido aprende a realizar essa função por si mesmo, para que mais tarde a mãe ou pai possa pensar *com* ele.

A descrição de J. M. Barrie em *Peter Pan* (1911) captura esse processo, a sensação da criança de que seus pensamentos são "organizados" por uma mente capaz de compreender e sustentar seus estados mentais.

> *A Sra. Darling ouviu falar de Peter pela primeira vez quando estava arrumando as mentes dos seus filhos. É o costume noturno de todas as boas mães, depois de suas crianças adormecerem, remexer em suas mentes e colocar as coisas no lugar para a manhã seguinte, recolocar nos locais adequados os muitos itens que vagaram durante o dia. Se você pudesse ficar acordado (mas é claro que você não pode), você veria sua mãe fazendo isso, e acharia muito interessante observá-la. É bem parecido com arrumar gavetas. Você a veria de joelhos, imagino, divertindo-se demoradamente com*

68 PRIMEIRA INFÂNCIA: CONTINÊNCIA E *RÊVERIE*

alguns dos seus conteúdos, perguntando-se de onde você poderia ter tirado aquilo, fazendo descobertas doces e não tão doces, pressionando estas em seu peito como se fossem amáveis como um gatinho e apressadamente as jogando fora. Quando você acorda de manhã, as maldades e paixões negativas com que você foi para cama foram dobradas e colocadas no fundo de sua mente; e no topo, lindamente exibidos, estão espalhados seus pensamentos mais bonitos, prontos para você utilizá-los. (p. 12)

Estados internos de sensações confusas e discrepantes só podem ser compreendidos e considerados (no sentido de envolvimento emocional) se corresponderem, de uma forma básica e comum, à experiência externa. O que é sentido pode então tornar-se imbuído de significado correspondente, com frequência, à resposta para tal sensação no mundo externo. Inicialmente, essa resposta parte da mãe ou figura materna. Essa coerência ficou evidente na observação de bebês descrita anteriormente, no exemplo do quebra-cabeça. A questão é ser capaz de dar sentido aos seus próprios sentimentos como consequência de outro ser pensante ter dado sentido a eles (1962a, p. 119).

Um bebê aflito que estiver com "fome", seja de alimentos, atenção ou companhia, fará o possível para comunicar essa angústia. Ele é incapaz de compreendê-la de qualquer maneira além da expressão indiferenciada de dor. Ele chora. Desconsiderando o fato de que ele recentemente foi alimentado, sua mãe intuitiva e perspicaz pode pensar em oferecer-lhe o seio, antes que ele fique demasiadamente perturbado para tomá-lo. Assim, ela não somente atende às suas necessidades físicas, mas também psiquicamente ela lhe dá a experiência de ser compreendido. Se isso ocorre de forma suficientemente consistente, a gratificação pode vir como resposta às necessidades do bebê através de atos de intimidade, com que o bebê pode começar a contar. Nessa reciprocidade de sentimentos, há um sentido de beleza e verdade (1962a, p. 119). O bebê experimenta uma integração das diferentes partes dele próprio que se origina em seu ambiente imediato, no coração e na mente da sua mãe, mas que pode lentamente ser sentida como se tornando parte de seu próprio *self* interno, de sua espinha dorsal, o centro do seu ser. É a experiência de ser sustentado em uma "pele psíquica" primariamente emocional, equivalente à pele física, que mantém unidas as partes do corpo. Em circunstâncias favoráveis, ou seja, se suficientemente sustentado – psíquica e emocionalmente – por uma presença continente, o bebê lentamente desenvolve uma noção de ter uma capacidade própria de sustentação interna, uma experiência de integração, que é pré-requisito necessário para o desenvolvimento contínuo.

Na ideia de Bion referente à capacidade materna para *rêverie* está implícita a presença de um processo inconsciente específico, que forma uma base para o tipo de autoconsciência reflexiva que define a diferença entre as teorias de desenvolvimento mental (cognição) e de desenvolvimento da personalidade (caráter). Os elementos essenciais desse processo inconsciente são capturados em um pensamento de Yeats: "Deve ir ainda mais longe: aquela alma deve tornar-se sua própria traidora, sua própria libertadora, a atividade, o espelho que se transforma em lâmpada" (1933).

As qualidades reflexivas e transformadoras evocadas pela metáfora do "espelho que se transforma em lâmpada" são inerentes ao modelo de Bion sobre a mente. A metáfora define a divisão entre uma noção da mente como um mero refletor de objetos externos, ou, em contraste, como "um projetor radiante que contribui para

70 PRIMEIRA INFÂNCIA: CONTINÊNCIA E *RÊVERIE*

o objeto que percebe".[4] É esta última concepção que, como vimos, é transmitida na ideia do seio "pensante". A teoria existente do desenvolvimento na primeira infância foi aprofundada e ampliada por Bion, para a noção de um relacionamento muito particular em que a mãe oferece não somente qualidades amorosas, carinhosas e nutritivas para o bebê, mas também de formação mental, qualidades do tipo que se pode fazer uso para *dar sentido* às experiências; que podem disponibilizar significado e, assim, *ativamente* contribuir para o crescimento da mente.

A mãe, ao relacionar-se com seu bebê, não reflete simplesmente humores e impulsos, assim habilitando o bebê a conhecer a si mesmo por um processo de espelhamento, de reconhecimento do *self* no outro, mas desempenha um papel ativo de *fazer* algo com as emoções projetadas. O que ocorre, como está sendo descrito, é um processamento inconsciente das comunicações e evacuações instintivas do bebê, que podem ser representadas como uma espécie de caos de impulsos, dor e desejo, em que o mental e o físico, o *self* e o outro, são dificilmente distinguíveis. Esses fragmentos de sensação desconectada ainda sem sentido são o que Bion (1962b) chamou de dados sensoriais ou impressões sensoriais (pp. 6, 26). Para o bebê transformar as impressões sensoriais das suas experiências em sua própria mente reflexiva, ele precisa de uma experiência primária de sustentação *ativa* pela mente da sua mãe.

Para descrever esse processo de ativamente sustentar o estado mental do bebê, Bion (1962b) cunhou o termo "função alfa", sua forma de designar os caminhos inconscientes mais iniciais pelos quais a mãe pode mentalmente "servir" ao seu bebê, em vez de apenas atender às suas necessidades animais (pp. 25-27). A função alfa provê uma continência dos aspectos fragmentados da experiência psíquica, conferindo forma e corpo às emoções *próprias* do bebê: sem impor sentimentos a partir de fora nem apenas os refletindo de volta. Outra expressão para esse processo, sinônimo de função alfa, é "formação de símbolos". Essas noções requerem alguns esclarecimentos. O exemplo do quebra-cabeça descreve a diferença entre uma resposta que impede e outra que estimula a capacidade da criança de encontrar forma e corpo. É necessário um grau de receptividade à natureza distinta da ansiedade e da frustração da criança para transformar aquele estado mental conturbado em algo razoavelmente administrável, ou seja, suficientemente administrável para ela ser capaz de compreender a natureza da sua experiência. Uma vez que a experiência tenha sido compreendida, torna-se possível expressá-la simbolicamente, aprender com ela e desenvolver-se para além dela. Em outras palavras, um pré-requisito para encontrar a forma e corpo em termos simbólicos reconhecíveis (seja em palavra, brincadeira, música) é o processo inconsciente de reunir emoções e sensações diferentes – o processo de formação inconsciente de símbolos, ou da função alfa. Essa é uma capacidade que, em circunstâncias favoráveis, é lentamente adquirida pelo bebê da sua mãe. É um processo inconsciente que é continuamente trabalhado ao longo da vida e pode, portanto, ser descrito tanto aos sessenta anos (ver Capítulo 13) quanto aos seis meses de idade.[5]

* * *

A maneira como Anne, uma menina de onze anos de idade, começou a emergir de seu habitual estado pouco comunicativo e frio, arriscando confiar alguns dos seus pensamentos e sentimentos à sua terapeuta, permitia inferir que um processo como esse estava em curso. Alguns detalhes da sua primeira sessão de psicoterapia podem ajudar a compreender o difícil território do que se entende por "formação de símbolos", em oposição ao processo mais familiar de formar símbolos. Anne foi vítima de grave abuso sexual na infância e, como consequência, foi adotada por uma família que a apoiava, embora fosse muito ocupada. Ela era profundamente infeliz e muito perturbada. As principais preocupações dos seus pais adotivos eram que ela se masturbava compulsivamente, arrancava seus cabelos e resistia a qualquer forma de intimidade. Era desconfiada, provocadora, reticente e aparentemente incapaz de aprender. Em desespero, eles a encaminharam para o Serviço de Assistência à Criança e Família local. Suas três sessões de avaliação ocorreram logo antes das longas férias de verão, depois das quais ela deveria começar terapia regular. A avaliação foi caracterizada por extrema resistência por parte de Anne: profundamente desconfiada, ela recebia os comentários da sua terapeuta com desconsideração silenciosa ou repulsa desdenhosa. Sua terapeuta sentia-se inadequada e não apreciada. Ela lutara muito com seus próprios sentimentos de culpa quanto ao seu desagrado por aquela criança tão fria, sadicamente silenciosa e insensível. Na última sessão, contudo, o gelo foi levemente quebrado. Anne fez algumas figuras de massa de modelar com algum cuidado. Sua terapeuta as preservou durante as férias em um recipiente plástico, que colocou na caixa de brinquedos da terapia de Anne.

Anne retornou para a terapia em setembro e descobriu, para seu assombro e prazer, que suas figuras haviam sido mantidas cuidadosamente intactas. Ela sorriu fugazmente ao perceber que ela própria tinha sido lembrada. Excepcionalmente, ela começou a pintar, e enquanto o fazia, sua terapeuta refletiu que estava sentindo um afeto incomum em relação a Anne – uma mudança de ânimo em relação às sessões de avaliação, que haviam sido tão frias e dolorosas. Ela perguntou a Anne sobre sua pintura. Anne deu de ombros e, pela primeira vez, sorriu adequadamente. Com alguma reserva, arriscou dizer que não era muito boa em pintura, e que tinha feito algo melhor na escola. Com gestos, Anne fez uma forma que parecia um vaso. Novamente com as mãos, ela acrescentou o que parecia ser um bocal e uma alça. "Ah, você fez um *jarro*", disse a terapeuta. "Sim", Anne respondeu, "mas não fiz com uma daquelas coisas (novamente ela gesticulou), eu mesma fiz". "Então você não usou uma *roda*?" "Não, mas ele quebrou na coisa" (outro gesto). "Você quer dizer, ele quebrou na *estufa*?". Ela assentiu, e virou-se de volta para suas figuras, nas quais começou então a trabalhar com extrema precisão e rigor.

Anne tivera muito poucas experiências de ser lembrada por alguém de forma genuinamente consistente ou profunda, e não somente de maneira esporádica ou abusiva. O impacto da descoberta de que sua terapeuta havia conservado (lembrado e pensado sobre) algo que ela fizera e que lhe importava era imenso. Poderia ser sugerido que tal realização (nessa sua primeira sessão de terapia propriamente dita) a capacitou para fazer algumas tentativas a mais de comunicar-se. No contexto do que começava a ser sentido como um local/mente seguro. O objeto que ela havia tentado e não conseguira fazer era, conforme emergiu, de fato um jarro – um continente, pode-se dizer – que explodira no forno. Anne não havia sido capaz de encontrar uma palavra específica para "bocal" ou "alça". Ela apenas gesticulara, esperando ser compreendida. Sua terapeuta *havia* compreendido. Ela articulou os gestos, dando-lhes uma voz (boca) e, portanto, oferecendo a Anne uma forma de "alçar" o assunto. Ela de fato forneceu "símbolos", de certo modo, para os esforços de Anne em comunicar os aspectos jarra/bocal/alça/roda/forno de seu feito.

Apesar da vida infeliz e fraturada de Anne, ela foi capaz de se apoiar na capacidade da sua terapeuta de suportar sua dor e lembrar-se dela. Como consequência, ela própria tornou-se capaz de começar a se envolver com o significado de sua experiência. Em linguagem técnica, poderíamos dizer que, por meio da

74 PRIMEIRA INFÂNCIA: CONTINÊNCIA E *RÊVERIE*

formação de símbolos, a terapeuta de Anne foi capaz de recolher os aspectos ainda impensáveis da sua experiência, os pedaços e peças sem significado (o que Bion, em 1962b, chamou de "elementos beta"), em pedaços e peças mais significativos (elementos alfa) (p. 6), que então puderam tornar-se a base para novas formas de expressão simbólica, mais reconhecíveis, do tipo encontrado em sonhos, brincadeiras ou nomes – o jarro, a roda, o forno, por exemplo. A estrutura continente da terapia e das capacidades mentais e emocionais da terapeuta forneceu "um endereço e um nome" (Shakespeare, 1991, V, i, 1.7) para os pensamentos e impulsos fragmentários de Anne. Ela pode experimentar o poder de coesão do processo pelo qual nomes eram dados aos sentimentos. Ela pode sentir algo do efeito criativo, de fato transformador, daquele processo.

Escrevendo sobre a inesgotável natureza dos processos inconscientes e criativos, Hanna Segal (1994) oferece o que é, na verdade, uma descrição do que aconteceu entre Anne e sua terapeuta. Segal cita:

> *Dar a algo um nome, uma etiqueta, uma alça; resgatá-lo do anonimato, retirá-lo do Local Sem Nome, ou seja, identificá-lo – bem, isso é uma maneira de fazer tal coisa existir.[6] (p. 63)*

Os detalhes individuais do início da vida de Anne são idênticos a inúmeras histórias de crianças adotadas, ou que estão aos cuidados da assistência social, cujas experiências de serem descartadas ou passadas adiante ficam gravadas profundamente em sua busca desvairada por fontes de conforto. No entanto, apesar das suas dificuldades, Anne parecia ter a capacidade de manter esperança. Em sua terapeuta, ela encontrou alguém que não apenas havia se comprometido a estar disponível para ela em seu futuro próximo, mas que, de fato, ainda estava ali depois das férias de verão, ao contrário de muitos dos seus cuidadores no passado. A terapeuta estava fisicamente presente, mas também estava mental e emocionalmente presente. Ela valorizara, lembrara e conservara as primeiras tentativas de criação que Anne havia, na época, ferozmente menosprezado ("Não é nada, só lixo"). A terapeuta tinha assim estabelecido os primórdios de uma relação de dependência segura. O significado que emergiu da "história" mal articulada de Anne sobre o jarro e o forno indicou que, por trás de seu abrigo defensivo em comportamentos sensuais e automutilantes, restava uma capacidade, no ambiente receptivo da mente de outra pessoa, para "pensar" sobre sua experiência, ainda que catastrófica, e, assim, potencialmente aprender com ela. Até então, aquela experiência era tão dolorosa que havia sido impossível para Anne dar qualquer sentido a ela.

O estado mental em que a formação de símbolos, ou função alfa, pode ocorrer, a capacidade receptiva inconsciente que dá início, no bebê, na criança ou no adulto, ao potencial para compreender a si mesmo no mundo, é necessariamente variável. A oportunidade para conhecer a si mesmo, e, portanto, para desenvolver-se, requer a disponibilidade de uma presença que tem qualidades de receptividade e responsividade, baseadas em autoconhecimento e em mundos interiores que são sentidos como honestos, não forjados. Como consequência, pode-se desenvolver uma visão de mundo baseada no desejo de compreender, mais do que na necessidade de "saber". (Bion diferencia "tornar-se um caminhante" e "aprender sobre caminhar", uma distinção entre a extensão das capacidades do *self*, em contraste com uma adição ao estoque de conhecimentos; consultar o Capítulo 7.) A experiência é transformada em crescimento quando é possível aprender com ela. Esse processo depende da qualidade da interação entre continente e contido, da integridade e reciprocidade dessa interação, em contraste com a

76　PRIMEIRA INFÂNCIA: CONTINÊNCIA E *RÊVERIE*

"sutil proliferação de mitologia e mentiras, que em diferentes graus obstrui a busca pela verdade" (Harris, 1981, p. 322).

Uma maneira figurativa de expressar o significado, para o bem--estar psíquico da criança, dessa relação mutuamente concordante é que ela precisa ter acesso a um seio perceptivo e transformador. Esse relacionamento não precisa de forma alguma estar disponível o tempo todo, mas ele deve estar disponível tempo suficiente para a criança ser capaz de "crescer através" das ausências, sejam essas de corpo ou mente. Harris escreve sobre "uma mente que cresce através da introjeção [pela criança] das experiências de si mesma no mundo, compelida a pensar de forma a reter internamente relações com objetos necessários e valorizados, na sua ausência" (p. 322).

Se a mãe interpreta acertadamente, com frequência suficiente, a fonte da aflição e a necessidade comunicada, o bebê terá a experiência não apenas de ter seu desconforto físico aliviado, mas também de ser compreendido. A maioria das mães tem certa sintonia inconsciente comum com as necessidades e comunicações de seu bebê, simplesmente em virtude do amor que sentem por seus filhos. A noção de Winnicott de "mãe suficientemente boa" transmite precisamente esse sentido. Além disso, a boa mãe não é aquela que nega seus sentimentos de ódio e agressividade, mas a que os conhece e é capaz de tolerá-los em si mesma.[7]

Ao contrário, um bebê cuja mãe defensivamente "sabe" o que está errado e responde a um choro de fome com "ele está com as fraldas sujas", ou a um grito de medo com "ele está cansado", terá uma experiência, se isto acontecer com muita frequência, de ser ativamente *in*compreendido, de forma que uma mãe hostil à compreensão será percebida e colocada para dentro – um *self* assustado, talvez, despojado de significado, porque não há "senso comum", não há experiência de correspondência entre a necessidade sentida e a resposta dada.[8] Esse bebê terá mais dificuldades em conhecer e aceitar a si mesmo, o que difere de tentar acomodar-se ao que parece ser necessário ou tentar rejeitar a figura projetada, por exemplo, "ele é um bebê difícil, ele ainda me mata" (ver Capítulo 4).

As experiências que fazem sentido assim o são por estarem ancoradas na autenticidade emocional. Elas são, portanto, aquelas a partir das quais é possível aprender. As experiências que não fazem sentido devem ser artificialmente acomodadas na personalidade (as raízes do "falso *self*" de Winnicott) ou expulsas para outro local, obstruindo, em vez de promovendo, o crescimento. A questão quanto a se uma experiência promove ou não o desenvolvimento depende da qualidade da interação que ocorre nas complexas comunicações entre a mãe e o bebê desde os momentos mais iniciais – as capacidades idiossincráticas da mãe sendo correspondidas por aquelas de seu bebê.

O principal propósito deste capítulo foi transmitir algo da sutileza e complexidade das comunicações mais iniciais entre a mãe e o bebê, em particular aquelas que promovem as capacidades individuais de pensamento e estimulam a confiança, espontaneidade e interesse da criança. Se a qualidade desses relacionamentos infantis iniciais for suficientemente boa e verdadeira, não apenas será estabelecido um protótipo para futuros relacionamentos e formas de aprender com a experiência, mas será engendrada uma capacidade para sinceridade e confiança entre o *self* e os outros como base para o desenvolvimento.

Notas

1. Deve-se enfatizar aqui que Klein referia-se ao "seio" como um emblema para a intimidade. Ela sempre ressaltou que o que importava era a qualidade da intimidade, e não se a relação de alimentação envolvia literalmente

78 PRIMEIRA INFÂNCIA: CONTINÊNCIA E RÊVERIE

o seio ou mamadeira. No pensamento de Klein, o seio representava a relação de alimentação, tanto literal como metaforicamente.

2. Shuttleworth, J. (1984). "On containment". Manuscrito não publicado.

3. Ver também Britton, R. (1998). Woodsworth: The Loss of Presence and the Presence of Loss. In *Belief and Imagination*. London: Routledge. Para uma breve explicação dos processos de projeção e introjeção e de identificação projetiva e introjetiva, ver Apêndice.

4. Abrams, M. H. (1953). Changing Metaphors of Mind. In *The Mirror and the Lamp: Romantic Theory and the Critical Tradition*. Oxford: OUP. Abrams usa as frases citadas de Yeats como epígrafe para esse livro.

5. É o processo sobre o qual Teseu reflete, ao final de *Sonho de uma Noite de Verão*, de Shakespeare:

> *E enquanto a imaginação do poeta desenha*
> *Os contornos de coisas desconhecidas, a pena do poeta*
> *Dá-lhes formas, e atribui a esse nada etéreo*
> *Um endereço e um nome. (V, i, 14-17)*

6. Segal, H. (1994). Salman Rushdie and the sea of stories: A not-so-simple fable about creativity, *International Journal of Psychoanalysis, 75*, 611-618; reimpresso por Steiner, J. (Ed.), (1997). *Psychoanalysis, Literature and War*. London: Routledge.

7. Parker, R. (1995). Op. cit.

8. Bion (1962a) utilizou a noção de "senso comum" de uma forma muito específica. Ela descrevia uma visão integrada do mundo baseada em uma integração correspondente do *self*, um equilíbrio entre os diferentes aspectos do *self* fundados, ou dependentes de informações obtidas de diferentes sentidos, tais como visão, audição, toque etc. Ele considerava o senso de verdade como sendo baseado na combinação de diferentes visões emocionais de uma pessoa, ou de um relacionamento (p. 119).

4. Primeira infância: defesas contra dor

Este elemento de tragédia que se encontra no próprio fato da frequência ainda não se moldou à emoção grosseira da humanidade; e talvez nossas molduras nem pudessem suportar muito. Se tivéssemos uma aguçada visão e sentimento de toda a vida humana comum, seria como ouvir a grama crescer e o bater do coração dos esquilos, e morreríamos com o barulho que está no outro lado do silêncio.

—George Eliot

No capítulo anterior vimos como, se suficientemente sustentado psíquica e emocionalmente por uma presença continente, o bebê desenvolve um sentido de sua própria capacidade interna de sustentação, uma experiência de integração, de ter um centro. Mas muitos bebês não têm a oportunidade de se descobrir em uma

80 PRIMEIRA INFÂNCIA: DEFESAS CONTRA DOR

mente que é capaz de registrar suas rajadas e tempestades, paixões e prazeres e responder adequadamente. Pois, para muitas mães o nascimento desperta alegria, mas também dificuldades imprevistas. Sua própria vida emocional torna-se embaçada por depressão, por sentimentos desconhecidos de perda, ambivalência ou confusão. A responsabilidade pela sobrevivência de uma nova vida pode pesar muito, e a perturbação física e psicológica pode ser sentida como um fardo em vez de como uma descoberta. O bebê pode apenas ocasionalmente encontrar a ressonância e reciprocidade que busca, e pode, desde muito cedo, ter que lutar com o impacto da ausência emocional, apesar da presença física.

Experiências adversas de qualquer tipo ficarão marcadas na personalidade, assim como cicatrizes em um tronco marcam períodos de seca (para usar a metáfora de Meltzer, 1988, pp. 25-26). A árvore continua a crescer e talvez a florescer, mas o núcleo foi afetado. Assim também a vida interior da criança em crescimento é marcada por períodos de seca emocional. Podem ter que ser adotadas, desde tenras idades, medidas defensivas contra a experiência de dor, forjadas para proteger o *self* vulnerável de viver o medo de desintegração, que é sentido como potencialmente avassalador.

Uma mãe distraída, deprimida ou intrigada, por exemplo, pela inquietude e aflição de seu bebê, apesar dele ter sido recentemente alimentado, pode decidir que sua fralda precisa ser trocada, ou que ele quer ser colocado para dormir. Essa mãe pode ter dificuldade para entrar em contato com a qualidade das comunicações do seu bebê, e pode também, talvez, preferir "fazer" a "ser". Esse bebê terá a experiência de *não* ser compreendido, a qual, se muito frequente, dificultará sua capacidade de examinar e, portanto, organizar um sentido integrado do relacionamento entre a experiência de fome que ele tem dentro de si e o que parece estar acontecendo fora. É despertado um sentimento persecutório em relação a algo que parece ser hostil à compreensão. Em tais circunstâncias, o bebê, além de não ter uma sensação de coerência entre as experiências internas e externas, também é submetido a uma incongruência nefasta, em face da qual ele tem que encontrar fontes alternativas de força para apoiar seus frágeis esforços para a sobrevivência psíquica.

Faz parte do desenvolvimento normal essa experiência de ausência de uma continência primária por parte de uma mãe que, por qualquer razão, não pode estar disponível e responsiva às comunicações de seu bebê. Diversos fatores influenciam a capacidade de uma mãe de compreender ou não os sinais emocionais indefinidos ou tirânicos do seu bebê. Externamente, ela própria pode ter pouco suporte, estar deprimida, estar pressionada por preocupações circunstanciais, traumatizada por um nascimento difícil. Ou, internamente, ela pode estar especialmente afetada por suas próprias esperanças e medos em relação ao papel do bebê na sua vida e o relacionamento dele com figuras passadas e futuras. Ela pode conseguir estar presente emocionalmente parte do tempo, mas com uma inconsistência que confundirá seu bebê.[1] Uma ausência emocional muito pronunciada é sentida como uma forma de continência insegura ou "vazada".[2] Pode ser inferido, a partir de estados mentais posteriores muito fragmentados, que o bebê sente que está literalmente se despedaçando. Diante de uma experiência de não ter seus sentimentos considerados e compreendidos, ou de não ter lugar algum para colocá-los, ou seja, sem uma pele "psíquica" para segurar seu *self* emocional, o bebê pode utilizar diversas táticas para ajudá-lo a tolerar a ausência ou adversidade temporária.

O impulso imediato da criança, como vimos, é livrar-se da experiência dolorosa empurrando-a para outros lugares, projetando-a. Chorar, expelir gases, defecar, urinar, vomitar, podem ser tentativas impulsivas, emocional e fisicamente, de expelir os sentimentos de desconforto. Em circunstâncias favoráveis, isso ocorrerá no contexto de um seio, ou "seio pensante", que tem a capacidade emocional de digerir a dor e, assim, tornar a experiência significativa, no sentido de que sua fonte e a natureza do seu impacto foram compreendidos. É inerente a essa experiência um sentimento de que foi possível empurrar ou colocar as emoções em outro lugar, ou seja, *dentro* de algo (o outro), e também de trazê-las de volta, também para *dentro* de algo (o *self*). Em outras palavras, essa é uma experiência tridimensional da existência de um interior, ou espaço interno.

Na ausência de uma presença continente, o indivíduo, em qualquer momento da vida, recorrerá a um conjunto de mecanismos defensivos para ajudá-lo a reter um senso de integração tão grande quanto ele puder reunir. Esses mecanismos são detectáveis na infância e se inserem ao longo das diferentes fases do ciclo da vida. Eles necessariamente serão considerados, no curto prazo, como medidas imediatamente disponíveis para aliviar a ansiedade e para reter, ou recuperar, algum tipo de equilíbrio. Mas se tiverem que ser utilizados com muita frequência, ou por um período de tempo muito extenso, poderão tornar-se "incorporados" como aspectos do caráter, em vez de funcionarem como tréguas temporárias.

A pergunta central é se emoções intensas são sentidas como suportáveis; se há uma sensação de que é possível relacionar-se com estados mentais de intenso amor ou ódio, de gratificação ou abandono, carregá-los, processá-los e digeri-los; se pode ser estabelecida uma ligação genuína entre uma mãe e sua criança, percebida como uma via de comunicação para os sentimentos.

Se as emoções não são sentidas como suportáveis, as consequências são gritantes:

Segue-se um desenvolvimento normal se a relação entre o bebê e o seio permite ao bebê projetar um sentimento, por exemplo, de que está morrendo, para dentro da mãe, e reintrojetá-lo, após a permanência no seio tê-lo tornado tolerável para a psique do bebê. Se a projeção não é aceita pela mãe, o bebê sente que seu sentimento de estar morrendo é privado do significado que possui. Consequentemente o bebê reintrojeta, não um medo de morrer que se tornou tolerável, mas um terror sem nome...

A consciência rudimentar não pode carregar o fardo colocado sobre ela. O estabelecimento, internamente, de um objeto de identificação projetiva rejeitante significa que, em vez de um objeto compreensivo, o bebê tem um objeto intencionalmente incompreensivo – com que se identifica. Além disso, suas qualidades psíquicas são percebidas por uma consciência precoce e frágil.

(Bion, 1962a, 1967, pp. 116-117)

O epíteto "terror sem nome" (1962b, p. 96) descreve a experiência de um bebê que não apenas não tem disponível, para ele, uma mente em que pode projetar suas angústias, mas cuja angústia torna-se terrivelmente aumentada, tanto pela descoberta de que isso é assim, como pelo fato de que o peso dos seus próprios sentimentos é assim aumentado. Pois a presença primária que deveria aliviá-lo de sua angústia, agora ativamente a aumenta. O termo "terror sem nome" captura a essência de tal experiência: a experiência não tem uma forma ou corpo nomeável, o que poderia dar-lhe significado, mesmo que negativo. O epíteto descreve uma perda de qualquer vestígio de significado, pois a capacidade incipiente de estabelecer um possível significado foi revertida (Bion, 1962b, chama esse processo de "reversão da função alfa", p. 25).

84 PRIMEIRA INFÂNCIA: DEFESAS CONTRA DOR

Não pode ser encontrada qualquer correspondência de pensamento ou sentimento. Mesmo uma correspondência terrível – como, por exemplo, que o medo de morrer foi compreendido –, é desprovida do tipo de ressonância que poderia torná-la mais suportável. Ronald Britton descreve esse estado mental como sendo de "atopia psíquica".[3]

Quando a dor psíquica é sentida como não tendo sido sustentada e, portanto, como intolerável, pode haver um retraimento para um estado de isolamento emocional petrificado, fechado. O bebê, ou criança, poder recolher-se para um estado profundamente afastado, ou *borderline*, incapaz de permitir que algo entre, de tão traumática que foi sentida a "perda" da presença necessária (física ou psiquicamente) para a sobrevivência emocional do *self*. Em alguns casos, pode haver uma recusa literal de colocar coisas para dentro, seja parcial ou ordenada, como se manifesta, por exemplo, em transtornos alimentares – mesmo na infância. Tal recusa não é uma resposta incomum para o que Gianna Williams (1997) descreve como um "continente convexo", que faz projeções sobre o bebê em vez de recebê-las dele.[4] Alternativamente, uma criança pode tentar projetar tudo com mais força, mentalmente, e mais tarde talvez fisicamente, demolindo a superfície resistente da mente da mãe – às vezes com o resultado trágico de ser fisicamente agredido em resposta, quando a mãe, incapaz de suportar a raiva, tenta "colocá-la de volta" dentro do bebê.

A menos que desista ou se submeta, a criança privada ou frenética tem que fazer tentativas desesperadas para lidar com suas intoleráveis experiências emocionais. Essas são defesas psíquicas primitivas e extremas contra a dor e a ansiedade avassaladoras. Desde que a dor e a ansiedade da vida cotidiana não sejam sentidas como insuportáveis, podem ser tomadas medidas defensiva que ofereçam o alívio necessário e apropriado. Essas defesas somente resultam em um impacto duradouro na personalidade caso seja necessário recorrer a elas por muito tempo.

Esther Bick postulou uma etapa prévia ao mundo tridimensional de projeção e introjeção, um modo de funcionamento mais primitivo bidimensional, ou mesmo unidimensional. Esse é um sistema defensivo que pode ser utilizado quando, desde muito cedo, houve ausência de uma experiência de continência psíquica, de forma que a existência de qualquer capacidade de sustentação interna ou externa mal é sentida. O bebê buscará algum equivalente psíquico para a pele física que envolve seu corpo, em um esforço para criar para si a sensação de que as peças rudimentares de sua personalidade podem de alguma maneira se tornar coerentes. São observadas tentativas de criar um tipo equivalente de pele contínua, continente – o que Bick chama de "segunda pele". Há muitas maneiras pelas quais o bebê tenta criar uma estrutura defensiva desse gênero, cada uma com uma qualidade distintiva "pegajosa"[5] ou aderente: por exemplo, fixando a atenção em um objeto sensorial, seja visual (por exemplo, uma lâmpada); auditivo (possivelmente um som repetitivo); tátil (a experiência de ser vestido, ou de uma superfície de contato); muscular (enrijecer, ou tensionar e relaxar partes do corpo); ou por movimentos repetitivos (acariciar, lamber, mexer). Esses bebês parecem estar tentando sustentar-se inteiros, como se ameaçados por uma sensação de que podem, a qualquer momento, despedaçar-se. Mais tarde na vida, a tendência a ser literalmente "abotoado", ou andar de um lado para outro, falar sem parar (ter o "dom da palavra"), pode desempenhar um papel similar. O fenômeno da "segunda pele" constitui uma forma de onipotência primitiva, e é sentido como desempenhando uma função primária de sobrevivência.

O seguinte exemplo ilustra o mecanismo de sobrevivência fornecido por ater-se a um estímulo sensorial visual:

Ao chegar, o observador notou que a mãe parecia cansada e deprimida. A mãe comentara sobre a escura tarde de inverno, e sobre seus sentimentos de isolamento com seu bebê. Mais tarde na observação, depois de a bebê ter sido banhada e alimentada, a mãe a trouxe para a cozinha e a colocou sentada no assento de bebê, à mesa. Nesse momento, o marido chegou em casa, do trabalho, e, tendo cumprimentado o observador, imediatamente começou a contar para a esposa sobre algum incidente no trabalho. A bebê começou a fazer ruídos exigentes, cada vez mais altos, enquanto era ignorada. A mãe notou e dirigiu-se até ela, levantando-a brevemente e a colocando de volta em sua cadeira. Voltou-se novamente para seu marido, que também queria sua atenção. A bebê contorceu-se e movimentou-se em angústia aparente, olhou para cima, viu a luz e olhou fixamente para ela. Seu rosto e corpo descontraíram-se e ela sorriu para a luz, balbuciando brevemente. Ao voltar-se para a bebê para ver o que a tinha acalmado, o rosto da mãe registrou angústia, mesmo dor. Ela perguntou por que a bebê olhava para a luz, como se temesse que algo estivesse errado, e que ela pudesse ter levado a bebê a aquele tipo de comportamento por sua intolerância.

(Symington, 1985, p. 482)

Pode-se observar as maneiras comuns como uma criança busca, de forma resiliente e apropriada, uma fonte temporária de consolo e coerência, na ausência de um foco para o sentido de integração necessário. Contudo, se os bebês tiverem que utilizar seus próprios recursos por muito tempo, viver dentro de uma segunda pele pode ser sentido como uma necessidade e tornar-se um hábito. Esse tipo de casca pode proteger o bebê de sentimentos de desintegração psíquica e pânico, mas também o isola do mundo externo. Bion utilizou o termo "exoesqueleto" para esse tipo de defesa psíquica, que se forma na ausência do tipo de estrutura endoesquelética que se desenvolve a partir da dependência confiante em funções continentes internalizadas. A "segunda pele" pode constituir uma pseudoindependência; *como se* o indivíduo fosse autônomo, enquanto na realidade ele sempre está psiquicamente, se não de fato, buscando grudar-se a uma superfície, de uma maneira percebida como essencial para a existência contínua. George Eliot tem uma imagem para tal personalidade: em *Adam Bede*, ela descreve Hetty como sendo como uma daquelas plantas trepadeiras que, quando retirada do canto nativo da rocha ou parede ao qual aderiu, tem raízes tão rasas que, se simplesmente colocada sobre um pote ornamental, se anexará imediatamente, e seu crescimento não sofrerá com isso.[6]

Em suas sessões de terapia, uma paciente adulta, senhorita Pearce, frequentemente descrevia seus estados emocionais em uma linguagem similar à de Bick. Com grande articulação, ela dizia sentir que estava "entrando em colapso", "se desintegrando", "se liquefazendo", "caindo por buracos", "transbordando". Particularmente perto do final de semana ou feriados, ela falava sobre a sensação de que não conseguia segurar nada dentro. Em uma ocasião, ela disse que o melhor que ela podia fazer era tentar exercitar seu "músculo psíquico". Ela estava falando da sua mente.

Essa jovem mulher sofreu terrivelmente quando criança. Cresceu em uma casa violenta e sem amor, e seus problemas começaram cedo. Quando tinha quatro meses, sua mãe subitamente parou de amamentá-la, ao descobrir que estava novamente grávida. A mãe aparentemente dissera que "não havia espaço para dois"

88   PRIMEIRA INFÂNCIA: DEFESAS CONTRA DOR

– uma afirmação impressionante de sua percepção da ausência de espaço mental ou emocional para ela mesma ou para seu bebê. A história continuou com a senhorita Pearce ficando inconsolável. Ela chorou por uma semana e recusou qualquer outro alimento. Ficou gravemente doente e acabou tendo que ser alimentada por um tubo.

Posteriormente, versões do trauma dessa separação foram constantemente revividas. Não obstante, a senhorita Pearce tornou--se profissionalmente bem sucedida, tendo desenvolvido um tipo particular de inteligência muito comercial. Nos estágios iniciais de sua terapia, seu fluxo inesgotável de palavras e ideias não parecia ser *sobre* algo, no sentido de estar conectado com pensamentos ou sentimentos genuínos. Em vez disso, pareciam funcionar como uma flexão constante de seu "músculo psíquico" (uma descrição que ela associava com seu medo de ser identificada com seu pai, a quem ela considerava como "pseudopotente"). Essa "flexão" funcionava como uma manobra defensiva contra a dor de entrar em contato com seus sentimentos intoleráveis de perda e fragmentação. Sua fluência verbal extraordinária, especialmente sobre estados emocionais, não servia tanto o propósito de comunicar, mas sim de garantir que seu terapeuta não seria vivenciado como alguém com sua própria mente, e, portanto, como alguém diferente e separável dela. Demorou muito para a Senhorita Pearce ser capaz de confiar na constância de seu terapeuta, e assim começar a aliviar sua tendência a manter-se isolada de qualquer forma de intimidade, do "pavor de deixar outra pessoa tornar-se preciosa".

Sua forma de utilizar sua mente e discurso era equivalente a uma parede contínua de som e músculo. Parecia funcionar como uma "segunda pele" para segurar seu frágil *self* inteiro. Dentro dessa parede poderia ocorrer muito pouco desenvolvimento emocional. Ela estava consciente disso, e com frequência mencionava a extrema agilidade com que se adaptara às demandas ambientais. Mas havia uma fragilidade em seu exterior suave e bem ordenado, e ela constantemente sentia a ameaça da desintegração. Em momentos de estresse abria-se uma fenda na casca e, como Humpty Dumpty,[7] ela sentia que os melhores pensamentos interpretativos não poderiam integrá-la novamente.

O sistema defensivo da senhorita Pearce não era diferente do de um paciente muito mais jovem, um garotinho de quatro anos de idade, Peter, que também já sofrera muitas experiências traumáticas quando começou a terapia. Seus pais se separaram no meio dos episódios psicóticos cada vez mais graves e internações frequentes da sua mãe. Apesar do seu estado mental em deterioração, Peter ficou com ela. Ele era extraordinariamente articulado para sua idade, e desenvolvera um conhecimento enciclopédico de monstros, dinossauros e répteis, que era confundido com inteligência. Esse "conhecimento" parecia para seu terapeuta uma aquisição de fatos e informações na tentativa de dominar suas ansiedades, em vez de envolver-se com elas. Quando não estava falando, Peter movia-se em grande velocidade pela sala de terapia. Pulava de uma superfície para outra com uma agilidade assustadora. Surpreendentemente, apesar dessa atividade ele estava consideravelmente acima do peso. Aparentemente, ele comia a comida do prato de sua mãe enfraquecida, como se tentando obter dela recursos físicos, na ausência de recursos emocionais significativos. Ele tinha muito medo de que ela desaparecesse ou morresse, e tinha enorme dificuldade de separar-se dela para ir às sessões. Sua inteligência era correspondente ao seu humor. Uma torrente maníaca de palhaçadas frequentemente acompanhava o fluxo de informações que ele transmitia ao seu terapeuta. Parecia ao terapeuta uma tentativa desesperada de manter-se, e certamente um esforço para "reviver" sua mãe. Ele ficava extremamente satisfeito quando conseguia fazer sua mãe rir ou quando ela lhe dizia como ele era brilhante.

Em uma sessão, seu terapeuta comentou o fato de que Peter parecia sentir-se ansioso por ocupar muito espaço.

> *Peter ficou cada vez mais excitado, respondendo que era verdade que as pessoas eram postas para fora e os animais eram colocados para fora quando não havia espaço suficiente para eles, e depois eles começavam a matar e comer uns aos outros. "Para liberar espaço", ele disse. Em seguida, contou ter visto um filme do Popeye, que flutuava sobre o oceano com um corte na perna, "que é o pior lugar para estar se você tem um corte na perna". Quando questionado quanto ao motivo disso, Peter respondeu, "Por causa dos tubarões". Seu terapeuta sugeriu que Peter sentia que não poderia permitir-se ser fraco e pequeno, pois então ele seria destruído e devorado. Não surpreendentemente, a resposta de Peter foi um comentário intelectual inteligente no sentido de que tubarões poderiam detectar um mililitro de sangue em cem mil litros de água. "Se eles estiverem com fome", ele disse, "eles comem qualquer coisa, até mesmo seus próprios filhos." Com um olhar ansioso, modificou sua última declaração, "Bem, talvez não seus próprios filhos, talvez eles não sejam capazes de encontrá-los". Em seguida, ele afirmou que nem todos os tubarões comiam homens, embora as pessoas pensassem que sim. Havia alguns, como o tubarão tapete e o tubarão raposa, que não comiam pessoas. O tubarão raposa rodeava peixes pequenos em círculos cada vez menores e os comia.*

A sessão continuou nessa linha, com seu terapeuta escutando e comentando brevemente o que ele dizia. Peter começou a acalmar-se, e perguntou se era sabido se tubarões sobreviviam em água doce. Ele achava que havia um local, talvez chamado Nicarágua, em que tubarões haviam nadado através de um túnel e atacado pessoas de qualquer maneira, embora não estivessem no mar. Subjacente a essa declaração estava a sensação de que não era possível se sentir seguro em lugar algum. Nessa sessão, a vulnerabilidade e a ansiedade de Peter vieram à tona de forma muito clara, apesar de sua constante atividade mental, física e verbal. Ou seja, os ditos "fatos" não propiciavam uma proteção para seus medos mais infantis. Seu último comentário sugeria que, em algum nível, ele temia que tubarões subissem pelos tubos d'água e o atacassem enquanto ele tomava banho.

Esse exemplo é introduzido como mais uma ilustração do funcionamento da "segunda pele" como forma de defesa, e também como uma maneira de transmitir, seja em um ambiente terapêutico ou familiar, a dificuldade de ficar na "mesma sintonia" com uma criança tão ansiosa e insegura. O que mais precisava ser levado em conta não era o que Peter estava dizendo, mas sim a forma como ele se comportava, a velocidade e energia excessivas em tudo que ele fazia e dizia, além da maneira como ele utilizava sua mente. Era digna de nota a fragilidade das "performances" que estavam sendo sofisticadamente mobilizadas, em uma tentativa de afastar seus sentimentos mais persecutórios.

Como Peter era muito ansioso e apresentava um comportamento bastante perturbado, suas dificuldades vieram à tona quando ele era bastante jovem. Mas as formas de defesa que, para um observador detalhista, podem ser detectáveis já na infância, para muitos podem levar anos para se tornar evidentes, seja para o próprio indivíduo ou para outros. A frágil fachada protetora pode

92 PRIMEIRA INFÂNCIA: DEFESAS CONTRA DOR

repentinamente se quebrar, expondo uma ausência de recursos interiores e um pânico de que as estruturas de apoio que eram sentidas como mantendo a personalidade integrada, embora apenas externamente, possam se destroçar.

Tal situação parece ter ocorrido com Sophie, de dezoito anos, indicada com urgência para uma unidade de adolescentes. Sophie foi tomada pelo pânico. Era incapaz de sair de casa, e mal conseguia levantar-se da cama. Ela não conseguia parar de chorar, nem permitia que sua mãe saísse do seu lado. Foi decidido que ela deveria ser avaliada para psicoterapia. Durante o primeiro encontro, ela apenas sentou-se e soluçou. O terapeuta falou com ela com muita simplicidade sobre o grau da sua angústia, sobre sua necessidade de que alguém compreendesse sua dor, e também sobre sua esperança de que essa *pudesse* ser compreendida e adquirir sentido. Sophie foi incapaz de falar qualquer coisa além de pedir permissão para ir ao banheiro e, quando a sessão chegou ao final, afirmar que parecia impossível ir embora.

As três sessões seguintes foram mais coerentes. Com uma tentativa de sorriso, Sophie falou sobre como ficara aliviada por seu terapeuta, ao contrário de sua família, ter parecido capaz de suportar suas "lamúrias e choramingos". Era verdade que, na ocasião, os pensamentos do seu terapeuta haviam focado na importância de tentar "sustentar" o estado infantil de Sophie, no sentido de embrulhá-lo em palavras, não tanto por seu conteúdo interpretativo, mas para fornecer algum tipo de rede sem fissuras de som contínuo e continente – uma espécie de canção de ninar descritiva.

Lentamente o quadro começou a emergir. Sophie morava com sua mãe e seu irmão gêmeo. Seu pai e uma irmã mais velha haviam falecido em um acidente de carro quando os gêmeos tinham seis meses. Hesitante, Sophie descreveu como sentia que aguentara a vida desde cedo "usando subterfúgios". Ao contrário de seu irmão gêmeo, que saíra e se destacara em tudo, ela se mantivera perto de casa, espelhando-se em sua bela e inabalável mãe, identificada com a dor e estoicismo de sua mãe, adaptando-se à cultura da família, como se a entendesse e suportasse. Na realidade, Sophie sentia que não tinha nada de valor dentro dela, certamente não o que lhe era rotineiramente atribuído – "como ela é encantadora"; "que anjo" etc. Sophie sentia que simplesmente estava presa em uma acomodação superficial às exigências de suas circunstâncias complexas, sem "qualquer pensamento próprio na cabeça". A crise atual coincidiu com grandes separações: seu namorado ia morar no exterior; sua mãe estava começando a trabalhar em tempo integral. Para sua surpresa, a própria Sophie tinha sido aceita na escola de teatro. "Claro que não sei realmente atuar – é tudo imitação, perfeito para mim, já que não tenho a menor ideia de quem sou. É exatamente como os meus desenhos – brilhantes naturezas-mortas! – uma farsa." Poucos minutos mais tarde, ela começou a chorar novamente, "Não há realmente *nada* dentro de mim, ou há somente lixo".

A situação de Sophie não é desconhecida. Sua resposta para as dificuldades quando bebê e criança pareciam ter sido tentar sobreviver emocionalmente conformando-se tanto quanto possível, ao ponto de sentir-se "presa" à superfície daqueles que amava de uma forma que pode ser descrita como "adesiva". Essa prisão era de fato sentida como a mantendo inteira, mas de uma forma que, na realidade, oferecia a ela pouca força duradoura, e nenhuma sensação de ter um centro próprio. "Sou uma fraude", ela disse, "as pessoas pensam que sou tão inteligente e profunda. Tento fazer o que acho que querem, sem realmente compreender qualquer coisa." Agora que seu namorado e sua mãe estavam ambos trabalhando longe de casa, e seu irmão gêmeo estava fora "seguindo sua vida", Sophie estava tendo que enfrentar seu sentimento de vazio interior. Sem

94 PRIMEIRA INFÂNCIA: DEFESAS CONTRA DOR

estar mais em uma posição em que podia se apegar a figuras externas, ela teve que encontrar coragem para ser ela mesma.

No início, parece que mãe e filha encontraram suas próprias defesas, frágeis e bidimensionais, agarrando-se uma na outra contra a dor de suas vidas. Quando tinha doze anos, Sophie ficou muito abalada pelo novo casamento da sua mãe, que descobriu em seu novo marido o apoio emocional que anteriormente buscara em Sophie. Sophie permaneceu "presa" à mãe como sempre, mas agora, ameaçada pela separação física, sentia que seus mecanismos de sobrevivência não mais a sustentavam. As estruturas externamente erigidas e frágeis quebraram, deixando Sophie sem o amparo de qualquer capacidade interna para limitar sua angústia. Essa simplesmente, e literalmente, foi derramada para fora dela. Parece que sua mãe, sobrecarregada pelo luto e por ter que cuidar sozinha dos gêmeos, tivera poucos recursos emocionais para lidar com a situação. O menino gêmeo teve que tornar-se precocemente independente muito cedo, retirando-se da família e seguindo um intenso interesse por esportes, tornando-se um ardente fisiculturista. Pode-se especular que suas preocupações também evidenciavam uma necessidade de manter-se inteiro, nesse caso por uma carapaça muscular, que poderia protegê-lo de ter que envolver-se com sua própria dor particular de perda, e com o sentimento interno de privação.

Cada criança, de diferentes maneiras, se adaptou, se ajustou e pareceu ser capaz e talentosa. Sophie estava mais vulnerável naquele momento, parcialmente em função da proximidade de seu apego[8] com a sua mãe, mas talvez também por um desejo de lidar com seu sentimento de vazio interior, uma tarefa difícil que seu gêmeo de alto desempenho não estava ainda pronto para executar. O *self* "boa menina" de Sophie não poderia suportar o impacto da separação, de ser separada de suas estruturas de apoio. Ela, como disse, "desmoronou".

Para retornar novamente à primeira infância, um breve exemplo final demonstrará como uma intervenção cuidadosa pode resgatar uma situação que poderia, caso contrário, levar ao desenvolvimento de estruturas defensivas como as recém-descritas. Vimos como o bebê infeliz e desamparado nasce imerso em um turbilhão de sensações novas e surpreendentes, sobre as quais não tem controle. Bombardeado com experiências sensoriais que, embora relacionadas, são totalmente distintas de qualquer coisa conhecida até então, ele luta para manter um senso da coerência. A cada momento, ocorrerão mudanças desde o pânico de se sentir totalmente incontido, sob a pressão de emoções insustentáveis, seja de isolamento, invasão, dor física, confusão, até a felicidade de ser sustentado com segurança e amor pelo seio e pelo olhar. O terror cede então lugar à satisfação, a desintegração esmagadora à beleza da integração, fragmentos tornam-se um todo.

Muito depende, como vimos, de como as ansiedades primitivas, derivadas desse tipo de dor psíquica, são tratadas na primeira infância. E, ainda assim, quando a criança cresce, diferentes experiências podem afetar de formas distintas o padrão inicial. Com efeito, esse padrão pode variar e modificar-se, permitindo que seja colocado um chão sobre o que, para alguns, pode ter sido sentido como um aterrorizante abismo sem fundo. Um exemplo do impacto de uma abordagem sensível, oferecida por uma jovem do serviço de assistência à saúde que fez visitas domiciliares a uma família perturbada, ilustra o efeito promissor da compreensão no momento certo. Dominada pela depressão pós-parto, a Sra. Thomas parecia ter sido privada de qualquer resquício de sentimento positivo em relação à sua bebê, Jane. A visitadora do serviço de assistência à saúde a encontrou alimentando sua bebê com indiferença, silenciosamente, pesadamente, mal a segurando. E ainda assim Jane, cuja disposição parecia ser a de uma lutadora, e não de

96 PRIMEIRA INFÂNCIA: DEFESAS CONTRA DOR

uma desistente, foi observada almejando o seio, buscando por ele e segurando-se nele, em um esforço, pelo que parecia, não apenas para sobreviver, mas para introduzir em sua mãe alguma confiança em sua capacidade de alimentá-la.

No entanto, a visitadora descreveu como, com o passar das semanas, parecia cada vez mais difícil para Jane sustentar seus esforços. Sua disposição vacilante desencadeou uma espiral descendente de depressão, frustração e raiva. Havia um sentimento de desespero tanto na bebê como na mãe. Era como se a capacidade de Jane de permanecer do lado da vida tivesse diminuído diante da depressão da sua mãe e, incapaz de envolver-se com qualquer faísca de amor nos olhos da mãe, e tendo acesso somente a um seio desvitalizado, no lugar de um cheio de vida, ela parecia sentir-se à beira do desespero. Jane tornou-se, ela própria, distante e desvitalizada. A visitadora ficou extremamente ansiosa em relação a essa dupla que se debatia, e estava perdida quanto a como poderia ajudá-las. Durante uma de suas visitas, ela ouviu algumas confidências da Sra. Thomas sobre as dificuldades da sua própria mãe em alimentá-la, e sobre como ela rastreara seus problemas alimentares posteriores ao que tinha ouvido sobre a aflição dessa relação inicial. A visitadora timidamente perguntou se, quem sabe, o que fora descrito como o "imperativo moral" de amamentar não era algo suportável para a Sra. Thomas, na prática. Sugeriu que ela poderia tentar a mamadeira.

Depois de poucos dias, estabeleceu-se uma situação de alimentação muito mais feliz entre Jane e sua mãe e, para seu espanto e alegria, a visitadora testemunhou a bebê sendo trocada por uma mãe agora sorridente e comprometida. Cada uma delas era capaz de dirigir-se à outra com entusiasmo, risos e prazer. Sugerir a mamadeira em vez do peito foi uma ideia aparentemente simples. Mas o resultado foi transformador. A partir da compreensão da visitadora, da sua capacidade de internalizar e processar a natureza da ansiedade da Sra. Thomas, ela foi capaz de responder exatamente da maneira que era necessária.

Sentindo-se sem continência pela mente da sua mãe, o bebê ansiosamente procura formas próprias de sustentação para manter-se integrado. Desde os primeiros dias podem ser observadas diversas defesas contra o medo de desintegração. Em termos de seu impacto na personalidade de um indivíduo, são essas defesas que afetam a aparente superficialidade ou profundidade de uma personalidade. Desde cedo, o trabalho psicanalítico com crianças e adultos muito perturbados revelou frágeis estados mentais que pareciam ter uma qualidade adesiva. Com o passar do tempo, tais estados começaram a ser detectados em crianças cada vez menores, e mesmo em descrições de comportamentos de bebês. Era como se, em tais crianças, houvesse pouca ou nenhuma percepção de um mundo interior, um mundo onde fosse possível se envolver com experiências do *self* e do outro e em que essas adquirissem sentido. Em vez disso, o que existia era uma espécie de frágil apego superficial, inicialmente com objetos e experiências sensoriais e, mais tarde, com certos tipos de relacionamento, seja com pessoas ou coisas. Alguns tipos particulares de aprendizagem são característicos da visão bidimensional do mundo (ver Capítulo 7), os quais podem trazer recompensas sociais, como no caso da senhorita Pearce, mas oferecem poucas oportunidades para crescimento e mudança emocional.

Ao explorar o surgimento desses padrões na infância e descrever algumas das relações internas e externas subjacentes a eles, podemos começar a ver o quão profundamente a experiência do bebê afeta o potencial de crescimento da sua personalidade. Eventos subsequentes podem modificar, ou mesmo alterar, esses padrões iniciais de relacionamento, mas, de forma geral, a infância constitui a base para a forma como se desenrola o processo de

98 PRIMEIRA INFÂNCIA: DEFESAS CONTRA DOR

desenvolvimento, funcionando como um modelo para os relacionamentos posteriores da criança com sua família, na escola e com o resto do mundo.

Notas

1. Esse foi um aspecto da maternidade que particularmente interessou a Winnicott, por exemplo: (1965). *The Maturational Processes and the Facilitating Environment*. London: Hogarth (1972), p. 183.

2. *Leaky*. (N. do T.)

3. Em "Subjectivity, Objectivity and Triangular Space", Capítulo 4. Britton, R. (1988). *Belief and Imagination*. London: Routledge.

4. *International Journal of Psycho-Analysis*, 78(5), 927-941. Em *Internal Landscapes and Foreign Bodies*, Williams (1997) explora a maneira como experiências iniciais de ausência e perda podem ocasionar um sentimento defensivo de "pavor de permitir que outros se tornem preciosos". Winnicott (1948) discute o efeito sobre o bebê do estado mental da mãe, em particular em "Reparation in respect of mother's organized defence against depression". In *Collected Papers: through paediatrics to psycho-analysis*. London: Tavistock, 1958.

5. *Sticky*. (N. do T.)

6. *Adam Bede*, Capítulo 15, p. 199. Esse aspecto do pensamento de Esther Bick é muito similar à personalidade "como se", descrita por Hélene Deutsch (1934), e ao conceito do "falso *self*", extensivamente discutido por Winnicott (1958).

7. Muito conhecido no mundo anglófono e retratado como um ovo antropomórfico, com rosto, braços e pernas, Humpty Dumpty é um personagem de uma rima infantil: "Humpty Dumpty sat on a wall, / Humpty Dumpty had a great fall. / All the king's horses and all the king's men / Couldn't put

Humpty together again". Ou: "Humpty Dumpty sentou-se em um muro / Humpty Dumpty caiu no chão duro. / E todos os homens e cavalos do Rei / Não conseguiram juntá-lo outra vez". (N. do T.)

8. *Attachment*. (N. do T.)

5. Primeira infância: desmame e separação

Uma piedade inefável
Se esconde no coração do amor.
—W. B. Yeats

Com a integração e o autoconhecimento como objetivos comuns, a prática psicanalítica e o processo de crescimento compartilham diversas congruências. O objetivo da psicanálise poderia ser descrito como a busca por disponibilizar mais aspectos do *self* para o paciente. Nesse sentido, ajudar alguém a crescer é parecido com o que se tenta fazer em uma análise. As aspirações dos pais de serem capazes de ajudar a criança em desenvolvimento são afetadas pela capacidade deles próprios de refletir sobre como o *insight* é dificultado ou facilitado, sobre como a compreensão e o pensamento podem ser incentivados. No processo comum e desafiante do desenvolvimento de uma pessoa, essa questão quanto a como o *insight* pode ser "dificultado" ou "facilitado" assume particular importância no momento em que é necessário deixar de ser um bebê e iniciar os primeiros anos da infância. As principais tarefas emocionais relacionam-se ao desmame e à separação, que serão sempre trabalhados e revisitados internamente, seja na vida em geral ou, para alguns, no cenário particular do consultório.

O desmame geralmente ocorre durante um período de tempo limitado, provavelmente em algum momento durante o primeiro ano do bebê. Mas os sentimentos e respostas despertados pelo desmame têm efeitos muito antes e muito depois na vida. Eles pertencem aos fatos do nascimento e da morte. Como o desmame pode ser considerado o protótipo para todas as separações e perdas, a forma como ele ocorre só pode ter um impacto profundo. A primeira e principal separação que ele evoca é provavelmente a do nascimento em si. Ele evoca novamente cada experiência primária de ser cortado para fora do que é percebido como sendo a fonte primária de amor e sustento; de ser deixado sozinho quando era necessária uma companhia; de passar fome quando era necessária comida; de ser privado de uma presença continente quando era almejada sustentação. Um bebê carece de qualquer capacidade para a sobrevivência individual. Quando deixado sozinho, seu medo de morrer nunca está distante. Posteriormente, em qualquer idade, quando ele sentir-se novamente em uma situação, ou em um relacionamento, evocativo desses medos iniciais, o terror pode ameaçar e surgir pânico.

Esses estados opressivos em um adulto que, em outras situações, é emocionalmente seguro, podem ser versões curtas de uma experiência totalmente familiar e comum no bebê. Nesses dias iniciais, ela pode geralmente ser aliviada pelo som de uma voz, por braços amorosos ou pela oferta do seio. A qualquer momento na experiência de um bebê, a noite pode ameaçar, e a qualquer outro momento, o dia pode surgir. Nas semanas iniciais, a experiência do terror sendo aliviado e da esperança realizada é afetada pelas capacidades internas do próprio bebê, e influencia a forma como ele responde à tristeza e à alegria pelo resto da vida. Simplificando, existe, para o bebê, uma presença salva-vidas. A falta dessa presença é sentida como uma dor e, possivelmente, um trauma, despertando sentimentos que ele não sofrerá de bom grado. Se esses sentimentos lhe forem impostos, ele poderá responder com certo grau de raiva e destrutividade, sentidos como equivalentes em magnitude àquela imposição.

Desde muito cedo, bebês e crianças pequenas adotam um extenso e diverso arsenal de medidas defensivas, a fim de proteger-se da dor da perda. Essas medidas são mais facilmente detectáveis em suas formas primitivas: negação, crença na onipotência do *self*, projeção e divisão (isso é, a divisão das experiências e percepções do *self* e do mundo em extremos de bem e mal; ver Capítulo 1 e Apêndice). Mas medidas autodefensivas também tomam formas muito menos dramáticas, e infiltram-se sutilmente na textura da personalidade. Elas podem fornecer um "sentido" de integração, mas, como vimos no último capítulo, essa não é a experiência de genuinamente ter um centro de *self*, de realmente ser alguém.

Muito depende do quão desesperadas ou extremas são essas medidas autodefensivas, no quão profundamente elas ficam arraigadas na personalidade, e no quão facilmente podem ser abandonadas. Um exemplo simples da forma como um bebê de dezoito meses resolveu seus sentimentos em relação à ausência da sua mãe é dado por Freud no famoso jogo do carretel (1920). O neto de Freud foi observado arremessando para longe, com força considerável, um carretel que estava amarrado em seu berço. O arremesso repetido era alternado com um satisfatório puxão de volta. Cada arremesso era acompanhado por um "*fort*" (longe) claramente articulado, e cada puxão por um "*da*" (aqui). Freud sugeriu que seu neto estava

104 PRIMEIRA INFÂNCIA: DESMAME E SEPARAÇÃO

lidando com a ansiedade da separação pela ilusão de que poderia, em seu brinquedo simbólico, controlar de forma onipotente as idas e vindas de sua mãe. Desde então, tem sido considerado que a criança poderia estar dando vazão, também, a alguns sentimentos hostis e sádicos em relação à sua mãe ausente, que se alternavam com impulsos mais calmos e reparadores.

Pode-se pensar também que o neto de Freud estava demonstrando a satisfação do sentimento de estar em posse da sua mãe. Talvez tal criança, por um tempo, torne-se de fato controladora. Prepotência, ou estar no comando, pode fazer parte da sua personalidade, pelo menos por um tempo. Outras experiências mais tarde modificarão ou transformarão tais características, e novas ansiedades, por sua vez, trarão novas maneiras de se comportar. Assim que o bebê percebe que sua mãe é uma pessoa separada, que ela não é, efetivamente, sua posse, que ela é alguém que pode ir e vir de forma independente, há a inevitável consciência de que ela pode estar com outro, alguma outra pessoa odiada. Assim, as realidades poderosas de amor e ódio são, desde o início, incorporadas na experiência humana. A mãe, tão amada, torna-se também odiada por ter traído uma confiança primária. Ela já é invejada, por ser quem tem os recursos necessários e os controla. Depois, a convicção de que coisas preciosas são oferecidas para outro acrescenta ciúme à inveja; ciúme daquele para quem aqueles recursos amados, e amorosos, estão agora sendo dados. Começa a luta com as vicissitudes da triangulação.

O fato de que a capacidade para tal percepção se estabelece por volta do momento do desmame físico, seja do peito para a mamadeira, ou para o copo, ou para sólidos, dá uma especial centralidade e intensidade para o relacionamento de alimentação. Ao mesmo tempo em que experiências gratificantes, interessantes, sensuais e emocionais estão tornando-se disponíveis, despertando explorações alegres e novos desejos estimulantes, também estão ocorrendo experiências de privação, perda e tristeza, de nostalgia de um estado que nunca mais poderá ser considerado um "lar", da mesma maneira, novamente. As medidas auto defensivas com que, até agora, o bebê/criança procurou se proteger da dor dessas experiências podem não mais ser adequadas para a tarefa. Ou as próprias experiências podem ser sentidas como avassaladoras. A dor então induzirá ansiedade, raiva, resistência e, mesmo em bebês, sentimentos assassinos, corrosivos, destrutivos, que para sempre surgirão espontaneamente em lutas posteriores contra o ciúme e a angústia de separação.

Uma das razões para a centralidade do desmame no pensamento Kleiniano é sua proximidade com o início da constelação Edípica, que é vivenciada principalmente em termos orais nesse momento, em contraste com o "complexo de Édipo" centrado nos genitais descrito por Freud. O desmame frequentemente ocorre no momento em que o bebê está começando a sentir sua mãe como um todo, como uma pessoa que vai e vem, às vezes disponível e às vezes não. Há, nessa etapa, no bebê, o início da consciência de uma integração entre várias das funções da mãe, que até então haviam sido experimentadas em termos discretos e "parciais": o ato de alimentar, o olhar, o som, a sustentação. Agora terão que ser criadas novas defesas, que protegerão o bebê da ansiedade gerada por fortes sentimentos de perda, e por sentir tanta raiva da mãe que também é tão amada. O bebê começa a distanciar-se da posição esquizoparanoide, que até então forneceu a ele a necessária estrutura defensiva, organizada de forma a não permitir que ele considerasse sua mãe uma pessoa inteira.

Uma vez que a mãe é sentida como uma pessoa inteira, o mundo começa a ser experimentado a partir de um ponto de vista diferente – da posição depressiva. Isso envolve manter em mente

106 PRIMEIRA INFÂNCIA: DESMAME E SEPARAÇÃO

o terrível dano que, na fantasia, foi ou está sendo feito pelo bebê enfurecido ou aterrorizado àquela a quem ele tanto ama. Esse novo tipo de experiência, por sua vez, traz à tona novos tipos de ansiedades, e necessita novos tipos de defesas.

Nesse estado mental, o bem-estar do *self* é sentido como intimamente ligado ao bem-estar da mãe, e da versão interna que o bebê tem dela. A crença na posse exclusiva da mãe tem que ser abandonada, e a dor da perda e a tristeza às vezes viram raiva, às vezes excitação, às vezes desespero. O que há que abandonar é a crença de que existe acesso a uma experiência única, sem complicações e feliz. Há um luto em relação ao tempo em que havia uma crença genuína na disponibilidade dessa experiência.

A posição depressiva e o início das ansiedades Edípicas são intimamente entrelaçados. Inicialmente, as dificuldades relativas à "tríade" no lugar da "dupla" são focadas em questões orais de alimentação e fome, como consagrado em tantos mitos e contos de fadas (na história de João e Maria, por exemplo, ou em Branca de Neve). Mais tarde, o prazer e a dor, a excitação e a frustração tendem a focar-se nos genitais, despertando sentimentos sexuais poderosos de paixão e agressão. A qualquer idade, as ansiedades despertadas e as defesas contra elas podem tornar-se obstáculos ao desenvolvimento, afetando relacionamentos posteriores e a capacidade de crescer emocionalmente. O foco dessa luta, seja aos quatro anos, aos quatorze, aos quarenta ou aos oitenta anos de idade, caracteristicamente torna-se o relacionamento triangular em que, repetidas vezes, essas questões de amor, ódio, posse e separação têm que ser resolvidas.

Como vimos, o mito de Édipo descreve o que Freud acreditava serem as fantasias e desejos universais, em crianças pequenas, de possuir o genitor do sexo oposto e livrar-se do genitor do mesmo sexo (ver Capítulo 1). Ele considerou que esses anseios eram sintetizados pelos fatos nus da história, como já observado. Klein considerou que esse padrão de relacionamento começava muito antes, já na primeira percepção do bebê de não ser o único, da atenção da sua mãe ser dirigida para outros, e em sua crença de que quando o leite não está sendo dado para ele, está sendo dado para seu agora odiado rival. A fantasia de ter o amado genitor todo para si origina-se em necessidades que ocorrem muito cedo. Inicialmente essa necessidade é sentida como sendo pela mãe, em exclusão ou detrimento do pai: "Quando eu crescer vou me casar com a mamãe" é dito por meninas de dois anos de idade tão frequentemente quanto por meninos. É um desejo pela posse exclusiva que, somente mais tarde, em torno dos quatro ou cinco anos, toma as muito mais reconhecíveis conotações sexuais, associadas à visão de Freud dessa situação.

O papel que os pais de Édipo, Laio e Jocasta, desempenham no mito é também de interesse. Temendo a declaração do Oráculo de Delfos que seu filho cometeria assassinato e incesto, eles o deixaram para morrer na montanha, de onde, sem o seu conhecimento, ele foi resgatado por um pastor, e mais tarde adotado pelo rei e rainha de Corinto (ver Apêndice). Incapazes de conter suas ansiedades, Laio e Jocasta tentaram matar seu próprio filho. O pai temia ser superado e eventualmente suplantado (representado pela ideia de ser assassinado), e a mãe temia amar seu filho mais do que amava seu marido (representado pela ideia de casar-se). Esses medos pareceriam originar-se do "Édipo", que eles sentiam estar em algum lugar neles próprios e em cada criança. Da mesma forma, cada genitor sabe que, no curso natural dos eventos, eles verão seus filhos sobreviverem a eles. Esse conhecimento traz esperança e otimismo para o futuro, mas também algum sentimento de angústia, e mesmo temor, de ser substituído e deixado para trás.

108   PRIMEIRA INFÂNCIA: DESMAME E SEPARAÇÃO

É uma alegria, mas também uma luta, permitir que as crianças cresçam e sigam suas vidas, figurativamente expresso nos eventos do mito. Dessa maneira, e de muitas outras, as ansiedades dos pais interagem com as de seus filhos, inevitavelmente afetando o curso do desenvolvimento.

A capacidade dos pais de conhecer e conter essas ansiedades é fundamental para o resultado da vida dos seus filhos, para sempre interagindo com as disposições do próprio bebê. A história de Édipo, que prendeu Freud desde seus primeiros dias de pensamento psicanalítico, não era, então, somente sobre incesto e assassinato, mas também uma história que chama atenção para a necessidade de entender a si mesmo, inclusive aqueles impulsos assassinos e desejos incestuosos que talvez se preferisse renegar. Além disso, ela estabelece ligações entre a falta de compreensão, pelos pais, desses aspectos de si mesmos e as implicações desse desconhecimento para a criança. A ação recíproca entre o mundo interno dos pais e o do bebê é poderosamente demonstrada.

* * *

Essa ação recíproca de relacionamentos será explorada em exemplos posteriores, mas mais imediatamente, uma sequência da observação de Billy, um menino de onze meses, pode esclarecer algumas dessas questões. O comportamento de Billy transmite vividamente uma ideia da intensidade e complexidade do relacionamento intrapsíquico triangular em que ele está claramente se envolvendo de forma apaixonada, mesmo em uma idade tão tenra. Billy está sendo observado acordando:

> *Ele parece aturdido. Sentado no seu berço com as costas contra o lado encostado na parede, parece prestes a*

chorar. Dentro do berço há três objetos: um grande urso de pelúcia, um centro de atividades Fisher Price e um pequeno ursinho. Billy percebe o cilindro amarelo e rosa do centro de atividades e tenta girá-lo. Isso modifica completamente seu humor. Ele sorri. Cada vez que ele consegue girar o cilindro, ele se vira para o observador e dá uma risadinha. Parece encantado com ele mesmo e todo seu rosto se ilumina. Ele se concentra em duas partes do brinquedo, o cilindro e uma pequena abóbada de plástico que, se pressionada com força, faz um sino tocar (isso é muito mais difícil para Billy, mas ele persiste). Billy está obviamente muito feliz repetindo a sequência: brincar com o brinquedo, virar para o observador e rir. Mas pelo canto do olho, ele de repente percebe o grande urso de pelúcia no canto do berço. Ele olha para o urso e fecha o rosto. A presença do urso parece gerar uma dificuldade para continuar brincando com o centro de atividades. Billy parece não querer voltar para o brinquedo. Ele faz uma ou duas tentativas de retomar seu prazer de pouco tempo antes, mas a presença do urso parece ter se tornado de alguma forma muito ameaçadora. Billy encara o urso com um olhar de sinistra malevolência, como se a ameaça fosse em ambas direções. O olhar sombrio de Billy rapidamente torna-se de aflição.

Nesse momento da brincadeira de Billy, é possível perceber o impacto persecutório da repentina percepção da presença competidora de um terceiro fator (o grande urso de pelúcia). A posse alegremente confiante e o controle da brincadeira de "duas pessoas" entre o *self* e o cilindro/seio são quebrados, e tentativas hostis de destruição se seguem.

> *Bastante de repente Billy dá um bote no urso. O segurando firmemente com uma mão, ele o traz para perto do nariz e começa a gritar com ele: "Di-di-der-der!". Cutuca o rosto do urso com os dedos. Depois, ele o empurra através das barras do berço para o chão. Fica radiante. Rindo e fazendo sons urgentes ao mesmo tempo, ele retorna para o cilindro e depois para a abóboda. Todo o seu comportamento agora tornou-se insistente. Ele está quase batendo no brinquedo em sua excitação. Com efeito, ele finalmente faz o sino soar, e seu prazer parece completo.*
>
> *Ainda assim, de alguma forma, no meio de toda essa agitação ele hesita. Vai para o lado do berço, olha para baixo no chão para o urso, e quando o vê, começa a apontar para ele e a "chamá-lo". O observador devolve o ursinho para Billy e ele o leva para junto do seu rosto novamente e repete, agora quase gritando, "Der-di-di... der!". Então ele joga o urso novamente para fora através das barras. Toda a excitação e energia anteriores retornam à sua brincadeira e ele novamente volta sua atenção para o centro de atividades. Essa sequência é repetida, quase exatamente, três ou quatro vezes, com a atenção de Billy voltando-se alternadamente para um e outro objeto. De repente ele tropeça no ursinho pequeno, que, com toda a excitação, tinha ficado embrulhado no lençol. Ele imediatamente se lança sobre ele, gritando: "Der-der". Ele é ainda mais violento com o segundo ursinho. Ele bate no*

seu rosto da mesma maneira que tinha batido no botão do centro de atividades. Esmaga e puxa a cabeça do ursinho e, em seguida, tem muito prazer em jogá-lo para fora através das barras. Com ambos os ursinhos fora do berço, Billy faz um esforço superficial para retornar aos seus brinquedos, mas ele agora parece menos interessado, e é incapaz de recuperar seu entusiasmo anterior.

A experiência de Billy descreve vividamente a versão das ansiedades depressivas de uma criança com onze meses. Ele repetidamente, mas só momentaneamente, recaptura a situação feliz em que o objeto de sua paixão responde completamente para ele. Esse faz exatamente o que ele quer. Mas então ele torna-se consciente da presença de algo mais, algo que ele não pode controlar, algo de que ele deseja livrar-se, mas depois vivencia como algo perdido, e perdido pelas suas próprias mãos. Com essa consciência, vem a angústia de não poder recuperar o que ele jogou fora.

Parecia que o relacionamento de Billy com os ursinhos era como com intrusos hostis que estragariam ou poriam um fim à relação exclusiva que ele conduzia, quer ela fosse sentida como sendo principalmente com o centro de atividades ou com o observador, em cuja presença ele se sentia seguro e capaz de brincar com seus brinquedos. Ele ferozmente atacou e mandou para longe a concorrência, mas seu triunfo maníaco o deixou derrotado, e a alegria do encontro original não pôde mais ser mantida. Na busca pela posse exclusiva, ele perdeu aquilo que se deu conta de que também precisava.

A capacidade de sentir luto pelo que se sente que foi perdido ou renunciado, e assumir a responsabilidade por qualquer que seja o papel que se sente que o *self* desempenhou, é essencial para

112 PRIMEIRA INFÂNCIA: DESMAME E SEPARAÇÃO

qualquer possibilidade de resolver com sucesso a complexa triangularidade com que Billy lutava. Pelo menos por aqueles poucos momentos, Billy foi incapaz de deixar de lado seu relacionamento exclusivo a dois e compartilhar com um terceiro. E ele também não foi capaz de continuar brincando agora que um rival o tinha perturbado. Como resultado, os ursinhos representavam uma ameaça mais do que um conforto. Eles tinham que carregar os sentimentos projetados de Billy e sofrer tortura, mesmo "assassinato", simplesmente porque estavam "ali".

O processo de luto, em qualquer idade ou momento, é relacionado com ser capaz de sentir-se como separado do ser amado e, ainda que só temporariamente, perdido. Somente então é possível uma discriminação entre o que realmente pertence aos outros e o que pertence ao *self*, e um senso de autossuficiência, embora inicialmente bastante breve, pode ser obtido. O processo envolve a destruição de todas essas ligações e relações complexas pelas quais o *self* se sentiu não apenas ligado ao outro, mas o mesmo que ele. Para evitar a experiência de ser separado e diferente, o bebê vai contar com quaisquer meios que ele tenha à sua disposição.

O desmame sintetiza um aspecto central do crescimento. Em sua forma explícita e concreta, ele pode vir a representar diversos esforços posteriores para abrir mão de um apego a aspectos infantis e ser um *self* mais maduro. Torna-se possível depender menos da presença física da pessoa externa tendo sido capaz de internalizar e manter dentro, em resumo, introjetar, uma versão de suas funções e capacidades. Resolver essa situação envolve ser capaz de tolerar a renúncia, de encontrar novas experiências até então não vividas; de, de fato, mudar. Para a mudança ser possível em um relacionamento, cada parte deve ser capaz de genuinamente renunciar às fantasias e projeções do que é, por vezes, ansiado ou temido na outra pessoa, e apreciar o que essa na realidade é, em vez do que ambos possam ter precisado ser. Isso pode dolorosamente envolver deixar de lado idealizações ou aspirações narcisistas bastante complexas (ver Capítulo 11). O bebê é muito ajudado pela mãe a abrir mão da intensidade dessa experiência inicial, embora também seja muito perturbado pela perda. As mães também consideram esse processo difícil. Elas perdem seu relacionamento com um bebê que as adora completamente. Serão buscadas diferentes maneiras de amenizar a dor, sendo a mais característica, talvez, o retorno ao trabalho. A sensação da mãe de que ela é indispensável para seu bebê é narcisicamente agradável, mas também onerosa. O reconhecimento de que o bebê pode, a qualquer idade, ser mantido vivo por outras fontes de cuidado e alimentação além dela mesma constitui uma complexa mistura de perdas e ganhos.

Uma miríade de respostas será encontrada no bebê para a própria ideia do desmame, mesmo quando essa ideia ainda está somente na mente da mãe. Sentindo uma mudança na atitude da sua mãe, um bebê parou de alimentar-se ao seio do dia para a noite, como se por um tipo de protesto onipotente: "Se você não me quer, eu não preciso de você". Outro avidamente buscou e clamou pelo seio com insistência ainda maior do que antes. Um terceiro parecia querer agarrar-se à experiência de um seio disponível e gratificante e rejeitar o seio que era sentido como parte de uma mãe que o negava e privava. A divisão psíquica era acompanhada de uma divisão física entre direita e esquerda, que permitia a esse bebê não ter que reconhecer que aquela que dava e aquela que retinha eram a mesma pessoa. Ele sugava alegremente do seio direito e rejeitava o esquerdo como se com terror. Ele se afastava, aparentemente com medo e aversão, do seio esquerdo, como se ele fosse genuinamente "sinistro", cheio de demônios devoradores e persecutórios, mas permanecia sensualmente envolvido com o "direito".

114 PRIMEIRA INFÂNCIA: DESMAME E SEPARAÇÃO

Todos os bebês têm que sofrer certo grau de desconforto, medo e ansiedade. Cada um desenvolverá suas próprias estratégias particulares para ajudá-lo a lidar com isso. Se ele tem poucas oportunidades para ter boas experiências, ou poucas capacidades para fazer uso delas, ou se suas experiências iniciais são especialmente dolorosas, essas estratégias, como vimos, terão que ser mais extremas. Em termos mais gerais, elas poderiam ser pensadas como representando a dificuldade de ser capaz de enlutar-se. Pois elas representam uma variedade de formas manifestas ou disfarçadas de segurar-se ao ser amado primário, ou permanecer envolvido com ele, com frequência tornando difícil descobrir a quem os sentimentos, emoções e impulsos realmente pertencem. Uma das mais sutis dessas estratégias, de alguma forma insidiosa, é a da identificação projetiva (ver Apêndice).

Já vimos como o bebê pode projetar de diferentes maneiras, com diferentes intensidades e por diferentes razões. Se moderada, a projeção pode estar relacionada a ser entendido, sendo a base para a empatia e para a comunicação em geral ("Posso sentir que meus sentimentos estão sendo compreendidos se eu sentir que você também tem esses sentimentos"). Mas quando a ansiedade é alta, o bebê pode ser impelido a projetar com muito mais força a fim de livrar-se de sentimentos que causam nele ansiedades e perturbações intoleráveis. O bebê/pessoa procura proteger-se da experiência intolerável de, por exemplo, sentir inveja, ou viver o terror da separação, por sentir que é possível identificar-se com características mentais ou emocionais do outro, características que são, realmente, uma projeção daquelas partes do *self*. No caso da inveja, o motivo inconsciente pode ser algo como, "Se ela é apenas uma extensão de mim, não tenho que me preocupar que ela possa ter algo que eu não tenho"; e, no caso do medo de separação, "Se ela e eu somos realmente a mesma pessoa, não preciso sentir a mim como separado dela".

A capacidade para enfrentar a realidade da perda e passar pelo processo de luto parece ser essencial, em qualquer idade, para a possibilidade das projeções serem recuperadas do outro e retornadas para o *self*, ou seja, para a possibilidade de, de fato, tornar-se alguém.[1]

* * *

A ligação próxima entre a capacidade de enlutar-se e a capacidade para o desenvolvimento emocional será explorada de muitas formas em capítulos subsequentes, na medida em que for traçado o equilíbrio entre processos projetivos e introjetivos. Os dois exemplos que seguem podem transmitir alguns aspectos dessa ligação pela complexidade das formas como dois meninos pequenos lidaram com o amor e a perda, em relação às suas ansiedades edípicas particulares. Nick tinha vinte e dois meses quando sua mãe ficou grávida de seu segundo filho. De certa forma, Nick estava tendo que ser desmamado, ou que desmamar a si mesmo, não em termos literais de "alimentação", do peito ou mamadeira, mas da sua experiência de ser filho único. Seus pais também podiam estar tendo sentimentos complexos, envolvendo perda e talvez culpa, sobre as mudanças que ocorreriam para Nick, a dor de ser forçado a abrir mão dos seus direitos exclusivos e o prazer de ser o irmão mais velho do novo bebê.

Desde que ficou sabendo da gravidez, o comportamento de Nick mudara de formas bastante impressionantes. Mesmo antes de ser oficialmente "informado" sobre o novo bebê, suas brincadeiras sugeriam que ele tinha uma ideia do que estava ocorrendo. Ele havia se tornado apaixonadamente interessado em ferrovias em geral, particularmente em Thomas, a Locomotiva. Esses interesses eram associados de perto a seu pai, que ia trabalhar todos os dias de trem. (A mãe de Nick pensava que sua ideia do que o seu pai fazia quando ia para o "trabalho" era ficar no trem todo o dia; ou seja, que seu "trabalho" significava o estado ideal de estar no trem.) Muitas das brincadeiras de Nick começaram a focar em animadamente empurrar seu trem para um túnel e puxá-lo para fora novamente. Ao mesmo tempo, sua relação com sua mãe vinha se modificando. Ele começou a chamá-la pelo mesmo apelido que seu pai utilizava, e de repente a adquirir palavras e habilidades de forma precocemente rápida, para grande prazer da sua mãe. Ele tendia a receber recompensas desproporcionais por ser "adulto". Era como se sua mãe precisasse que ele fosse um menino grande a fim de liberar espaço para outro bebê. Isso levou as necessidades mais infantis de Nick a serem ignoradas em certos momentos.

Aparentemente em resposta às suas ansiedades sobre o novo bebê, o charme e a precocidade de Nick rapidamente aumentaram. Ele passou a tentar com frequência conquistar sua mãe por novos feitos de competência e agilidade verbal. Havia muitas trocas prazerosas entre eles. Por exemplo, Nick recitava os dias da semana e se seguiam aplausos e sorrisos. Seus sentimentos mais divididos, ou mesmo os raivosos, foram confinados às suas brincadeiras, e em alguma medida às suas crescentes dificuldades para dormir.

> Em uma ocasião, logo depois da chegada do observador, a mãe de Nick foi para a cozinha para fazer chá. Nick começou a brandir seu protótipo de Thomas, a Locomotiva no ar, dizendo "Trem". Ele em seguida subiu na poltrona do seu pai e jogou o trem para trás dela. "Foi embora", ele gritou com alegria. Excitado, começou a escalar o braço da poltrona, sobre o qual estava parado, precariamente equilibrado, quando sua mãe retornou à sala. Ela disse para ele descer e deixar de ser malcriado. Nick saltou rapidamente para o assento com um

sorriso um pouco culpado, ainda que sedutor, e saltou para cima e para baixo, exclamando com alegria: "Babs, Babs" (o apelido pelo qual seu pai chamava sua esposa). Ela disse-lhe com firmeza para descer da poltrona. De má vontade, ele desceu. Mas assim que ela se virou, ele subiu em uma cadeira vertical (de novo uma em que seu pai normalmente se sentava) e, segurando a parte de trás, começou a balançar violentamente para frente e para trás. Sua mãe disse, "Não, malcriado", várias vezes, mas Nick não deu bola e continuou a balançar e sorrir. Sua mãe disse "Não" com mais urgência. Ela o levantou e derrubou a cadeira, para mostrar o que poderia acontecer, dizendo-lhe como o papai ficaria zangado e chateado. Nick olhou ansiosamente em direção ao trem jogado e disse "Para cima", claramente querendo que a cadeira fosse rapidamente arrumada.

Com o passar do tempo, Nick parecia incapaz de concentrar-se da maneira habitual no livro que sua mãe estava tentando lhe mostrar sobre ter um novo bebê em casa. De repente, ele disse "Thomas". Sua mãe perguntou onde Thomas estava. Nick apontou primeiro para a poltrona, e depois para a janela. Ele foi até o piano e disse "Thomas" novamente. Sua mãe disse, "Ah, você quer que eu toque a música de Thomas", e a tocou. Nick pareceu mais feliz e pediu algumas outras músicas, como a do Carteiro Paulo etc. Algum tempo depois, ele novamente parecia inquieto e começou a balbuciar "Thomas". Ele pegou uma revista em quadrinhos de Thomas, a Locomotiva e começou a estudá-la atentamente, apontando e nomeando diferentes peças de vários trens. Sua mãe parecia satisfeita por seu vasto vocabulário, e pediu para ele contar ao observador o que ocorrera naquela manhã. Nick parecia muito triste. Ele disse, "Chorei", mas não explicou. Ele de repente largou sua revista e, mais ansiosamente, repetiu "Thomas" várias vezes. Sua mãe novamente perguntou a ele onde Thomas estava, e dessa vez Nick correu até a poltrona e tentou, mais desesperadamente, espremer-se atrás dela para recuperar seu trem, sem sucesso. Ele lançou à mãe um olhar de súplica. Ela estendeu-se para trás da cadeira e pegou o trem para ele. Ele dançou pela sala com excitação, levou seu trem para o trilho e começou a empurrá-lo para frente e para trás através do túnel. Ele então cuidadosamente anexou um vagão ao trem e depois, silenciosamente, como se por uma reflexão tardia, também anexou um pequeno vagão de carga. Enquanto isso, ele falava sozinho: "Túnel": "Homem entrando". Entendendo a essência do que ele poderia estar querendo dizer, sua mãe lhe perguntou onde seu papai estava. "Trem", Nick disse, deliciado.

Este breve trecho sugere diversas possibilidades, centradas nas ansiedades de Nick sobre o novo bebê e os complexos sentimentos que se agitavam nele em relação aos seus pais. Uma maneira de lidar com a difícil situação foi livrar-se do papai (o trem jogado fora) e passar a ser triunfantemente o Rei do Castelo/mamãe em seu lugar (o salto e balanço nas cadeiras). Mas é interessante perceber como ele tenta lidar com o que parece ser sua crescente ansiedade sobre seus sentimentos. Talvez ele estivesse começando a ter um sentimento de perda e culpa pelo trem banido. Ele tentou encontrar substitutos simbólicos (a música de Thomas e os quadrinhos), mas esses tiveram somente efeitos limitados, e ele cada vez mais precisava da garantia do próprio trem. Uma solução foi permitir que a mamãe e o papai ficassem juntos como o trem e o túnel (com a fantasia tranquilizadora, talvez, de que eles poderiam assim ficar sob seu controle). A fim de não se sentir excluído ou deixado para trás, ele anexou seu próprio "vagão" ao pai/trem, e em seguida, de forma comovente, conseguiu adicionar o bebê/vagão de carga atrás. O que ele pode ter querido dizer com "homem, entrando" é intrigante. A resposta da sua mãe sugere que ele poderia estar descrevendo o que pensava que papais faziam com mamães.

A sequência descreve Nick lutando, com bastante êxito, com os sentimentos edípicos de querer banir o papai e ter a mamãe toda para si. Ele também está lutando com seus medos de ser substituído pelo novo bebê. Na sua brincadeira, ele exclui, na tentativa de dominar sua ansiedade relativa à exclusão. Utiliza representações simbólicas (trem, túnel, vagão, vagão de carga) para ajustar essas fantasias e identificações preocupantes. Acontece que ele não consegue sustentar por muito tempo a experiência de ter vencido seu pai, nem a inebriante excitação de ter tomado o lugar do seu pai com sua mãe. Quando o "pai" ausente transforma-se em perseguidor, Nick tenta afastar sua ansiedade por mais brincadeiras simbólicas. Seu onipotente senso de controle, e seu medo de que ele esteja falhando, só é reduzido quando, incapaz de recuperar ele próprio o trem, ele tem que pedir a ajuda da sua mãe. Nesse momento, Nick tem que submeter-se a dolorosos sentimentos depressivos de reconhecimento de culpa, bem como de alivio, por sua mamãe ter papai em mente e poder trazê-lo de volta, no momento em que seu próprio medo é que, ao querer livrar-se do seu pai, ele tenha de fato feito isso. Quando o trem retorna para ele com segurança, torna-se possível novamente contemplar a relação triangular, ocupar-se em simbolicamente conduzi-la e, finalmente, permitir um lugar também para o novo "bebê".

120 PRIMEIRA INFÂNCIA: DESMAME E SEPARAÇÃO

Nesse singelo episódio cotidiano podemos ver muito claramente o relacionamento entre ansiedades de separação, perda e a capacidade de formar símbolos. É a preocupação de Nick, tanto sobre ser deixado de fora do casal parental, quanto sobre forçar-se para dentro dele, que estimula sua capacidade de simbolicamente representar suas preocupações através da brincadeira e das palavras. É evidente que ele já desenvolveu um *self* que é suficientemente separado dos seus pais para ser capaz de representar tanto a eles como a ele próprio da maneira como ele faz.

Seu uso de símbolos é uma maneira dele não precisar ter seus pais verdadeiros disponíveis para ele o tempo todo. Nick pode utilizar palavras e brinquedos para representar relacionamentos entre ele próprio e outros. Quando, no entanto, ele está sob a influência de intensa ansiedade, a culpa e o medo da perda tornam-se muito agudos, e os brinquedos são então sentidos como realmente sendo as pessoas a quem eles representavam. Os brinquedos e as pessoas tornam-se equiparados, e Nick é incapaz de continuar brincando até sua mãe vir em seu resgate.[2]

Em contraste, a sequência de uma sessão de terapia de um gêmeo de três anos, Sammy, oferece uma visão mais perturbada das ansiedades iniciais, em que, sob pressões crescentes, o modo simbólico de expressar esses sentimentos difíceis frequentemente falhava. A fantasia inconsciente muito prontamente era sentida como realidade. Com frequência, pouca distinção podia ser feita entre "faz de conta" e "real", não apenas brevemente, como acabamos de ver com Nick, mas de formas mais duradouras e alarmantes.

Sammy teve um começo muito difícil. Ele nasceu prematuramente e com vários problemas físicos bastante sérios que resultaram em ele ser mantido no hospital por dois meses depois de sua mãe e a irmã gêmea terem ido para casa. Sua mãe ficou muito deprimida depois do parto, e ficou por muito tempo convencida de que Sammy morreria. Sammy passou suas três primeiras semanas em uma incubadora, e teve posteriormente diversas passagens breves pelo hospital. Ele foi encaminhado para tratamento em função da inquietude dos seus pais com seus pesadelos, que haviam começado em torno da época em que sua mãe começou a desmamá-lo da mamadeira para o copo. Dificilmente passava uma noite sem que sua mãe tivesse que ficar muito tempo tentando acalmá-lo, e tentando tornar mais tolerável o mundo persecutório em que ele se encontrava. Ela descreveu como, ao acordar, ele frequentemente parecia achar que ela era uma figura assustadora, em vez de reconfortante. Isso aumentava sua própria aflição. Parecia haver uma completa cisão[3] entre o Sammy diurno, feliz e falante, e o aterrorizado e tirânico Sammy noturno. Ele agora podia demandar a presença reconfortante da mãe, ao contrário de antes, como bebezinho, quando ele estava não somente desamparado, mas também, com frequência, fisicamente separado dela. Ele também pode ter sentido nela a falta de uma capacidade emocional para conter seu medo de morrer, já que ela própria tinha muito medo da morte.

Como o passar do tempo, quando ele começou a enxergar sua terapeuta como alguém que poderia lidar com o "menino" impertinente, confuso e destrutivo, tanto quanto com o "Sammy" encantador e tagarela, a natureza aterrorizante do seu mundo interior, até então confinada aos seus pesadelos, começou a aparecer nas sessões. Fantasias violentas começaram a ser encenadas, geralmente atribuídas ao "crocodilo malvado e mordedor", ou a "Jenny", sua irmã gêmea, ou a "Spencer", um dos seus brinquedos. A brincadeira raramente era precedida pelo pronome "eu", pois Sammy, nesse momento, achava quase impossível assumir qualquer responsabilidade por sua raiva e agressividade. Eram expressos medos primitivos e persecutórios, claramente ligados às ansiedades edípicas relativas à sedução da figura materna boa, que poderia, a qualquer momento,

122 PRIMEIRA INFÂNCIA: DESMAME E SEPARAÇÃO

tornar-se uma bruxa ruim ("Tem muitas e muitas bruxas, e elas vão colocar o menino em um caldeirão e fazer uma sopa de sapo com ele e comê-lo"). Havia também um medo de punição por outras figuras assustadoras, que eram cada vez mais representadas por um "Deus" enorme, sempre vigilante e punitivo.

O papel e função das figuras de Sammy, o "Deus" e a bruxa devoradora, pareciam ter muito em comum com o conceito psicanalítico do superego primitivo. Diante desse material, não é difícil entender que as figuras monstruosas e aterrorizantes que Klein descobriu nos mundos internos das crianças pequenas que ela tratava, figuras que ela considerou que desempenhavam o papel de um superego inicial, não eram tanto o resultado do complexo de Édipo, da clássica teoria Freudiana, mas de fato davam início a ele. Em termos simples, a visão de Freud era que, quando a criança tornava-se demasiado ansiosa para sustentar seus sentimentos apaixonados e assassinos em relação aos seus pais externos reais, ela os abandonava no mundo externo. Mas a fim de manter seu relacionamento com eles, ela internalizava versões deles na forma de presenças internas severas ou encorajadoras, grosseiramente correspondentes ao que se tornou conhecido como o superego e o ego ideal. Klein, por outro lado, considerou que, independentemente do quão apaixonado ou mortífero fosse o relacionamento de uma criança com seus pais reais, tal relacionamento seria preferível a tentar lidar com os tipos de figuras arcaicas e aterrorizantes que Sammy estava tendo que combater. Assim, a criança começaria a intensificar seus sentimentos externos amorosos e odiosos em relação aos seus pais, a fim de escapar de tais figuras parentais internas persecutórias, ou "imagos", como ela os chamava.

As difíceis experiências de Sammy e a natureza das suas tentativas para lidar com elas, embora fossem extremas, em muitos sentidos, são condizentes com os processos internos comuns de crianças pequenas. Ser capaz de suportar a perda daquela que é sentida como sendo a pessoa de que se necessita deriva do "conhecimento" de que, por exemplo, embora a mãe possa não estar fisicamente presente, ela não morreu, nem desapareceu para sempre. Se ela está com o pai, seja na realidade ou na fantasia inconsciente, isso não significa que o pequeno esteja totalmente excluído. Ele pode estar fora da vista sem estar fora da mente. Suportar a separação e a perda será mais fácil, como já visto, se por tempo suficiente estiver disponível, mental e emocionalmente, um "seio pensante", uma mãe que, sendo ela própria capaz de suportar a perda e, em última instância, o medo da morte, consegue entender esses mesmos medos em seu filho, conseguindo discriminar, em seu desejo pela presença dela, necessidade de ganância. Sammy não apenas foi privado disso inicialmente, mas também mais tarde sua mãe mal conseguia suportar suas próprias ansiedades, que dirá as dele.

Não surpreendentemente, os medos e desejos de Sammy intensificavam-se muito nos períodos de férias, quando sua terapeuta não estava disponível para vê-lo. Nesses momentos, seus sentimentos assassinos e de ciúme tornavam-se bastante opressivos. O trecho a seguir, da primeira sessão depois de um período de duas semanas de férias, claramente mostra como a ausência atua em suas ansiedades edípicas e medos de abandono. Essas são ansiedades comuns a todas as crianças, embora elas possam não ser tão cruamente sentidas, ou claramente expressas, como por esse irresistível e perturbado menininho:

> *Sammy trouxe Spencer para a sessão. Ansiosamente, ele perguntou à sua terapeuta se ela gostava de Spencer, comentando que ele estava um pouco gordo e olhando para sua própria barriga. Então começou a cortar e reunir tiras de fita crepe, e anunciou que iria lavar a janela, "Ela*

está com manchas horríveis". Quando perguntado sobre o que ele achava que tinha sujado a janela, Sammy respondeu, com ansiedade crescente, "Acho que foi o martelo, não, a escada, não, o homem... não... seu marido". Ele começou a tentar tirar a sujeira, mas quando se deu conta de que ela estava na parte externa da janela, ficou furioso e começou a arremessar todos seus brinquedos pela sala, chutando sua terapeuta e a poltrona dela, batendo o pé e gritando, "bombas, bombas", e, correndo pela sala, "Eu queria matar todo mundo".

Sua terapeuta estava atenta para o quanto Sammy estava preocupado com seus sentimentos por ele durante a interrupção ("Você gosta de Spencer?"), e para como ele tinha então encenado a experiência de ser cortado e reunido (o que ele fez com a fita crepe). Ela também percebeu que a intensidade da sua aflição deveria originar--se da ligação que ele fez em sua mente entre a presença inesperada na janela, algumas semanas antes, de um limpador de janelas, e suas fantasias inconscientes sobre com quem ela tinha estado durante as duas semanas em que não estava com ele. As manchas na janela que Sammy não conseguiu remover parecem tê-lo deixado desesperado por não ser capaz de controlar a vida ou os relacionamentos da sua terapeuta, e por sentir-se tão deixado de fora. Ela o traíra com esse "marido", e isso fez com que ele sentisse que queria matá-la, assim como a todos os demais, para que não tivesse que sentir esses sentimentos terríveis novamente.

Na medida em que ela falou com ele nesses termos, Sammy começou a acalmar-se. Parou de chutar e gritar,

e eventualmente até começou a arrumar a bagunça. De-
cidiu jogar fora os pedaços de fita adesiva que não tinha
conseguido reunir, e também manter os restos de um pa-
cote de lápis de cera quebrado: "Isso é uma revista", ele
disse de forma arrogante, "É para o meu trabalho". (No
passado Sammy havia explicado como seu pai levava
uma revista para o trabalho todos os dias.) Ele terminou
repassando com coerência sem precedentes os dias e ho-
rários das suas próximas sessões.

Como consequência de ter experienciado sua terapeuta como sendo capaz de tolerar seus insuportáveis sentimentos de raiva, ciúme e angústia, e percebendo que ela conseguia absorver e manter esses sentimentos sem ser dominada por eles, ou levada a agir, Sammy foi capaz de voltar a se envolver com seu *self* "pensante". Com a lembrança de seu sentimento de exclusão durante as férias, ele ficou sobrecarregado por um estado infantil de terror esquizoparanoide. Tentou externalizar uma situação interna projetando a parte aflita de si mesmo em sua terapeuta, que então, ele inconscientemente esperava, se identificaria com o *self* bebê--Sam. A sessão de terapia forneceu um lugar e momento seguro para pensar sobre o significado dos sentimentos e ações de Sammy. Sendo tão receptiva e compreensiva (a *"rêverie"* de Bion), sua terapeuta foi eventualmente capaz de livrar Sammy dos seus sentimentos excessivos de ansiedade e devolver para ele uma versão "pensada" e, portanto, significativa, da sua dor. No início, ele teve que furiosamente rejeitar o sentimento de ser quebrado (os "pedaços" de fita adesiva) e excluído (os pensamentos sobre o homem na escada), mas agora ele era capaz de retomá-los de uma forma mais tolerável e restabelecer seu *self* amigável e obsequioso. Ele foi ajudado nessa tarefa por uma identificação temporária com seu pai-no-seu-mundo-do-trabalho. Talvez como consequência, ele foi capaz de dar um pequeno passo adiante, representado por sua recém-adquirida capacidade de acertar os dias das suas sessões. Não é possível inferir, a partir desses breves detalhes, se a identificação temporária de Sammy com um adulto, aliada à sua impressionante agilidade mental, evidenciam a ocorrência de genuína evolução no desenvolvimento (porque ele foi capaz de digerir sua ansiedade), ou se representam um vislumbre de pseudomaturidade, a fim de dominar a ansiedade. Muito depende dos sentimentos e do clima na sala no momento, e da natureza e resolução de experiências subsequentes de separação e perda.

Na ocasião, foi apenas pouco tempo depois, sob o impacto da prolongada ausência do seu pai em uma viagem de negócios, que as ansiedades de Sammy sobre o que novamente tornou-se um homem/marido/pessoa muito horrível e persecutório explodiram em um comportamento cada vez mais violento e manifestamente sexual. Ele renovou sua ameaça de matar sua terapeuta: "Por causa do seu marido, seu homem e você mesma". Estava sendo muito mais difícil para Sammy lidar com seus sentimentos de ciúme e posse do que era para a maioria dos meninos. Nunca tendo tido um relacionamento suficientemente seguro com sua mãe, em alguns momentos ele achava insuportável dividi-la. Parecia que compartilhar com sua irmã gêmea era algo que ele de má vontade tivera que tolerar, mas a consciência de quaisquer outras reivindicações pelo carinho da sua mãe parecia insuportável, despertando o tipo de hostilidade angustiada que vemos ser encenada em seu relacionamento com sua terapeuta.

O desenvolvimento envolve uma espécie de processo de luto a cada etapa e, nesse sentido, não pode ser dito que o processo de desmame, ou o complexo de Édipo, são estritamente "resolvidos" em algum momento. São simplesmente repetidamente trabalhados, em momentos e planos diferentes. Felizmente para Sammy, ele teve a oportunidade quando muito pequeno de aprender sobre seus impulsos e medos e começar a compreendê-los.

Quando a criança aproxima-se dos cinco anos, as ansiedades edípicas iniciais descritas aqui estarão dando lugar às mais reconhecíveis lutas triangulares entre criança e pai/mãe, e começam a se atenuar as características excessivamente difíceis e cruéis daquelas figuras internas iniciais. Algumas crianças terão mais dificuldade do que outras para lidar com essa época difícil, dependendo da complexa interação entre disposição e experiência.

A possibilidade, nesses anos iniciais, de processar os tumultos e apegos internos, terá uma função muito importante no principal passo externo que agora terá que ser dado: ir para a escola. Algumas crianças já terão tido experiências de pré-escola em que, em alguma medida, elas terão podido testar, por exemplo, sua capacidade de separar-se, de compartilhar, de fazer amigos, de confiar em outros adultos, de ser incluído. Mas é o começo da escola "de verdade" que testa significativamente a robustez dos ganhos internos até o momento. A disposição de cada criança para embarcar nessa próxima fase da vida e lidar com ela dependerá muito da natureza e resultado dos processos de desenvolvimento discutidos neste capítulo.

A capacidade de suportar perdas, de arriscar mudanças, de ampliar a experiência, de estender relacionamentos, baseia-se no grau de continência e segurança que um bebê ou criança pequena experimentou inicialmente no relacionamento primário, que mais tarde funciona como recurso para suportar e sustentar o ego, ainda frágil, através de esforços novos e desafiadores. Essa segurança deriva da disponibilidade de uma presença continente que é, ela própria, capaz de tolerar e aprender tanto das experiências boas

128 PRIMEIRA INFÂNCIA: DESMAME E SEPARAÇÃO

como das ruins e, consequentemente, desenvolver-se e crescer em relação à percepção mutante da criança de si-mesma-no-mundo. A vivência interna dessa presença pode então tornar-se o núcleo do *self* em desenvolvimento.

Notas

1. Estas questões são exploradas em detalhes por John Steiner (1996).

2. Essa distinção entre representação simbólica e equação simbólica foi feita pela primeira vez por Segal, H. (1957).

3. *Split.* (N. do T.)

6. Latência

O ar estava pesado com o coro de baixos
Logo abaixo da represa, sapos com ventres largos esta-
vam alertas
Na relva; seus pescoços soltos pulsavam como velas.
Alguns saltavam:
O salto e a queda eram ameaças obscenas.
Alguns quietos, serenos como granadas de lama, peidan-
do por suas cabeças chatas.
Nauseado, me virei e corri. Os grandes reis do lodo
Estavam reunidos ali para vingar-se, e eu sabia
Que se mergulhasse minha mão, as ovas iriam prendê-la.
—*Seamus Heaney*

O objetivo do presente capítulo é explorar a natureza do estado mental conhecido como "latência" e sua função na personalidade em desenvolvimento da criança. Cronologicamente, o período

130 LATÊNCIA

caracterizado como "latência" corresponde aproximadamente aos anos de escola primária, dos cinco aos onze anos. Mas a "mentalidade da latência" pode estar presente posteriormente em qualquer idade, se, por razões particulares, a personalidade precisar continuar com um modo de funcionamento que, em termos de desenvolvimento, pertence a esses primeiros anos, ou precisar voltar a ele. Embora cada criança vá ter sua própria experiência dessa fase da vida, certos modos amplamente identificáveis de aprendizagem e de comportamento tendem a prevalecer, modos esses que estão estreitamente relacionados com as tarefas subjacentes à idade da criança. Inicialmente utilizarei exemplos clínicos para ilustrar os conceitos teóricos sobre a latência e algumas das ansiedades e problemas característicos da época. A última parte do capítulo explora alguns aspectos da literatura infantil, especialmente aqueles que emprestam mais vida e clareza às complexidades dos estados mentais da latência. Esses aspectos também salientam as formas criativas e imaginativas pelas quais histórias e faz de conta podem enriquecer a capacidade da criança para lidar com alguns dos obstáculos de desenvolvimento que são particulares a esse grupo etário.

No sentido mais geral, a latência fica entre o momento em que as paixões turbulentas do complexo de Édipo estão começando a diminuir, pelos cinco anos, e o momento em que essas paixões são despertadas novamente com o início da puberdade, aos onze ou doze anos. A latência é, como a palavra sugere, um período em que essas paixões precisam ficar dormentes por um tempo, enquanto a criança reúne recursos em preparação para as grandes mudanças psicossexuais que estão por vir. A formação dessa disposição emocional é a principal tarefa desses anos. Ao mesmo tempo, ela equipa a criança com um senso de identidade interna suficientemente forte que lhe permite realizar as tarefas psicossociais de, por exemplo, ir à escola pela primeira vez aos cinco anos, e enfrentar a "escola grande" aos onze.

Embora muitas crianças já tenham, nessa época, passado algum tempo no jardim de infância ou em vários tipos de creches, agora existe a ameaça de um tipo diferente de separação, mais extensa e mais formal. As relações familiares, mesmo que ainda sejam centrais no mundo da criança, começam a afrouxar-se levemente para incluir, por exemplo, mais amizades, o dia na escola, talvez também breves estadias em outros lugares. O sucesso ou insucesso com que essas tarefas sociais serão realizadas dependerá, em certa medida, do quanto a efervescência emocional que as precedeu é considerada como tendo estado, e estando, sob controle. Se for assim, a criança ficará com a imaginação livre para explorar o mundo social que está começando a se abrir para ela, e para se envolver com ele de uma forma ao mesmo tempo lúdica e diligente. A experiência emocionante de multiplicar habilidades e de acumular informações é um novo tipo de florescimento. Mas ansiedades subjacentes, expressas através de, por exemplo, queixas somáticas, fobias repentinas, manias alimentares etc., não são de forma alguma incomuns. Estas podem resultar em padrões de defesa caracteristicamente rígidos contra os medos que se originam tanto interna como externamente. Pois a criança geralmente acha os desafios do mundo exterior preocupantes, bem como estimulantes. E ela também pode ficar inconscientemente perturbada por situações internas consideradas perigosas, terrores sobre algo incontrolável ou impossível de lidar, ansiedades que precisariam ser mantidas à distância, se possível. Essas ameaças são sentidas, em certa medida, pela maioria das crianças dessa idade. Às vezes elas resultam em uma tendência para a timidez ou traços obsessivos. Elas podem inibir a criança de explorar e tomar iniciativas, e limitar o lado mais imaginativo do *self*, resultando nas atividades

132 LATÊNCIA

repetitivas e monótonas tão características dessa idade. Pode faltar a tais atividades, se exageradas e extremas, qualquer entusiasmo ou interesse criativo, e elas podem incutir tédio, ou mesmo indiferença, nos expostos a elas. Mas nas expressões mais moderadas da ordenação, do aprender "sobre" e aprender "como", pode ser perceptível uma sensação muito característica de prazer e realização na criança que aprecia a crescente capacidade de lidar com o seu mundo, e cujas atividades despertam o interesse e estímulo dos adultos envolvidos.

Para alguns, cujos anos de latência não forneceram a força interior necessária para embarcar nos explosivos conflitos sexuais da adolescência, a mentalidade restrita pode se estender até a idade adulta. Em tais casos, pode haver uma contínua dependência da atenção aos procedimentos e métodos de forma a proteger o *self* de emoções perturbadoras. Uma paciente, a Sra. Adams, demonstrou precisamente essa história. Aparentemente um período de latência excessivamente rígido havia se estendido muito em sua fase adulta, drenando a alegria e a vitalidade de sua vida, e qualquer interesse genuíno em algo além das preocupações estreitas do seu mundo de trabalho. A Sra. Adams sempre se vestida meticulosamente, e havia passado trinta anos como uma mulher de negócios bem sucedida. Iniciou o tratamento aos sessenta, pois começara a ter ataques de pânico. Ela vinculou esses estados de ansiedade aguda à época em que, quando era uma menina de sete anos, foi evacuada, durante a guerra, para ficar com uma família até então desconhecida.[1] Os estados de pânico coincidiram com seu trigésimo aniversário de casamento, quando ela admitiu para si mesma, pela primeira vez, que nunca tinha realmente amado seu marido e nunca tinha sido sexualmente satisfeita por ele.

Embora ela pudesse descrever as dificuldades, e às vezes uma consciência do seu próprio papel nelas, a Sra. Adams era incapaz de atribuir qualquer sentimento à sua exaustiva narrativa de queixas e descontentamento. Reconhecia que talvez tivesse um papel na infelicidade do marido. Ela também reconhecia que tinha apenas um relacionamento distante com seus filhos (sobre quem seu terapeuta nada sabia, exceto as idades deles e dos netos). Ela registrava quase nenhuma emoção em relação a eles. Pouco era sabido de sua própria infância, pois quase nada era lembrado, além dos horrores da evacuação de guerra. Ela tinha uma resposta prática, racional e bastante desdenhosa para tudo o que seu terapeuta sugeria, e parecia pensar que se envolver com sentimentos nas sessões seria uma interferência, em vez de um ganho.

Em geral, ela sonhava muito pouco, mas depois de mais ou menos um ano de tratamento relatou um sonho que parecia revelar algo de sua situação.

Houve um incêndio na parte de fora da janela da cozinha de casa, eu me senti ansiosa.

Isso era tudo o que havia no sonho, e não houve qualquer pensamento ou associação. Foi somente muito mais tarde, na sessão, que a Sra. Adams lembrou que ocorreram dois incêndios reais durante os últimos anos, que ela havia assistido por essa mesma janela da cozinha: um incêndio era um pouco longe, e o outro muito mais próximo. À luz dessas informações, parecia que o sonho poderia sugerir uma ansiedade de que uma parte fogosa de sua personalidade (possibilidade com conotações sexuais) chegasse muito perto da sua casa/mente (ou casamento?), e que o incêndio destruísse tudo. Talvez a terapia estivesse começando a trazer sentimentos perigosos, coléricos, sexuais, de um tipo adolescente ou infantil, contra os quais ela havia passado tanto tempo de sua vida protegendo-se. Esses sentimentos ameaçavam a armadura de

134 LATÊNCIA

conformidade, respeitabilidade e eficiência em que as emoções eram mantidas separadas, distanciadas e "organizadas", para que não perturbassem seu *self* mais frágil e subdesenvolvido.

A Sra. Adams tratava as sugestões do seu terapeuta como se fossem pedaços de dados científicos que ela poderia ligar ao objeto de investigação, ou seja, ela mesma. Pode-se supor que o rompimento traumático da vida da Sra. Adams, quando ela foi evacuada e separada dos seus pais por vários anos, foi uma experiência da qual ela não tinha sido capaz de se recuperar. Como consequência, ela desenvolveu suas próprias estruturas defensivas impenetráveis, que tinham servido ao seu *self* externo razoavelmente bem, mas a um custo enorme para a sua personalidade.[2]

Essa descrição de um estado mental de latência em um corpo de meia-idade lembra a descrição de um terapeuta de sua primeira sessão com Vicky, uma criança de fato na latência, com dez anos de idade.

> *Vicky sentou-se em expectativa no sofá à minha frente, com os cabelos curtos e lisos bem penteados e presos com grampos. Estava vestida cuidadosamente, com meias brancas até o joelho, as quais frequentemente arrumava. Tinha uma pequena bolsa em uma corda amarrada através do ombro. Falava educadamente e de forma bastante suave, mas olhava para mim com olhos amigáveis e uma ânsia por agradar. A aparência física e o comportamento de Vicky eram equiparáveis à descrição que ela fez de si mesma, em termos de datas e locais de residência, da aparência externa de membros da sua família e da localização física dos quartos em sua casa. Brincou*

de boneca de uma maneira que as bonecas ficavam arrumadas em uma linha reta e estática. No entanto, ela me falou rapidamente, no final da sessão, sobre duas histórias de desastres, que surgiram como associações ao casamento recente da sua mãe. A primeira era que seu pai também tinha casado de novo, mas a mãe da sua nova esposa tinha sofrido um acidente e requerido cuidados, "o hospital havia tentado, mas não conseguiu fazer nada por ela". A segunda era que uma amiga, que tinha ido ao casamento da sua mãe, tivera um pequeno acidente de carro quando estava a caminho do hospital para visitar seu bebê, que estava doente. Vicky finalizou nosso primeiro encontro com a observação, "levei muito tempo para chegar aqui, e no caminho ouvi um barulho e tive um vislumbre do subsolo". Talvez Vicky estivesse, inconscientemente, expressando seu alívio por finalmente ter encontrado um lugar para o qual ela podia trazer seus desastres, e também me mostrando um vislumbre da área em que estavam suas dificuldades – um vislumbre do "subsolo".[3]

Esse "vislumbre" das coisas sentidas, mas não conhecidas, coisas assustadoras, que pareciam envolver impulsos destrutivos, medos culposos, desastres, era como o sonho do "vislumbre" do incêndio. No entanto, apesar de claramente ansiosa, Vicky estava muito mais pronta para lidar com seus problemas do que a Sra. Adams, e Vicky teve a oportunidade de explorá-los antes deles se tornarem enrijecidos em sua personalidade. Em contraste com a Sra. Adams, a resposta de Vicky a uma série de rupturas e separações em seus primeiros anos tinha sido falhar: ela foi encaminhada para terapia com dificuldades de aprendizagem e birras. Seus pais

136 LATÊNCIA

haviam se separado cedo, e ambos haviam encontrado recentemente novos parceiros. Vicky tinha acabado de descobrir que sua
mãe estava prestes a ter outro bebê. Sua ansiedade em relação a ser
substituída por esse bebê era evidente. Desde o início da terapia,
ela transmitiu o desejo de que seu terapeuta visse apenas ela, e nenhuma outra criança. "Pensei que não seria só eu", disse, infeliz,
durante sua primeira sessão, quando percebeu armários de outras
crianças na sala de terapia, e percebeu que, entre sua sessão das 16
horas de uma tarde e a das 8 horas do próximo dia, sua terapeuta
iria para sua própria casa.

Durante essa primeira sessão, Vicky ficou absorta desenhando,
"com muitos detalhes e com precisão cuidadosa", o interior do centro comunitário local, cuja principal característica era uma tenda
cheia de fileiras e mais fileiras de plantas ordenadamente envasa-
das e vasos de flores. Enquanto desenhava, ela comentou sobre
uma nova loja que tinha acabado de chegar, tendo se mudado para
um espaço desocupado por outra loja. O material parecia destacar
a noção de Vicky de que só poderia haver espaço para ela se os
outros fossem retirados, ou que apenas haveria espaço para outros
se *ela* saísse. Seus desenhos sugeriam um desejo de manter tudo
estático e sob controle, de manter à distância suas ansiedades sobre
bebês que poderiam nascer e retirar seu lugar.

Parecia provável que as dificuldades iniciais de Vicky e a separação dos seus pais significassem que tinha faltado para ela um
continente suficientemente presente e constante, que pudesse ajudá-la a mitigar seus ferozes ataques de ciúmes e inveja à imagem
que tinha de seus pais e, depois, dos seus respectivos parceiros e do
bebê novo, fantasiado ou real. Ela parecia ter respondido às suas
ansiedades iniciais redobrando as tentativas raivosas de chamar a
atenção de sua mãe: gritos e birras. Como resultado, ela tinha oca-
sionado o que mais temia, a raiva e o afastamento da sua mãe e o

distanciamento do seu pai. Sem uma mãe que pudesse absorver sua aflição, pelo menos por algum tempo, Vicky parecia não ter a capacidade de absorver ou de fazer uso de qualquer experiência potencialmente útil. Parecia que suas habilidades criativas e de aprendizagem haviam sido reduzidas a um mínimo. Elas começaram a emergir lentamente, com a crescente percepção de que essa pequena Vicky sexualmente desejosa e assassina também poderia ser tolerável, aceitável e até compreensível para seu terapeuta e, no curso do tratamento, também para si mesma.

A necessidade particularmente rígida de ordenação e controle da realidade externa de Vicky era um meio de manter à distância os impulsos perigosos que tão insistentemente a assolavam. Mas, para qualquer forma genuína de desenvolvimento, seu comportamento não a favorecia. Por outro lado, para uma criança que teve uma experiência inicial menos perturbadora do que Vicky, esses tipos de atividades de ordenar, organizar, classificar e quantificar podem incluir também um considerável grau de aprendizagem, de aquisição de competências, de expansão do conhecimento, tanto em alcance como em interesse. Essas novas conquistas podem, em parte, ter como finalidade manter os aspectos incontroláveis do *self* fora da esfera do conhecimento consciente, mas elas podem também permitir mais flexibilidade e mais senso de realização e integração do que era possível para Vicky.

* * *

A latência constitui um dos três períodos do desenvolvimento sexual humano, de acordo com a teoria original de Freud. Ela é descrita como iniciando com o término do complexo de Édipo, e era considerada como uma etapa biologicamente determinada, durante a qual os impulsos sexuais não eram ausentes, mas sim menos evidentes e com os quais a criança se envolve menos

138 LATÊNCIA

ativamente. Freud (1905) sugeriu que a energia era desviada de objetivos sexuais para outros fins:

> *É durante esse período de latência total ou apenas parcial que são construídas as forças mentais que mais tarde impedem o curso do instinto sexual e, como barragens, restringem seu fluxo – aversão, sentimentos de vergonha e reivindicações de ideais estéticos e morais. (p. 177)*

A esse desvio de interesse, que ele considerava extremamente importante em termos de conquista cultural, Freud deu o nome de "sublimação", situando seu início no período de latência sexual na infância (p. 178). As barragens, ou forças restritivas, não eram sentidas como produto da educação. Em vez disso, pensava-se que o papel mais adequado da educação era seguir as linhas psicológicas já estabelecidas e gravá-las ainda mais clara e profundamente (p. 178).

A ligação com a dissolução do complexo de Édipo está na noção de que, se os pais têm de ser abandonados como figuras externas, pois os apegos libidinais e agressivos são sentidos como muito preocupantes (e ameaçam punição), então uma maneira de não perder os pais completamente é instalá-los internamente, por meio de processos introjetivos (ver Capítulo 5). Lá, eles se tornam parte do mundo interno da criança, como uma mistura de presenças por um lado amorosas e incentivadoras (os aspectos do "ideal do ego"), e, por outro lado, punitivas e assustadoras (o "superego" mais classicamente castrador ou dirigido pela consciência). Como ressaltaram Freud e, posteriormente, Klein, em particular, essas figuras internas não correspondem exatamente aos pais reais e seus pontos de vista e atitudes na vida real. Pois as figuras internas também carregam o peso das primeiras projeções da criança sobre os pais, sejam de amor ou ódio. Assim, por exemplo, o pai que foi odiado por ficar entre a criança e a ansiada posse exclusiva, a mãe, pode ser experimentado internamente como uma figura muito mais odiosa e punitiva do que jamais foi ou quis ser de fato. Temores de censuras e críticas relacionados com essas ansiedades inconscientes são características particularmente comuns nesta faixa etária, muitas vezes associados a uma intensa luta contra a masturbação. Pois o quadro geral parece ser que, na mente da criança, esse pai/mãe internalizado desaprova a sua sexualidade. A ênfase introjetiva é muito importante, pois ela representa, em termos particularmente claros a essa altura, a maneira como o desenvolvimento da parte adulta da personalidade depende da criança começar a abandonar os laços Edípicos externos, em favor de uma maneira de se relacionar orientada muito mais internamente.

Após as paixões e tempestades dos primeiros cinco anos de vida, que são na sua maioria dominados por estados mentais infantis, há uma necessidade de estabilidade relativa, a fim de lidar com as novas demandas da situação externa, cheia de experiências e ansiedades novas, sintetizadas, talvez, pela ida à escola. A criança, nesse momento, pode estar tendo que lidar com uma nova gama de fontes de estresse psíquico. Quanto mais ela se torna consciente de si mesma em relação à família e ao mundo exterior, mais consciente também se torna do que não tem e não pode fazer. Ela pode ter menos atenção parental do que pensa que precisa; pode sentir que teve que ceder lugar prematuramente a irmãos mais novos; pode temer estar sendo excluída, consciente agora dos aspectos mais amplos do mundo do(s) seu(s) pai(s). Ela tem que reconhecer a limitação de suas habilidades, para amarrar os cadarços, por exemplo; ou suas dificuldades de leitura e escrita,

140 LATÊNCIA

ou de fazer outras tarefas. Mesmo que o mundo se abra em riqueza e diversidade, ele se torna mais tentador e mais frustrante.

Há, então, uma combinação muito especial de pressões sobre a criança na idade da latência, originadas interna e externamente. Psiquicamente, ela tem a oportunidade de mudar para uma situação em que depende menos totalmente da figura externa para quem dirige tais sentimentos intensos, e relaciona-se com mais segurança com as figuras internas. Essa mudança pode ser melhor ou pior gerenciada, dependendo da capacidade de internalizar e se identificar com as figuras parentais. Também depende dessas figuras, por sua vez, serem predominantemente benignas ou malignas, e do quão benignas ou malignas elas são consideradas. Dessa forma, a criança está começando a experimentar a sensação de ter um mundo interno próprio, um mundo em que as rajadas e tempestades, prazeres e paixões começam a ser reconhecidos como pertencentes a um indivíduo – a ela mesma. A internalização dessas figuras é parte do esforço necessário, em termos de desenvolvimento, para resistir à efervescência sexual excessiva, e para criar o equipamento mental que irá, então, capacitar a criança para lidar com as pressões atuais e com as da puberdade que se aproxima.

Quando essas mudanças e lutas internas são mais duras em função de desafios sociais externos – ter que cooperar, compartilhar, fazer amigos, separar-se –, estratégias específicas tendem a ser adotadas, as quais contribuem para a mentalidade da "latência" que está sendo descrita. Nessa idade, essas estratégias podem, muitas vezes, separar o tipo de aprendizagem que foca na aquisição de habilidades e conhecimentos da aprendizagem que consiste em conhecer e compreender o *self* (ver Capítulo 7). Pelas razões já sugeridas, o modo aprender "sobre" torna-se nesse momento mais dominante e visível, a fim de apoiar as novas habilidades necessárias para se envolver com experiências mais amplas e complexas.

O "estabelecimento" de um período de latência seguro que possa efetivamente preparar o indivíduo para a vida futura depende, em parte, da força da energia instintiva (em termos de ansiedades e impulsos inconscientes) que tem que ser desviada. Assim, depende do quão rigidamente essa energia tem de ser mantida separada do resto da personalidade, ou reprimida. Se, de um lado, as forças internas do "subsolo" e a ameaça do "incêndio" e, de outro, as tensões externas da escola e família, não forem consideradas muito alarmantes, essa energia pode ser utilizada para promover a aprendizagem e o desenvolvimento de uma forma expansiva e útil. Mas se, como no caso de Vicky, essas áreas do *self* forem potencialmente muito mais opressivas, pode prevalecer um estado mental excessivamente fechado e bloqueado emocionalmente. Se as medidas tomadas como defesa contra a dor psíquica forem consideradas inadequadas para a tarefa, pode haver uma tendência a acentuar os traços obsessivos e arroubos de ansiedade ou raiva.

* * *

Joe, de nove anos, era uma criança que parecia ter deixado seu pequeno *self* brilhante, efervescente, articulado, precocemente capaz de ler e fazer quebra-cabeças, para tornar-se um menino maior que não se interessava pelo seu trabalho na escola e pelo mundo em geral. Ele tinha se tornado quieto, nervoso, introvertido e pouco comunicativo; rígido na postura e triste na expressão. Alternando entre atenciosos e irritados, seus preocupados pais o trouxeram para terapia, onde, em pouco tempo, não apenas a natureza das suas ansiedades começou a tornar-se evidente, mas também passou a ser encenado o método pelo qual ele estava tentando, e falhando em, mantê-las sob controle.

Durante os primeiros anos de sua vida Joe sofreu muitas mudanças de cuidados primários e separações forçadas de seus pais

142 LATÊNCIA

por causa do trabalho deles. É possível que sua precocidade intelectual e verbal nessa fase tivesse um lado defensivo. Talvez tenha constituído uma tentativa de manter-se inteiro e vincular seus pais a ele os impressionando, em vez de algo mais genuíno e útil para a sua personalidade. Uma mudança de escola, quando ele tinha oito anos, parece ter provocado nele algo que ele achou muito difícil de lidar. Começou a expressar-se uma profunda ansiedade em relação a qualquer coisa nova e desconhecida, e em relação à perda e separação em geral, juntamente com um enredar-se excessivo com sua família e uma incapacidade de se afastar e fazer amigos. Passou a evidenciar sentir-se culpado pelas mudanças e ausências iniciais, como se se sentisse pessoalmente responsável por elas. Subjacente a isso, residia um intenso medo da morte, que apareceu primeiro em sonhos e, em seguida, em ansiedades mais conscientes.

Quando o seguinte diálogo ocorreu, Joe havia instituído um sistema dentro de suas sessões, que ele costumava escrever no quadro de giz. Seu tempo de terapia foi dividido em categorias claras:

16h a 16h05, falar sobre meus problemas;
16h05 a 16h35, falar sobre o que tenho feito;
16h35 a 16h50, brincar.

O calendário foi intitulado "O que faço, uma agenda".

Essa estrutura, embora extremamente mecânica em forma, parecia fornecer a Joe um limite dentro do qual ele era capaz de arriscar uma exploração maior. Às vezes ele acrescentava "falar sobre os meus sonhos" a "brincar" e, ocasionalmente, ele alocava cinco minutos para "meus sentimentos". Uma vez Joe disse, às 16h35:

"Tenho tido alguns sonhos sobre a morte. Ontem à noite sonhei sobre estar morto e não realmente estar morto, mas ser enterrado em um caixão. Acordei no sonho e ouvi essa batida, e percebi que eu estava em um caixão." Quando perguntado sobre a "batida", disse que era "como alguém tentando passar", mas ele não tinha outros pensamentos sobre o sonho. Sua terapeuta sugeriu que seu sonho poderia ser sobre a sensação de que ele não estava tão vivo como gostaria de estar, que ele se sentia preso dentro um estado mental morto, como se algo tivesse sido assassinado enquanto ele estava vivo. Talvez a pessoa batendo fosse alguém como sua terapeuta, que ele esperava que ainda pudesse chegar até ele, alcançá-lo e ajudá-lo a ganhar vida.

Joe olhou para ela atentamente e disse: "sim, e na outra noite eu não conseguia dormir. Fui para a cama às 10 horas da noite, mas ainda estava acordado às 3 horas da manhã. Eu estava com tanto medo de morrer. Estava pensando que meu pulso iria parar e as pessoas iriam pensar que eu estava morto e eu seria enterrado". Sua terapeuta concordou que essas eram realmente preocupações assustadoras, tanto que ele poderia realmente morrer, quanto que as pessoas poderiam achar que ele estava morto. Neste momento, Joe estava ficando cada vez mais agitado e perguntou se poderia jogar "Forca". (Esse é um jogo em que uma pessoa tem que adivinhar a palavra ou frase que outra pessoa tem em mente, sugerindo diferentes letras do alfabeto que possam contribuir para a ortografia da palavra ou frase. Cada palpite errado torna-se uma parte adicional

144   LATÊNCIA

de uma estrutura de forca em que a figura/"adivinho" é enforcado, a menos que a resposta correta seja obtida antes do desenho ser finalizado.) Joe disse que era "muito preocupante" falar sobre seus sentimentos. Sua frase na "Forca" acabou por ser "preocupado com estar morto e não acordar". Pareceu que ao literalmente "repetir" suas preocupações elas se tornaram um tanto difusas. Cinco minutos antes do final da sessão, Joe sentou-se, dizendo, "agora, para a última parte, falar sobre meus sentimentos". Ele parecia feliz por manter a programação e estar na reta final, mas de repente voltou a expressar dúvida. Comentou brevemente ter ficado orgulhoso porque seu pai tinha acabado de conseguir um emprego novo e melhor. Quando a terapeuta sugeriu que ele poderia estar também preocupado em não ter sucesso como o seu pai, para que seus pais ficassem orgulhosos dele, ele acenou com a cabeça e, em seguida, teve um branco e disse, "Não tenho outros sentimentos". Ele pareceu olhar para dentro procurando por provas disso, e então disse, "Não, não tenho outros sentimentos", e pediu para jogar uma última rodada de "Forca".

Joe demonstrou claramente seus próprios medos persecutórios de ser trancado dentro de um estado mental morto e não ser capaz de ficar vivo novamente, ou de ser considerado morto sem que se soubesse do pequeno menininho preso dentro dele. Ele também revelou como esses medos podem ter estado intimamente associados a impulsos mais agressivos sobre os quais ele sabia muito pouco, impulsos decorrentes de sentimentos infantis de raiva e medo de ser deixado ou abandonado. Os sentimentos inconscientes, punitivos e assassinos (o carrasco-Joe), que não tinham sido registrados ou compreendidos quando ele era menor, estavam agora fazendo sua aparição e tornando necessária uma série de mecanismos rígidos e obsessivos para mantê-los sob controle, com um grande custo para sua personalidade em desenvolvimento.

Em contraste, Annie, de dez anos de idade, parecia ser uma menina muito menos perturbada. Seu desempenho na escola era excepcional e ela parecia contente, embora um pouco isolada em casa. Nenhuma das suas preocupações era conhecida, até que ela chegou em casa depois de um feriado com seus primos.

> *Ela disse a um professor compreensivo que se preocupava por não fazer amigos na escola e sofrer* bullying, *mas o que mais a preocupava era que seus pais se separassem enquanto ela estivesse fora. Ela sentia que somente conseguiria controlar seu medo em relação a isso se matando. Com articulação incomum, disse que seu principal medo era perder sua mãe. Ela descreveu sentir como se houvesse "uma forte corrente debaixo d'água que me puxa, da qual eu não consigo fugir, por mais que eu tente". O professor concordou que isso soava muito alarmante, e que ele sentia intensamente que Annie se preocupava muito com a morte. Ela respondeu que era engraçado que ele dissesse isso, porque ninguém em sua família, além dela, parecia se preocupar com a morte. "Estou tão assustada. É como não existir mais e então, bem, algo parecido com leite na manhã – algo assim. Você simplesmente não o teria e também não sabe quando. Quer dizer, posso viver até os oitenta anos ou sair para o estacionamento agora e ser morta por um carro. Não tenho como saber quando pode acontecer."*

146 LATÊNCIA

Mais tarde na conversa, seus impulsos assassinos tornaram-se bastante evidentes, embora ela própria fosse totalmente inconsciente sobre as implicações do que estava dizendo.

> *Ela descreveu como tinha começado a andar com uma faca para lidar com os valentões, até que outro professor descobriu e a tomou dela. Isso levou a uma descrição de como ela se sentia muitas vezes furiosa e o que fazia para esconder a fúria, esperando que passasse. Isso costumava acontecer quando ela se sentia excluída de alguma coisa, porque fazia com que parecesse que ninguém a queria. "Sinto como se tivesse sido abandonada, deixada de fora." Enquanto falava, Annie desenhara, com extrema precisão, um mapa da área em que vivia, com as distâncias entre sua casa e a escola e o local de trabalho dos pais medidas e marcadas com precisão cuidadosa.*

Tal como acontecia com Joe, Annie parecia estar expressando preocupações que eram muito imediatas, mas que também remetiam aos anos iniciais. Cada criança revelou áreas de apego apaixonado, medo de ser deixada e fúria reprimida, que desmentiam o exterior aparentemente desapegado.

* * *

Ambas as crianças tornaram-se explicitamente problemáticas, mas os tipos de ansiedades com as quais estavam tentando lidar são tipicamente aquelas de qualquer criança na latência, embora geralmente em menor grau. Da mesma forma, os métodos de controle são reconhecíveis, embora não de forma tão extrema. Serão encontrados canais socialmente aceitáveis para os anseios infantis durante esses anos. Por exemplo, a destrutividade pode ser "contida" em um prazer evidente com jogos estruturados e regras. Muitas vezes se desenvolve uma ânsia por ordem e disciplina como forma de apoiar a fronteira frágil entre os impulsos perturbadores e um comportamento social aceitável. A aquisição de conhecimentos e habilidades permite que "maldades" internas inconscientes e temidas sejam reparadas no mundo externo por um crescente sentimento de eficácia e controle. A propensão do menino a gostar de "consertar coisas" com o pai, ou o desejo da menina de cozinhar e limpar com a mãe, ou mesmo o contrário, representam as formas como cada um pode estar experimentando diferentes identificações, mas essas atividades podem também representar uma necessidade psíquica importante de restaurar e reparar. Se estabelece o mecanismo de "formação reativa", em que, como Freud e Klein descreveram, o desejo de molhar e sujar transforma-se no desejo de lavar, limpar e ordenar; o impulso de morder e cuspir torna-se um interesse em alimentos e cozinhar etc.

* * *

Em termos gerais, o esforço da latência refere-se ao desvio de energia sexual e agressiva e seu investimento na ampliação de outros tipos de atividade. Klein tende a não colocar muita ênfase nos benefícios criativos da "sublimação", mas sim no esgotamento e tensão que esses processos exercem sobre o ego jovem. Ela descreveu a atitude de reserva e desconfiança que às vezes se instala, e os custos da repressão da curiosidade para a imaginação. Enquanto uma criança ainda pode se interessar por, por exemplo, cocô, xixi e peidos, questionamentos sexuais mais sérios muitas vezes despertam forte ansiedade. Essa ansiedade é vividamente expressa por Seamus Heaney em seu poema "A morte de um naturalista". Heaney relata o prazer intenso do jovem naturalista quando ele coloca ovas de sapo em potes de geléia e as observa eclodir em

148   LATÊNCIA

pequenos girinos que nadam. Ele descreve as informações dadas à classe pela sua professora, Srta. Wall, sem que os meninos jamais reunissem o fato de que as ovas de sapo eram o produto de um encontro sexual entre o sapo "papai" e o sapo "mamãe". Quando ele junta dois mais dois, todo o processo torna-se terrível para o jovem Heaney, e seus dias como naturalista acabam repentinamente. Ele poderosamente evoca o nojo e terror que essa evidência em primeira mão da sexualidade desperta no pequeno menino, cujo interesse nas coisas naturais, até o momento, não incluía a realidade dos processos:

> *Então, um dia quente, quando os campos empestavam*
> *Com esterco na relva, as rãs irritadas*
> *Invadiram o charco de linho; abaixei-me entre a sebe*
> *Atraído por um coaxar grosseiro que não havia ouvido*
> *Antes. O ar estava pesado com um coro de baixos.*
> *Logo abaixo, sapos com ventres largos estavam alertas*
> *Na relva; seus pescoços soltos pulsavam como velas.*
> *Alguns saltavam:*
> *O salto e a queda eram ameaças obscenas. Alguns quietos*
> *Serenos como granadas de lama, peidando por suas ca-*
> *beças chatas.*
> *Nauseado, me virei e corri. Os grandes reis do lodo*
> *Estavam reunidos ali para vingar-se, e eu sabia*
> *Que se mergulhasse minha mão, as ovas iriam prendê-la.*
> *(1966)*

A ameaça do Édipo implícita nas últimas linhas é uma evocação maravilhosa dos terrores sexuais inconscientes de um menino dessa idade.

Um aspecto da resistência a conhecer o significado das coisas muitas vezes se reflete nas formas preferidas de aprendizagem, e a distinção entre a fome por informação e a sede de conhecimento torna-se especialmente clara (ver Capítulo 7). Meltzer (1973) descreve o modo característico de aprendizagem da seguinte forma:

> *O impulso da criança na latência para acumular informação é muito social em sua natureza e presta-se à competição, à exibição, à guarda de segredos, ao comércio. Mas surgem também, é claro, formas delinquentes de aquisição: roubo, apoderar-se dos restos dos outros, fraude. Sua capacidade de discriminação em relação a valores tende a ser pobre, da mesma forma que sua compreensão é superficial. Assim, uma criança pode entusiasticamente memorizar os nomes de jogadores de futebol, ou de flores, sem se preocupar em reconhecer visualmente os objetos. Pode memorizar um poema sem se interessar pelo seu significado; datas de batalhas sem nenhuma ideia do morticínio humano; nomes de capitais sem nenhuma percepção clara de que o importante são as cidades e não o aprender a escrever com letras maiúsculas. (p. 159)*

O mercado de brinquedos e a mídia em geral têm sido rápidos em "faturar" com a propensão da latência a colecionar, trocar, comprar e vender. A propensão é baseada em parte na ganância ansiosa pela aquisição, e em parte no desejo de entrar no mundo em que se encontram, e de sentir que podem ter algum impacto sobre ele. Ao criar suas próprias versões desse mundo, baseadas em sua percepção inconsciente dos relacionamentos internos, as

150 LATÊNCIA

crianças também atendem à sua necessidade de não se destacar como indivíduos, mas sim de fazer "parte de" algo. É esse desejo de fazer o mesmo que os outros, a necessidade de separar as relações internas entre irmãos e pais que, como Meltzer (1967) aponta, leva à formação externa de grupos em que

> *se reproduz o modelo de sua vida familiar e a estrutura social e política adulta. Seus clubes, sociedades secretas e equipes tendem a ser estáveis no que diz respeito a papéis, sendo as crianças mais agressivas e criativas os líderes (funções parentais), enquanto crianças mais fracas, mais passivas, mais jovens ou menos inteligentes são intimidadas à submissão às regras e procedimentos estabelecidos (funções infantis). Encontra assim expressão a tendência obsessiva desse grupo etário, com a dessexualização das relações de objeto através do controle onipotente. (pp. 96-97)*

* * *

A hierarquia social tende a ser reproduzida em uma caricatura de classificação e categorização, os grandes e os pequenos, os fortes e os fracos, os inteligentes e os burros. A crueza das categorias é espelhada na moralidade simples: bonzinhos e malvados; cowboys e índios; "eles" e "nós". A literatura infantil mais criativa tende a desafiar essas versões polarizadas das coisas comunicando-se com partes mais complexas e reflexivas da criança.[4] Estes são os tipos de história que, como Margaret e Michael Rustin (1987) descrevem, possibilitam uma identificação com a prática da reflexão sobre a experiência emocional, o que é especialmente valioso para o desenvolvimento pessoal.

MARGOT WADDELL 151

Por outro lado, a literatura dos quadrinhos e revistas e os programas contemporâneos de televisão aos quais essa faixa etária tende a ser particularmente exposta (especialmente após o esgotamento mental e emocional do dia na escola) limitam-se a reproduzir as versões mais cruas dessas formas já limitadas de pensamento. Sua popularidade está no fato de que eles reduzem ao mínimo a confusão e ansiedade indesejadas que se encontram, nessa idade, tão perto da superfície. A tendência é confirmar a rigidez das categorias irracionais, em vez de expandi-las e incentivar uma alternativa menos limitada e mais imaginativa. E, ainda assim, esse mundo da latência de consumo e comércio, competitividade e hierarquia, colecionar só por colecionar (figurinhas de futebol, caixas de fósforos, borrachas, bolinhas de gude) não é de forma alguma meramente uma espécie de caricatura do mundo adulto. Especialmente para a criança mais segura e questionadora, pode envolver uma forma de começar a descobrir o significado do seu próprio mundo, que talvez seja muito similar ao dos seus pais e familiares, sendo mesmo assim diferente dele de forma importante. Há uma necessidade crescente de desenvolver um mundo à parte, um mundo próprio, separado mas ainda não totalmente rompido com o dos adultos. É necessário tempo para se envolver com a própria experiência, experimentá-la e, como consequência, desenvolver um forte senso de si mesmo. A história de Paula Fox, *Um Local Provável*, descreve tal processo na luta de Lewis, de nove anos, para encontrar para si um lugar no Brooklyn do século XX. Essa história dolorosamente desconcertante oferece, nos detalhes dos processos de pensamento de Lewis, um bom contra-argumento aos propósitos bem-intencionados, progressistas e, em última análise, intrusivos e confusos dos seus pais e professores. Lewis tem dificuldades, "pois o lugar que ele está procurando não tem ainda representação interna em sua imaginação". Um dos seus problemas na escola é ele não ser capaz de distinguir "ter" e

152   LATÊNCIA

"teu". Quando questionado sobre o que está em sua mente, ele tende a pensar na superfície de sua cabeça. Ele preocupa-se tanto com a permeabilidade da fronteira entre ele e outros que tenta manter-se mais firmemente inteiro através do uso constante de um gorro de lã, mesmo na cama.

Que alívio para Lewis encontrar uma alternativa ao seu pai interessado e sempre construtivo ("Lewis, você tem um plano para as baterias que está embebendo no seu aquário extra?") na excêntrica senhorita Fitchlow, "Algo em sua mente?", ela pergunta a Lewis, "Eu também". "Se Lewis pudesse realizar um desejo, seria fazer as pessoas pararem de perguntar como ele se sente, ou dizer a ele como ele se sente", um desejo em algum sentido realizado através de seu relacionamento com a senhorita Fitchlow e com o igualmente excêntrico Sr. Madgruga. Ao descrever a capacidade destas duas figuras de dar à criança espaço e tempo para pensar (o equivalente, na criança mais velha, ao espaço e tempo necessário para o bebê encontrar o caminho para o seio), Paula Fox oferece uma bela representação de como uma boa experiência é internalizada e torna-se fonte de desenvolvimento criativo e do senso de identidade. Por mais bem-intencionados que sejam os pais, como no caso de Lewis, outras figuras também podem exercer aspectos importantes da função parental para crianças nessa faixa etária. Às vezes, uma ligeira distância emocional permitirá um reconhecimento e um envolvimento com as preocupações ou dores mentais da criança de uma maneira que o excessivo envolvimento parental pode impedir, ou pelo menos limitar (ver Rustin & Rustin, 1987, pp. 215-224).

Os mundos de ficção dos melhores escritores infantis oferecem lugares aos quais uma criança pode ir em sua própria mente, onde há a oportunidade, embora talvez não conscientemente reconhecida, de se envolver com a complexidade da resposta às suas tarefas e experiências internas e externas. A propensão mental e comportamental organizada e formal de crianças dessa idade oferece pouco espaço para os impulsos misteriosos e contraditórios que quebram a superfície do que, de outro modo, poderia ser uma existência razoavelmente ordenada. Em um momento em que, em muitos aspectos, as capacidades criativas estão em seu ponto mais baixo, há, ainda assim, muita evidência de que a imaginação é "um impulso voraz; ela encontraria alimento para o pensar mesmo no deserto" (Meltzer, 1988, pp. 17). A natureza duradoura de parte da literatura infantil é a prova de sua contínua importância emocional. Duas das histórias de Frances Hodgson Burnett expressam a manutenção da esperança interna e de um senso de *self* no coração das crianças que ela descreve. Isso pode ocorrer apesar das difíceis circunstâncias externas e da aspereza e falta de compreensão que o mundo adulto impõe às crianças, com o que elas necessariamente têm que lutar. As duas histórias oferecem explicações para como é possível, em face de circunstâncias adversas, que crianças dessa idade consigam sobreviver psiquicamente. É possível que a qualidade duradoura dessas histórias, que certamente têm o seu lado piegas e sentimental, derive da proximidade emocional com a experiência do próprio autor, sua própria capacidade de sobreviver a dificuldades externas através de capacidades criativas internas.

Em *A Pequena Princesa*, atributos "de princesa" são os do mundo interno: de confiança nas fontes de bondade das quais derivam as qualidades de abnegação, contenção, generosidade emocional; uma capacidade de manter um senso de dignidade e autoestima em meio à degradação; resistir sucumbir a, ou ser dominado por, experiências traumáticas do mundo externo. A história descreve a maneira como Sarah Crewe, de onze anos, desprovida de sua mãe já no nascimento, emocionalmente sobrevive à perda de seu pai adorado e adorável, e com ele, de todos os vastos recursos materiais que ela tinha até então apreciado. Longe de ser confortada nessa situação, ela é imediatamente privada pelas autoridades

154 LATÊNCIA

escolares de todos os seus luxos anteriores. É cruelmente tratada como serva e mendiga. Para a burla das pessoas ao seu redor, no entanto, ela não apenas preserva sua própria integridade, mas também gera nos outros, especialmente nos mais necessitados, a força para suportar as humilhações do dia a dia e as dificuldades de sua vida institucional compartilhada.

As qualidades de tolerância de Sarah estão enraizadas no seu mundo imaginário particular e idiossincrático, o qual ela mantém vivo; na sua capacidade de imbuir seu entorno, embora escasso ou persecutório, de significado; de manter um sentido de vida e propósito, apesar dos terríveis maus tratos pelo mundo adulto. No coração de sua resiliência interna está sua capacidade de fazer de conta. Esta funciona não tanto como uma fuga maníaca das dificuldades, ou como uma negação delas, mas sim como uma forma de conseguir passar por elas; de sofrer a sua dor. A metáfora da princesa não se refere aos recursos materiais. Esses se mostram irrelevantes para a força que Sarah evidencia. Os atributos de princesa relacionam-se a aspectos internos de valor. Referem-se a qualidades morais, não materiais.

Em *A Pequena Princesa*, assim como no livro posterior, *O Jardim Secreto*, é estabelecido que a vida da mente, especialmente se for compartilhada com outro ou com outros, funciona como uma fonte interna de amor e de vida. A eventual resolução da situação de Sarah, embora possa ser inverossímel, tem que ser vista na tradição do romance do século XIX – abandonando a verossimilhança em prol de uma verdade psíquica mais significativa. O fato é que a capacidade de renovar as fontes imaginativas oferece recursos de profundidade incalculável, disponíveis para enriquecer aqueles que com eles entram em contato, desde que estejam abertos à experiência. Logo no início do livro, o repositório das esperanças, medos e sentimentos apaixonados de Sarah tinha sido a sua boneca, Ermintrude. Ermintrude era percebida como estoicamente recebendo todas as comunicações projetadas de Sarah e as mantendo para ela, na ausência de um recipiente[5] mais eficaz. Mais tarde, crianças menores, mais carentes ou mais danificadas funcionavam para Sarah de uma forma bastante similar – crianças que poderiam temporariamente representar suas próprias partes danificadas e necessitadas, permitindo, assim, que os aspectos mais combativos, carinhosos e resilientes de sua personalidade mantivessem o controle.

O eventual benfeitor de Sarah, "o cavalheiro indiano", acaba por ter sofrido anos de remorso por sua (não intencional) participação na ruína financeira e morte do Sr. Crewe. A recuperação emocional do cavalheiro indiano relaciona-se com o grau de seu sofrimento e seu desejo de reparar. Por outro lado, há alguns personagens, simbolizados pela ímpia, cínica e egoísta senhorita Mincham, que são retratados como sendo indisponíveis para qualquer influência modificadora. Há uma sugestão de que há forças destrutivas não regeneradas, e, portanto, imutáveis, armazenadas tão profundamente na personalidade e de forma tão eficaz a ponto de excluí-las da vida da mente. Tais ideias são, talvez, semelhantes às noções posteriores de Klein (1958), mais pessimistas, sobre a natureza humana.

Na vida real, a questão quanto a se prevalecerá uma tendência reparadora ou destrutiva está enraizada em uma interação extraordinariamente complexa de forças internas e externas. Inicialmente, o equilíbrio depende da existência ou não de uma presença suficientemente continente disponível para a criança, e da capacidade da criança de manter um relacionamento com tal presença desde o início. Como vimos (Capítulo 4), um grau excessivo de ansiedade persecutória, seja de origem interna ou externa, interfere com a oportunidade de se envolver com ou confiar em alguém, seja uma

156 LATÊNCIA

figura externa ou interna. Ou pode ser que a experiência de relacionamento seja tão ofuscada pelo medo da ausência e perda que a dependência e o compromisso são considerados impossíveis. A pessoa requerida pode, então, ser sucessivamente testada, mesmo torturada e rejeitada, como se houvesse um desejo de que ela decepcionasse ou falhasse. Essa descrição poderia muito bem aplicar-se à relação de uma criança com o seio, ou à relação de uma criança de cinco anos com seus pais ou amiguinhos, ou, ainda, aos primeiros ensaios de um adolescente de quatorze anos com um namorado ou namorada, ou à tentativa de um "adulto" de estabelecer um relacionamento duradouro e amoroso. A natureza dessas experiências posteriores será profundamente afetada, embora não necessariamente determinada, por experiências anteriores. Uma pessoa terá a capacidade de estar aberta a experiências que são genuinamente diferentes das anteriores, outra estará fadada à repetição incessante de eventos anteriores, incapaz, talvez, de compreender, lamentar, elaborar e seguir em frente. Padrões podem ser repetidos, mas eles podem também ser quebrados. É possível que o mundo mais amplo que começa a abrir-se para a criança na latência ofereça oportunidades para estabelecer relacionamentos que podem ajudar a curar as feridas de sofrimento e privação que ocorreram mais cedo. Como consequência, a dor de dar-se conta, e logo da determinação, imaginação e coragem, pode apoiar o *self* em sua luta por uma maior integração e para o desenvolvimento moral e emocional. Essas histórias de regeneração e reparação atestam tal possibilidade.

Como *A Pequena Princesa, O Jardim Secreto* também gira em torno do poder restaurador da bondade e integridade. Nessa história, essas qualidades são representadas por fisicamente trazer de volta à vida um jardim real (bloqueado pelo Sr. Covarde sob o impacto da dor insustentável da morte de sua esposa, como resultado de um acidente que ocorreu lá). As implicações são que o trauma da perda e a incapacidade "covarde" de suportá-la resultaram em uma espécie de morte psíquica, uma aversão a sentimentos, especialmente os mais dolorosos inerentes aos cuidados de Colin, o filho doente (porque emocionalmente privado) do Sr. Covarde.

A metáfora do jardim e de sua recuperação expressa o gradual retorno à vida, o efeito mutuamente restaurador do relacionamento dos dois jovens primos entre si e com os poucos outros ao seu redor. Ambas as crianças foram profundamente traumatizadas pela perda de suas mães em acidentes súbitos. Maria também perdeu seu pai, sua ama e todo o mundo de sua casa de infância na Índia. Lentamente, cada criança se desenvolve. Os aspectos alegres, esperançosos, pé no chão, generosos, mesmo rudes de suas respectivas naturezas até então pareciam bastante estranhos a elas, pareciam de fato ter residido em outro lugar (o calor e o bom senso da família de Dickon, por exemplo, que "atendia" a família Covarde). Gradualmente, esses lados das personalidades das crianças começam a ser despertados e tornar-se mais integrados com a evolução das tarefas físicas/psíquicas.

Há uma qualidade distintivamente alegórica em cada uma dessas histórias. A experiência de perda na primeira infância, especificamente de um pai ou pais, está intimamente ligada a um conto de crescimento emocional, baseando-se primariamente nas capacidades imaginativas e criativas. As histórias foram escritas principalmente para uma faixa etária em que, como vimos, os valores morais tendem a ser bastante polarizados e simples (os bonzinhos e os malvados). Nessas narrativas, o mundo adulto também tende a dividir-se, pelo menos na mente das crianças, entre aqueles que são desumanos, exploradores e egoístas (*A Pequena Princesa*), emocionalmente distantes, frios e desligados (*O Jardim Secreto*), e aqueles que são, por outro lado, bondosos, generosos e filantrópicos (*A Pequena Princesa*), ou sábios, gentis e atenciosos

158 LATÊNCIA

(*O Jardim Secreto*). A restauração real do jardim por Mary e Colin e da fortuna da família para Sarah Crewe pode ser interpretada como a confirmação e restauração dos recursos internos, ainda possível, apesar das exigências do mundo externo. A criança na latência pode, assim, se envolver com a esperança e a possibilidade de encontrar o seu caminho para uma vida do bem, mesmo de esplendor, em face do que podem ter sido até então experiências muito dolorosas, tristes e negativas.

Significativamente, o processo de restauração começa a ocorrer em lugares secretos – respectivamente, no "sótão" privado da mente de Sarah (que começa misteriosamente a ser mobiliado pela mão invisível do servo do senhor indiano) e no jardim trancado e murado de Maria e Colin, afastado do mundo adulto. Esses são os locais privados onde, especialmente nessa idade, ocorrem aspectos importantes do crescimento. A própria privacidade e separação proporcionam um muito necessário, ainda que temporário, senso de independência, de controle e de domínio, enquanto o local real das crianças é, em geral, intimamente e necessariamente ligado ao mundo dos "adultos". Poucas crianças nessa idade têm jardins inteiros para construir e ocupar como seus lugares privados, ou como a expressão externa de seus mundos internos. Mas muitos acham, ou criam, um equivalente, seja em si mesmos, em resposta à ficção, talvez, ou externamente, no mundo de tocas, esconderijos ou acampamentos. Tais esconderijos podem mais tarde ser ressuscitados na cultura de jardins em estufas ou, mais íntima e intensamente, nas estruturas de colocação improvisadas onde parafusos enferrujados, pranchas e ferro corrugado fornecem ilhas de consolo e ruminação nostálgica, onde vagar no "mundinho próprio" de alguém é tão importante como qualquer plantio real que ocorra. Essas são todas versões de uma "sala de alguém" – o lugar/espaço pessoal que Virgínia Woolf considerava como um pré-requisito para a expressão da capacidade criativa das mulheres. Tais lugares privados na mente/mundo são diferentes expressões da interioridade, onde as exigências da realidade externa (como, para uma criança que está absorvida, "hora do chá!" é outra coisa), horrivelmente intrometem-se na vida da mente e perturbam os esforços imaginativos que estão sendo empreendidos no lugar de faz de conta, de "vamos fingir".

Para as crianças, a construção, ordenação, combinação, apoio, organização (um pau aqui, um copo quebrado lá) desses lugares, a emoção do estranho pedaço de papelão encontrado, ou do botão achado inesperadamente – os frutos de coleta – ligam a dependência no mundo adulto com a ilusão feliz de separação, aumentada, talvez, pela emoção do "roubo". Um ar de importância pseudoadulto, mas ainda apaixonado, muitas vezes obtém uma intencionalidade, uma ocupação, um senso de hierarquia, bem como a cooperação, dando margem para qualidades obsessivas e criativas. As tarefas que os meninos e meninas assumem estão muitas vezes de acordo com um estereótipo, talvez aqueles de "construir" e "mobiliar". O vigor e entusiasmo com que meninos constroem e meninas servem ou fornecem podem aparecer como expressões espontâneas de identificações e relacionamentos internos, seja qual for a divisão do trabalho nos domicílios externos. E, ainda assim, eles podem muitas vezes também ser justamente o contrário, expressões de uma fluidez de papéis e funções de gênero, uma liberdade maravilhosa dos modos clichês de identificação que caracterizam as lutas vindouras com maior consciência de gênero, quando as crianças entram na puberdade. Memórias do período em que ainda era permitido ser uma "maria-rapaz" são muito valorizadas por meninas que, mais tarde, podem ter tido que abandonar essa licença inebriante. Muitas vezes existe um sentimento de certeza e segurança sobre as funções e prerrogativas, de

160 LATÊNCIA

algo sendo "exaurido", apesar de uma confusão subjacente, que tem ligações reconfortantes com o mundo adulto, embora ainda seja sentido como independente dele.

Preocupado com os benefícios questionáveis de crescer, pois essa cultura, apesar das suas permutações contemporâneas e mais organizadas, versões da Wendy House, pode continuar por muito tempo a oferecer encantos. É um mundo que tem afinidades muito claras com o de Peter Pan. Peter estava tão assustado com a perspectiva de crescer que confundiu o "papel" com a realidade, e acreditava que ele fosse a vida: "para ele, o faz de conta e a realidade eram exatamente a mesma coisa" (p. 91). A comida "de mentirinha" na mesa para os "meninos perdidos" não poderia fornecer qualquer pensamento real. Quando lhe pediram para ser a mãe dos meninos, Wendy respondeu, "mas você vê, sou só uma menininha. Não tenho nenhuma experiência real" (p. 95). Wendy sabia que só se podia ser mãe tornando-se uma. Peter, preso em projeção onipotente, confundiu a brincadeira de fingir com realmente "fazer". Ele falou por todos aqueles que tentam ignorar o doloroso processo de desenvolvimento – o desafio de aprender a partir da experiência, a dificuldade de reconhecer a pequenez e a ignorância. Uma alternativa tentadora é tentar adotar um estado mental pseudoadulto – uma versão de Casa de Bonecas de ser "adulto", na qual se olha para a forma externa a fim de obscurecer a falta de conteúdo interno (ver Capítulo 8). A vida da Sra. Adams, descrita anteriormente, pode ser compreendida nesses termos. Se não fosse pelos ataques de pânico que desmentiram o exterior profissional, a Sra. Adams poderia ter continuado a sua existência bidimensional, sem nunca se envolver com a disparidade desconfortável entre a superfície e a substância.

O crescimento e desenvolvimento genuínos durante esses anos de latência depende de um delicado equilíbrio entre a aquisição das habilidades e conhecimentos necessários para lidar com o medo do "subsolo" e do "incêndio", e fazê-lo de tal forma que a ordem, a quantidade e a concretude não impeçam a emergência das qualidades do *self* mais imaginativo. Pois esse último *self* estará lutando, com diferentes graus de dificuldade, para manter vivo o processo de autodescoberta, muitas vezes em face do que parecem demandas internas e externas irresistíveis. Medos e fobias inesperados podem, a qualquer momento, irromper de um exterior aparentemente ordenado. Aprender sobre as coisas, como um modo intelectual, é ao mesmo tempo socialmente necessário e útil para o desenvolvimento. É mesmo emocionante, e uma maneira, em boas circunstâncias, de construir uma estrutura que pode conter os impulsos e ansiedades mais turbulentos. No momento, esses impulsos e ansiedades devem ser mantidos relativamente quietos, enquanto a personalidade ganha força para enfrentá-los novamente mais tarde, de forma mais assustadora e imprevisível.

Notas

1. Em 1939, John Bowlby, Eric Miller e Donald Winnicott escreveram para o *British Medical Journal* para apontar os perigos psicológicos, para as crianças, do tipo de separação levado a cabo na política de evacuação. Eles sugeriram que o risco de dano psíquico de tais separações superava até mesmo os perigos físicos de permanecer no interior das cidades. Veja *British Medical Journal*, (1939), 2, 4119, pp. 1202-1203. Veja também Rustin, M. & Rustin, M. (1987). Inner implications of extended traumas: Carrie's War. In *Narratives of Love and Loss: Studies in modern children's fiction*. London: Verso.

2. O grau em que a Sra. Adams teve que se isolar poderia até mesmo ser descrito em termos de uma segunda pele ou de um sistema de defesa esquizoparanoide (ver Capítulo 4). No entanto, a descrevo aqui porque

162 LATÊNCIA

seu modo de funcionamento tinha muito em comum com o de uma criança particularmente rígida na latência.

3. Sou grato à terapeuta de Vicky por esse exemplo, mas não fui capaz de encontrá-la pessoalmente para reconhecer formalmente. Tal como acontece com todos os outros exemplos, o próprio caso é disfarçado, a fim de evitar qualquer possibilidade de reconhecimento.

4. Por exemplo, em *Tom's Midnight Garden* de Phillipa Pearce; *Charlotte's Webb* de E. B. White; *A Likely Place* de Paula Fox; *Carrie's War* de Nina Bawden; *The Indian in the Cupboard* de Lynne Reid Bank.

5. *Container.* (N. do T.)

7. Modelos de aprendizagem

Deus me guarde dos pensamentos
Que os homens pensam somente em suas mentes
Aquele que canta a canção duradoura
Pensa com a medula óssea.

—W. B. Yeats

A capacidade de uma criança para se desenvolver e crescer internamente está intimamente relacionada com o tipo de aprendizagem que venha acontecendo desde as primeiras fases de sua vida. Dependendo da tarefa ou função predominante da fase em questão, diferentes modelos de aprendizagem entrarão em jogo. Durante a latência, por exemplo, uma criança pode precisar e desfrutar da sensação de ter uma extensão de habilidades e um acúmulo de informações. Em outra etapa, talvez na adolescência, esse tipo de aprendizagem pode parecer contrário à capacidade mais imaginativa e criativa de começar a pensar por si mesmo. Mas há outra distinção fundamental subjacente a essas mudanças de ênfase entre uma fase e outra. É o que Yeats tão impressionantemente descreve como a diferença entre o pensamento que ocorre "somente na mente" e o que ocorre "na medula óssea". Uma distinção semelhante permeia a obra de Bion: ele se interessava pelo contraste entre aprender "sobre" as coisas e ser capaz de aprender a partir da experiência do *self* no mundo.

Assim, um capítulo sobre "aprendizagem" pertence ao coração de um livro focado nas formas comuns pelas quais uma pessoa pode crescer – tanto interna como externamente. O objetivo é diferenciar os tipos de pensamento e conhecimento que contribuem para a força do caráter e a capacidade de pensar por si mesmo daqueles que incentivam a mera proliferação de qualificações e conhecimento – a "aprendizagem" que pode atingir sucesso externo sem aumentar o crescimento interno. O que nos interessa aqui não são questões de valores e prioridades sociais, mas questões mais específicas e pessoais – os tipos de identificação aos quais uma criança foi levada desde o início.

A questão pode ser colocada em termos mais simples: as identificações primárias da criança (com figuras externamente significativas ou suas representações internas posteriores) parecem ser do tipo adesivo, projetivo ou introjetivo? Existirão, evidentemente, movimentos constantes entre esses. Mas, em qualquer criança, é geralmente possível discernir a predominância subjacente de um modo em detrimento de outro, apesar das mudanças e transformações. É a predominância de um desses modos em detrimento de outros que determina se a aprendizagem ocorre por meio da imitação, através de mímica, repetição, aderência; ou pela busca ansiosa da criança por ser alguém que ela não é, projetivamente desempenhando um papel ou até mesmo experimentando o *self* como *sendo* o outro; ou pela busca resiliente por entendimento através do envolvimento com a sua própria experiência de um sentido de *self* seguro e profundo, derivada de uma capacidade de identificação introjetiva com qualidades mentais boas e ponderadas.

A importância da ligação entre esses grandes tipos de identificação e os diferentes modos de aprendizagem que são incorporados neles é que ela caracteriza e ilumina os processos fundamentais do desenvolvimento. A tarefa atual é tentar explorar a origem e natureza dos diferentes tipos de aprendizagem e as possíveis consequências para a personalidade quando um modo toma precedência sobre outro.

Os seguintes sonhos de três adolescentes em tratamento podem ajudar a definir os diferentes tipos de identificação em questão. No primeiro exemplo, o modo adesivo parece ter predominado desde cedo, inibindo gravemente o desenvolvimento. No segundo exemplo, um modo excessivamente projetivo também retardou significativamente o crescimento emocional. O terceiro exemplo, no entanto, oferece evidências de tendências iniciais adesivas e excessivamente projetivas cedendo lugar a uma capacidade introjetiva mais benigna, com um consequente enriquecimento da personalidade.

O primeiro paciente, John, tinha dezenove anos quando começou a terapia. Era filho de um escritor de sucesso. Seu sonho caracteriza o tipo de identificação em que pode parecer que o desenvolvimento está ocorrendo, mas, de fato, o desenvolvimento é muito superficial, oferecendo pouco apoio interno genuíno. A identificação primária de John era de observação servil, imitação e mímica do comportamento social e aparência daqueles de quem ele era próximo, especialmente seu pai. Ele descreveu a si mesmo como se vestindo, falando, gesticulando e se comportando exatamente como seu pai. Era como se ele precisasse ficar preso na pele do homem mais velho, superfície com superfície. Adotou o gosto de seus pais, seu modo de vida, seus interesses e objetivos. Frequentemente o pânico o dominava diante da ideia de ter que fazer uma escolha independente. Não surpreendentemente, quando começou a terapia, sua personalidade parecia bastante superficial, como se bidimensional. Nesse momento, seu estado era de dependência total dos pensamentos e opiniões daqueles a quem ele se ligara.

John tinha sobrevivido aos seus anos de adolescência aparentando ser maduro, embora talvez excessivamente preocupado consigo mesmo e sem muitos sentimentos genuínos em relação aos outros. Seu comportamento era socialmente adaptável à custa de qualquer desenvolvimento interno. Ele não tivera relações sexuais ou amizades significativas, e parecia ter apenas uma capacidade escassa de pensar por si mesmo, tendo passado pelo sistema educacional aprendendo mecanicamente e com uma técnica de repetição do tipo "entra por um ouvido e sai pelo outro". Esse método o deixou sentindo pouca confiança de ter qualquer conhecimento próprio, resultando que o conhecimento que ele adquiriu não teve qualquer impacto duradouro sobre sua personalidade. Ele era um adolescente isolado, apresentando ao mundo uma aparência falsa de estabilidade que em geral atraía pouca atenção dos adultos envolvidos. Ele só chamou atenção de qualquer pessoa quando começou a ficar seriamente deprimido, ao ter que, por sua idade, tomar medidas para se separar de sua família, em termos educacionais pelo menos. A separação era considerada traumática e prejudicial, não só para ele próprio, mas também (pelo menos em sua mente) para as pessoas de quem ele estava tendo que separar-se. (Ele ficou morbidamente preocupado na época com a ideia da morte de seu pai.) A defesa característica contra esse tipo de sentimento primitivo de ser separado relaciona-se à noção da defesa de "segunda pele", de Esther Bick: uma forma muscular, sensorial ou vocal, externa, de sustentar a personalidade reunida, a qual se desenvolve desde a primeira infância, na ausência de qualquer sustentação psíquica internamente segura (ver Capítulo 4). No caso de John, a forma parecia ser muscular. Ele era um esportista brilhante, como seu pai havia sido, mas não era bem sucedido em nenhuma outra área da vida. A exigência de qualquer resposta além de mais clichê e convencional provocava ansiedade intensa.

O seguinte sonho resume sua situação e focaliza sua aversão a expor-se ao doloroso processo de crescer, com a angústia correspondente de separação e o risco de mudança. No sonho,

> *ele era uma criança, olhando para uma motocicleta Harley Davidson (com associações intimamente ligadas a seu pai) que estava no cume de uma montanha, delineada contra os matizes deslumbrantes do céu noturno. Entre ele e a moto, que ele queria desesperadamente alcançar, havia uma montanha escura. Ele teria que subir uma estrada íngreme, chuvosa e agourenta, por um caminho sinuoso em direção ao topo. Tinha um forte sentimento de querer ser "alçado", para que pudesse simplesmente "ser" a moto.*

Em outras palavras, John ansiava apenas por *ser* seu pai, ser adulto como ele, depois de ter eliminado o processo adolescente alarmante e perigoso. Ele queria fugir do processo arriscado de separação a que teria que se submeter a fim de tornar-se ele próprio. Seu modo adesivo de identificação havia colocado em suspenso qualquer crescimento genuíno. Seu desejo inconsciente era desviar-se dos problemas da adolescência, ou talvez negar o estado mental adolescente em favor de um pseudoadulto; ou seja, negar

168   MODELOS DE APRENDIZAGEM

a função da adolescência no processo de amadurecimento de uma identidade própria, em oposição a uma emprestada (ver Capítulo 10). O fato de que, no sonho, ele ainda era uma criança, sugere que a natureza de seus processos de aprendizagem bloqueou, desde cedo, seu caminho para tornar-se ele mesmo, em vez de ser uma versão sósia do seu pai. Embora exteriormente quase um "homem feito", internamente ele mal tinha começado.

O segundo paciente, Simon, trouxe para a sua primeira sessão de terapia um sonho que também descrevia perfeitamente o dilema de sua vida: a grande disparidade entre o seu sucesso acadêmico externo e sua infelicidade interna e sensação de vazio emocional.

> *Ele encontrou um grande caracol, rosa e carnudo, no corredor do Departamento de Ginecologia e Obstetrícia de um hospital em que estava atualmente fazendo um estágio em psicologia. Dentro do oco da cauda articulada tinha uma enorme cavidade em que colegas brincavam de uma forma perversa, sacrílega, orgiástica. "Venha", eles gritaram, "é divertido aqui." Ele aproximou-se, mas rapidamente tornou-se oprimido pela atmosfera sexualmente carregada e saiu novamente. Correu por um corredor, finalmente chegando a um auditório e ocupando a posição em que os professores geralmente ficavam, no pódio atrás do projetor.*

O sonho sinalizava as ansiedades inconscientes que estavam na base do sentimento de infelicidade de Simon: ansiedades sobre a sexualidade feminina, sobre a homossexualidade, sobre intimidade e fraude intelectual. Em uma tentativa de evitar essas ansiedades, ele correu para um lugar – "atrás do projetor" – onde poderia identificar-se com seus professores inteligentes, acadêmica e hierarquicamente superiores, a fim de fugir da consciência do seu próprio *self* imaturo, mais perigosa e ameaçadora. Sua adoção de um modo projetivo, a fim de afastar as experiências dolorosas, o tinha até então mantido em boa posição em termos de sucesso externo, mas internamente o deixavam sem qualquer estrutura de suporte genuína.

O terceiro paciente, Tom, no curso de uma longa análise, começou a mover-se desde o tipo de estado mental adesivo em que John estava, passando pelo modo projetivo que caracterizou a aprendizagem e funcionamento de Simon e, mais além, em direção a uma capacidade mais "madura" de formar relacionamentos íntimos e amorosos com os outros. Tal como aconteceu com Simon, o primeiro sonho da análise de Tom eloquentemente descrevia sua situação interna.

> *Ele estava tentando jogar tênis em uma quadra coberta que não tinha uma das paredes. Sempre que ele jogava a bola para fazer o serviço, ela atingia um teto estranhamente baixo e quicava de volta para ele prematuramente, o que tornava impossível colocar a bola em jogo.*

Este sonho parecia evocar a experiência frustrada de um bebê de uma mãe deprimida, que, como se soube mais tarde, viria a se tornar esquizofrênica quando seu filho fez dois anos. Ele sugeria uma experiência muito inicial, de Tom, de falta de continência (a parede faltante), e da desesperança de suas tentativas de se comunicar. Sentia que suas projeções eram prematuramente jogadas de volta para ele (o teto estranhamente baixo), como se quicando de volta da superfície da mente não receptiva da sua mãe. Isso tornou impossível para ele pôr em marcha os processos normais de projeção e introjeção no jogo da vida.

Um sonho muito posterior desse mesmo paciente deu provas do terceiro tipo de identificação em discussão – a introjetiva. Ele descrevia uma situação interna muito diferente das frustrações e inseguranças de seu *self* inicial da quadra de tênis coberta. O sonho deu alguma indicação de que um processo imperceptível vinha ocorrendo, pelo qual Tom era capaz de ter e fazer uso de uma qualidade pensante e de sustentação nos seus relacionamentos – um processo que antes era impossível para ele. Ele tinha começado a progredir de suas tendências adesivas e projetivas iniciais em direção a um maior equilíbrio entre modos projetivos e introjetivos. Havia começado a se envolver com sua própria experiência e sofrer com ela, em vez de fugir para seus velhos hábitos de certeza prematura, ou qualquer das formas desmentalizadas imediatamente disponíveis em que ele tinha se inclinado a entrar. No sonho,

> *ele estava em uma casa que era sólida, bem construída e bastante bonita (ao contrário de estruturas de sonho instáveis e caóticas de outros tempos). Ele parecia estar com um grupo de amigos, não seus antigos companheiros de bebida, mas amigos da faculdade que ele ainda não conhecia muito bem, mas de quem gostava e que pareciam sérios em relação ao que estavam fazendo. Entre eles, havia uma mulher em particular cujo nome era semelhante ao de sua analista, e que muitas vezes, em termos de aparência, atitudes e qualidades, tinha sido identificada com ela. A atmosfera era descontraída. Ele descobriu que estava extraordinariamente tranquilo, capaz de falar, de ser ele mesmo. Passou a noite sozinho na*

casa, seus companheiros pareciam ter ido para outro lugar. Pela manhã, ele descobriu que a jovem também havia passado a noite na casa, mas sem o seu conhecimento. Ele desejou ter sabido que ela ficara, mas também se sentiu muito bem que ela estivesse de alguma forma lá com ele, quer ele soubesse ou não.

Tom reconheceu que a casa continente parecia muito mais sólida do que as dos sonhos anteriores, e que ele estava à vontade com as figuras dentro dela. Mas o mais importante e esclarecedor de tudo foi a descrição da figura da jovem mulher/analista, que estava de alguma forma ali com ele, quer ele estivesse ciente dela ou não; presente internamente, como uma companhia e um recurso "na mente". Ele a descreveu como tendo qualidades a que ele aspirava, e à luz das quais ele se sentia humilde: integridade, lealdade, solicitude e amizade. O sonho sugere que, pelo menos parte do tempo, ele sentia que possuía ele próprio essas qualidades, que dentro de sua agora mais sólida casa/mente havia uma estrutura muito diferente da quadra de tênis onde ele anteriormente havia tentado "jogar" sua vida, na ausência de qualquer fonte óbvia de continência.

Estes três sonhos foram trazidos para representar, esquematicamente, as diferentes formas de identificação em discussão. Embora cada um deles possa indicar a predominância de um determinado estado mental, há sempre certa fluidez, e uma pessoa pode estar constantemente mudando entre um e outro modo. Eles oferecem evidência de tipos muito distintos de aprendizagem: com John e Simon, tipos estabelecidos desde os tempos iniciais; com Tom, um tipo que ele foi capaz de desenvolver no decorrer de sua experiência analítica. Em termos externos, estamos familiarizados com as formas como fatores emocionais podem afetar

172 MODELOS DE APRENDIZAGEM

negativamente a capacidade de uma criança de absorver as coisas e de aprender, seja de uma forma mais geral ou de formas cognitivas específicas. É menos conhecida a complexidade da interação entre o que pode ser chamado de habilidade de aprendizagem e capacidade de aprendizagem, entre "pensar somente com a mente" e "pensar com a medula óssea". Como vimos, um indivíduo pode demonstrar habilidade para adquirir habilidades específicas, seja com números, palavras, computadores, esportes, passar em exames, mas a difícil questão permanece sendo saber se, em termos simples, essas habilidades, ao longo tempo, contribuem para a personalidade como um todo – para cantar a canção "duradoura" – ou se elas são desenvolvidas como uma forma separada de outras partes do *self*, ou à custa delas.

Uma criança na latência cuja habilidade com matemática serviu-lhe bem, em termos de ganho de *status* e apoio à sua frágil autoestima, pode descobrir, na adolescência, que aquela blindagem ou carapaça defensiva começa a limitar o seu desenvolvimento emocional. O florescimento turbulento e imaginativo do seu *self* interior pode ser inibido por uma tendência compreensível para agarrar-se ao que ganha aprovação e a faz sentir-se segura. De fato, como veremos, muitas vezes, somente na adolescência pode se tornar aparente o quanto o uso precoce da inteligência foi utilizado como uma defesa contra o pensamento genuíno. Como em qualquer idade, o trabalho pode tornar-se uma forma de evitar intimidade e evitar o envolvimento com uma realidade emocional dolorosa e conflituosa.

* * *

Os psicanalistas, junto com alguns educadores progressistas, há muito tempo se esforçam para definir e estimular a capacidade da criança de aprender de uma forma associada menos à estreita realização educativa e qualidades socialmente visíveis e mais com o enriquecimento do potencial criativo de uma pessoa. O sucesso convencional e o desenvolvimento interior não precisam estar em desacordo um com o outro, mas é importante determinar para quem e para que o sucesso é procurado, antes de recebê-lo com qualquer aclamação especial. Historicamente, a psicanálise sempre se preocupou com questões de aprendizagem e de pensamento, mas o foco mudou consideravelmente ao longo das décadas, até o ponto em que teorias do pensamento se tornaram fundamentais para nossas maneiras atuais de compreender o indivíduo como uma pessoa inteira.

Com Freud, o pensamento, ou a capacidade de pensar, era, grosso modo, considerado como uma forma de preencher a lacuna frustrante entre o momento em que a necessidade é sentida e o momento em que a ação apropriada a satisfaz (1911). Por outro lado, as preocupações iniciais de Klein eram centradas em questões muito mais amplas e pessoais da educação de uma criança: inibição intelectual e bloqueios emocionais para a aprendizagem. Ela se interessava em saber como a psicanálise e a educação poderiam contribuir em conjunto para o florescimento da personalidade em todas as suas dimensões. Ela e sua amiga e colega Susan Isaacs (que fundou e, durante vários anos, gerenciou a progressiva Malting House School, em Granchester) escreveram sobre a maneira como as capacidades intelectuais e criativas são inibidas, em particular pela ansiedade e, também, muito especificamente, pela repressão da curiosidade sexual (Klein, 1921, 1923b, 1931; Isaacs, 1948). Sua visão era que a criança só poderia aprender com suas próprias experiências reais, e que o educador deveria procurar apoiar essas experiências, em vez de ficar no caminho delas.

174 MODELOS DE APRENDIZAGEM

Era subjacente a essas visões uma noção de que a necessidade da criança de conhecer e compreender a verdade sobre si mesma e sua experiência no mundo (inicialmente representado pelo corpo da mãe) era um impulso tão fundamental que quase correspondia a um "instinto". Klein o chamou de impulso ou instinto "epistemofílico" (1928, 1931, p. 262). Ela pensava que ele se originava no desejo da criança de entender o conteúdo do corpo da mãe, e introduziu uma distinção central, que mais tarde adquiriu dimensões significativas: a distinção entre a curiosidade intrusiva, estimulada por uma necessidade voyeurista de "saber", a fim de dominar e controlar, e um desejo mais esclarecido de compreender; algo mais parecido com uma sede de conhecimento, em prol do crescimento, e não do domínio.

Essas ideias levantaram questões quanto a em que medida a aprendizagem e a descoberta encorajariam, ou inibiriam, o *self* em desenvolvimento; se a aprendizagem seria a serviço do verdadeiro crescimento da mente, ou se funcionaria como um suporte defensivo para o *self* mais tímido; se a aprendizagem, em sua origem, era uma experiência emocional. Tais questionamentos se tornaram fundamentais para a maneira de Bion conceituar essas questões. Sua teoria do pensamento (1962a) colocou a emotividade no coração psicanalítico das coisas. A aprendizagem do tipo que devidamente contribui para o desenvolvimento (em oposição à mera cognição) ocorre principalmente através da experiência, e não do aumento do estoque de conhecimento. Ele ressaltou que em certos estados mentais, "ter" conhecimento pode tornar-se um substituto para a aprendizagem. Com frequência ocorre uma espécie de lei mental de "desenvolvimento desigual", em que há uma relação inversa entre o "cérebro" e um tipo mais profundo de pensamento; entre uma capacidade intelectual para manipular conceitos de, digamos, verdade, significado ou virtude, e a capacidade emocional de genuinamente abraçar essas coisas. Se o conhecimento é adquirido no interesse da potência e não da compreensão, ele pode funcionar na economia psíquica mais como uma posse material. Sempre que isso acontece, o conhecimento jogará contra qualquer busca genuína por entendimento. Muito repousa no motivo – o que se busca no processo de aquisição de conhecimento, e o que está sendo evitado.

Bion designa a distinção entre esses diferentes modos de funcionamento mental como K, uma sede de conhecimento, e –K, o estado mental em que a experiência é despojada do seu verdadeiro significado e o conhecimento é tratado como uma mercadoria – é superficialmente atraente, mas não tem qualquer influência duradoura ou transformadora. O modelo em que Bion baseia-se como protótipo para a aprendizagem é a relação de alimentação entre a mãe e o bebê, levando em conta a disposição do bebê e o estado mental da mãe, ou capacidade de *"rêverie"*. Essas questões remontam a tempos mais antigos. Relacionam-se à maneira como a ansiedade foi registrada e tratada desde o início. Relacionam-se com as formas de identificação que foram estabelecidas. As ênfases dominantes desses modos podem ser significativamente alteradas à luz da experiência posterior, e em função de uma série de fatores ambientais, mas padrões importantes são estabelecidos nesses primeiros dias, padrões que, em termos simples, podem ser definidos como decorrentes da natureza e qualidade da relação entre o bebê e o cuidador.

Bion propôs o termo "vínculo K" para significar um relacionamento de dependência e benefício mútuo pelo qual tanto a mãe como o bebê podem crescer emocionalmente. Assim como o bebê com o qual a mãe conversa é mais capaz de começar a falar por si mesmo, isso também ocorre com processos mentais complexos: a capacidade do bebê para captar impressões sensoriais se

176 MODELOS DE APRENDIZAGEM

desenvolve em relação a essas mesmas capacidades da mãe, e com essa capacidade vem uma consciência da natureza do mundo exterior e de sua própria experiência dele. "A aprendizagem depende da capacidade de [o continente em crescimento] permanecer integrado e ainda perder a rigidez. Essa é a fundação do estado mental do indivíduo que pode manter o seu conhecimento e experiência e ainda estar preparado para reconstruir experiências passadas de uma forma que lhe permita estar receptivo a uma nova ideia" (1962b, p. 93). Bion viu essa relação "continente/contido" entre a mãe e o bebê como representando uma realização emocional de uma experiência de aprendizagem que se torna progressivamente mais complexa, uma vez que constantemente se repete de diferentes maneiras ao longo do desenvolvimento mental, finalmente abrangendo a possibilidade de criação de hierarquias completas de hipóteses e sistemas dedutivos científicos (1962b, p. 86).

Como vimos no Capítulo 3, a capacidade da mãe de conter os temores infantis projetados (o contido) torna as ansiedades originais mais fáceis de lidar. Quando algo interfere com esse vínculo precoce, ou com a capacidade mutuamente comunicativa entre a mãe e o bebê, é posto em marcha um processo bastante diferente, que, se ocorrer muito frequentemente ou muito extensivamente, serve mais, em última análise, ao mal-entendido do que à compreensão, como representado por –K. Esse mal-entendido ativo é produto da experiência descrita no Capítulo 4. Às vezes, a emoção a ser projetada é sentida como excessivamente tóxica, ou a própria projeção muito violenta, e/ou a mãe, por qualquer motivo, não é receptiva. Nessas ocasiões, a projeção não é compreendida por ela, e o seu conteúdo é experimentado pela criança como sendo forçado a voltar para ela, juntamente com o aspecto não compreensivo do "seio" (Bion, 1962b, p. 96).

A emoção que traz esse "despojamento" de significado é pensada como uma forma primitiva de inveja. O bebê tem sentimentos hostis e destrutivos em relação ao objeto/seio, que é sentido como tendo o que lhe falta. Por exemplo, o seio é sentido como alimentando a si próprio, e o deixando com fome; ou o seio é sentido como sendo fonte de bons sentimentos, mas esses sentimentos estão sendo retidos, em vez de dados livremente (ver Capítulo 5). Essa emoção de inveja é incompatível com crescimento e aprendizagem. É a fonte de problemas específicos, manifestados mais tarde (especialmente, talvez, durante a adolescência), por exemplo, em afirmações de superioridade, ou encontrando defeito em tudo, ou odiando qualquer "novo desenvolvimento na personalidade, como se o novo desenvolvimento fosse um rival a ser destruído" (1962b, p. 98). O efeito desse tipo de processo, que pode *parecer* aprendizagem é, na verdade, inibir o conhecimento, em vez de promovê-lo. O processo é frequentemente tingido com superioridade moral, para Bion, uma das características de *DES*aprender (1962b, p. 98).

O grau da toxicidade e da intensidade das projeções relaciona-se com a resposta do bebê à frustração, frustração que naturalmente ocorre em qualquer experiência em que a necessidade não é imediatamente satisfeita. Se o bebê/aprendiz é intolerante, haverá uma tendência a tentar evadir-se da dor da ausência, da incerteza ou de não saber. Uma maneira de fazer isso é projetar mais maciça e insistentemente, até o ponto em que tanto do *self* é sentido como estando no outro que surge uma ilusão de que não há realmente qualquer diferença entre os dois, ou seja, entre o *self* e o outro. Como vimos no Capítulo 5, não havendo experiência de dualidade, não é necessário sentir separação ou inveja, mas, igualmente, nenhuma aprendizagem pode ocorrer. Bion sugere que uma forma alternativa de evitar a dor da frustração é voltar-se para fantasias de onisciência e onipotência como substitutos da temida

178 MODELOS DE APRENDIZAGEM

experiência de ser privado de alimento para o pensamento. "Conhecer", assim, torna-se algo que consiste em "ter" algum "pedaço de conhecimento" (um mal-entendido que com frequência ressoa em debates políticos sobre a educação e é sustentado pelo modelo de educação através de "mentores"). Isso é bem diferente do que se entende por K, uma capacidade que reside no processo mais complexo e difícil de "aprender" alguma coisa e se baseia na capacidade de tolerar tanto o sentimento de infinito (que sempre há mais para saber) e de dúvida (isso é, de ser capaz de não saber).

Uma característica de um determinado tipo de onisciência, aquele que decorre da falta de uma experiência de sustentação e integração suficiente entre bebê e mãe, é que há uma tendência a substituir a complexa discriminação ética entre a verdade e a mentira pela afirmação ditatorial de que uma coisa é moralmente certa e outro errada. Um conflito potencial surge, então, entre a afirmação da verdade e a afirmação da ascendência moral. Nesse caso, há uma tentativa de evitar a situação dolorosa de incerteza e conflito moral pela imposição irracional de certeza moral, sempre um obstáculo à aprendizagem genuína.

O bebê que tem capacidade de tolerar a frustração é capaz, na ausência do seio necessitado, de recorrer aos seus próprios recursos, mesmo que apenas temporariamente. Ele usa como substituto ao que Bion chama de "não seio" algo que equivale a um pensamento embrionário. Ou seja, faz uso de algo próprio para tolerar a dificuldade, iniciando assim, na visão de Bion, uma espécie muito precoce de aparelho de pensamento e aprendizagem. Esses recursos resultam de ter tido a experiência de uma mãe que é capaz, ela mesma, pelo menos em parte do tempo, de tolerar ansiedade e frustração; ou seja, da oportunidade de colocar para dentro, desde o início, aquela função específica da sua personalidade. Se ele não tem uma capacidade constitucional de suportar a frustração, nem

MARGOT WADDELL 179

a experiência de *rêverie* materna adequada, o bebê tentará, o mais vigorosamente possível, se livrar de tudo aquilo que o sistema físico/emocional sinta que é incapaz de digerir ou metabolizar.

Outro obstáculo para a aprendizagem nessa fase inicial, e que também é uma característica do vínculo –K, decorre do fato de que, em circunstâncias difíceis, o bebê estará na situação de ter que colocar de volta para dentro de si não apenas seus próprios sentimentos inalterados, mas também aquela parte do estado mental de sua mãe que foi incapaz de receber essas projeções. O bebê, portanto, deposita dentro de si não um objeto de entendimento, mas um de "mal-entendido deliberado" com o qual ele se identifica (1962a, p. 117).

Essas interações iniciais foram oferecidas por Bion como "modelos" para processos de pensamento e aprendizagem. Como tal, eles permitem uma diferenciação fundamental a ser estabelecida, seja para indivíduos ou para grupos, entre o tipo de aprendizagem e de pensamento que está a serviço do crescimento da personalidade e o tipo que a este se opõe, favorecendo, ao invés, aspectos do caráter que obstruem o desenvolvimento – superioridade, por exemplo, ou desonestidade, ou moralismo. Aspectos do componente grupal serão discutidos no próximo capítulo sobre "a família", mas algumas distinções amplas podem ser feitas aqui. Quando a mentalidade "K" predomina, o grupo é reforçado pela introdução de novas ideias ou pessoas, e o clima, como diz Bion, é "propício para a saúde mental" (1962b, p. 99). Por outro lado, sob a influência da mentalidade –K, emerge um tipo bem diferente de funcionamento, dominado pela inveja, ao qual Bion se refere como "grupo mentiroso". Nesse grupo, novas ideias e novas pessoas são despojados de seus significados. O grupo se sente desvalorizado por qualquer fonte de interesse ou significado que não seja gerada pelos seus membros. Como consequência, ele se torna

180 MODELOS DE APRENDIZAGEM

inviável como grupo. A rígida obstinação essencial de muitos processos grupais repousa em uma resistência inerente à mudança. A mudança é sentida como ameaçando a sobrevivência do grupo. A mudança coloca o grupo sob pressão para integrar aspectos do caráter e funcionamento que são sentidos como mais confortavelmente mantidos em outro lugar, atribuídos a outra pessoa, ou outro grupo.

K e –K implicam tipos de ligação fundamentalmente diferentes entre o *self* e o outro, seja individualmente ou nas relações de grupo. A capacidade do indivíduo de aprender é determinada tanto pelos tipos de dinâmica interna já discutidos, como pelos modos de aprendizagem dominantes em uma determinada família e cultura em dado momento. De fato, em qualquer situação, a qualidade da aprendizagem será significativamente influenciada pelas atitudes do grupo de ensino, ou seja, pelo fato do grupo promover ou desencorajar a honestidade no indivíduo. Especialmente em um ambiente educacional, o pensamento criativo pode ser prejudicado pela ativação de sentimentos de inferioridade e defensivos, pelo impulso à certeza que obscurece a penetração progressiva na área do desconhecido. Talvez não surpreendentemente, muito pouco mudou a respeito disso ao longo dos séculos, como podemos ver na descrição de George Eliot da desilusão de Daniel Deronda quando foi para Cambridge:

> *Mas aqui surgiu a velha rubrica que vinha aumentando com o seu crescimento. Ele percebeu a inclinação interna para compreensão e rigor divergindo cada vez mais do caminho marcado pelos padrões de exame: sentiu um descontentamento crescente com a futilidade fatigante e a tensão debilitante de uma demanda por excessiva re-*

tenção e destreza, sem qualquer visão sobre os princípios que formam as ligações vitais do conhecimento.

(1876, 1986, p. 220)

Como vimos, o tipo de pensamento que ocorrerá em qualquer situação de ensino é baseado em processos para os quais a relação mãe/bebê oferece o protótipo. O grau em que um indivíduo pode manter sua própria capacidade de pensar repousa, em grande medida, na natureza da aprendizagem que foi possível desde o início. Repousa naquelas defesas iniciais contra a dor psíquica, defesas que são inevitáveis na experiência da vida em qualquer fase ou idade. Como já foi sugerido, também repousa nos modos predominantes de identificação que se desenvolveram na tentativa de resolver o conflito central entre necessidade e frustração e, no fim das contas, entre amor e ódio. Voltamos à questão inicial: o bebê com dor tenta expulsar essa dor buscando livrar dela o *self*, projetando-a em um objeto continente, ou ele tem a capacidade e a oportunidade de introjetar uma experiência que pode amenizar a dor internamente? O terceiro tipo de identificação, o adesivo, já descrito, é particularmente visível quando se trata de descrever diferentes processos de aprendizagem. Como já observamos, este modo de ser tende a ocorrer defensivamente quando falta a tridimensionalidade de uma experiência continente e, em vez disso, se desenvolve um *self* bidimensional que se "gruda" no outro. Na ausência de uma estrutura interna, uma externa é considerada essencial para a sobrevivência. O resultado é que são sofridos tão poucos sentimentos de separação quanto possível, e muito pouca aprendizagem pode ocorrer. Na medida em que a aprendizagem ocorre, ela tende a ser baseada na memorização, e em métodos mecânicos que caracterizaram a experiência educacional de John.

182 MODELOS DE APRENDIZAGEM

Talvez esteja se tornando mais claro o quão complexa é a relação entre a aprendizagem cognitiva e a emocional e seus estados mentais subjacentes. A questão não é simplesmente que fatores emocionais afetam a capacidade do indivíduo de pensar, de aprender e de compreender, mas, sim, que a capacidade de realmente absorver as coisas, e usá-las para desenvolver uma imagem mais verdadeira do *self*-no-mundo, está enraizada em experiências muito iniciais.

Essa questão referente aos tipos de aprendizagem que contribuem para o desenvolvimento, e aqueles que o minam, vinculam a imagem Kleiniana do instinto de conhecimento à convicção de Bion de que cada indivíduo tem um desejo inconsciente de buscar experiências verdadeiras, a fim de conhecer o *self*; uma crença de que as pessoas fundamentalmente buscam a verdade. Experiências verdadeiras são, na sua opinião, o alimento para a mente. Experiências mentirosas são seu veneno. De certa forma, os aspectos positivos e negativos do "instinto epistemofílico" de Klein são muito semelhantes à formulação de Bion de K e –K. Klein traçou uma conexão próxima entre a aquisição precoce de conhecimento, sadismo e ansiedade. Ela sugeriu que o instinto epistemofílico inicialmente surgia no contexto do desejo ansioso da criança por explorar a natureza de seu mundo imediato, representado, nesse primeiro momento, pelo interior do corpo da mãe. Quando o bebê estava se sentindo necessitado e frustrado, esse desejo exploratório era motivado, na fantasia inconsciente, por impulsos negativos, invejosos talvez, de destruir, controlar ou tomar posse, eliminando rivais temidos. O estímulo principal era entendido como sendo de curiosidade voyeurista acionada pela ansiedade. Um pouco mais tarde, na opinião dela, o bebê começa a abrigar uma curiosidade que é mais parecida com sede de conhecimento do que com uma compulsão a "conhecer" as coisas. O desejo é compreender tanto o *self* como o outro, explorar o *self* na mente da mãe. Tal exploração se dá através dos tipos de processos projetivos que buscam a compreensão, e não a negação. As descobertas feitas podem ser reintrojetadas e utilizadas para conhecimento do *self* e para uma maior compreensão do mundo exterior. O primeiro tipo de investigação é profundamente hostil à aprendizagem genuína. Incentiva uma mentalidade que considera o conhecimento como uma coisa a ser "possuída", geralmente para fins ambiciosos, de rivalidade, competitivos e egoístas. E carrega consigo muitas armadilhas, como vimos com Simon, na medida em que desperta temores de impostura e provoca crises em momentos de sucesso, quando, por exemplo, surge um temor que as qualificações internas sejam inferiores à aclamação externa.

* * *

Vários exemplos breves podem transmitir uma noção da importância de discernir a qualidade da aprendizagem que está realmente acontecendo e sua precisa função na personalidade, em relação aos motivos e objetivos que lhe são subjacentes. Cada um dos exemplos tem sua própria particularidade, mas eles não são específicos a alguma idade de forma precisa. Podem ser tomados como representando aspectos reconhecíveis dos diferentes tipos de aprendizagem em discussão, qualquer que seja o real estágio de desenvolvimento mental das crianças e jovens descritos.

Susan tinha dois anos e meio. Ela estava lutando arduamente para aceitar a existência de seu irmão menor, Roy. Seu temperamento sempre tinha sido bastante irritadiço e nervoso, em contraste com a fácil e descontraída disposição de Roy. Depois do nascimento de Roy, seu relacionamento com a mãe tornou-se instável, tempestuoso, e ela tornou-se marcadamente mais próxima de seu pai intelectual, o qual, por sua vez, estava encantado com o intelecto precoce de sua filha e seu recém-descoberto carinho por ele. Nessa ocasião, Susan estava achando especialmente difícil não interferir e obstruir o que quer que Roy tentasse fazer. Ela insistentemente o "ofuscava" com suas habilidades superiores, especialmente sua destreza manual. Roy obstinadamente levava adiante seus projetos, sem se deixar abater pelos comentários desdenhosos. Observando, com crescente frustração, as repetidas sabotagens de Susan às tentativas de Roy de encaixar blocos de madeira de formatos diferentes em seus respectivos orifícios, a mãe ferozmente protestou: se Susan continuasse a comportar-se daquele jeito não poderia comer geleia no lanche. Apenas momentaneamente cabisbaixa, Susan imediatamente virou-se para o pai e perguntou se eles poderiam "brincar de escola". Ela sentou-se, como se em uma mesa de faz de conta, enquanto seu pai lhe fazia uma série de perguntas. Para um observador casual, as perguntas pareciam surpreendentemente sofisticadas para uma criança tão jovem: "Qual é o nome do primeiro-ministro?"; "Como é a bandeira da Grã-Bretanha?" etc. Susan respondeu a maioria das perguntas perfeitamente, para a alegria de seu pai. Mas quando cometeu um erro, ficou excessivamente ofendida, e veementemente contestou a honestidade dele.

Essa sequência simples descreve com grande clareza a forma como Susan precisava adquirir habilidades intelectuais para combater a sensação de ser deslocada por seu charmoso irmãozinho. Recorreu ao conhecimento de fatos para aumentar a sua confiança e permitir que, na fantasia, ela ganhasse seu pai por ser sua menininha inteligente, e ao fazê-lo, se convencesse, talvez, de que ser a companheira intelectual favorita do papai era de algum modo preferível à atenção da mãe para coisas de "bebê". Ela estava utilizando a reunião gananciosa de fatos e informações para mitigar seu desejo pela posição especial que ocupara como filha única de sua mãe. Em última análise, o papai inteligente, embora talvez fosse eficaz somente temporariamente, poderia funcionar como uma proteção frágil contra os sentimentos dolorosos do seu *self* ferido e deslocado. Havia um risco perceptível de seus pais obterem diversão e gratificação intelectual no *self*-menina-grande de Susan, e de seu *self*-bebê ser esquecido, em vez de ser compreendido de forma a ajudá-la a integrar esses sentimentos infantis em uma percepção dela mesma como uma pessoa verdadeira, e não como uma atriz (como vimos com Nick no Capítulo 5).

* * *

Desempenho mental é muitas vezes confundido com saúde mental, e os sentimentos desesperados por trás do funcionamento cognitivo são muitas vezes perdidos na aclamação social e educacional. Duas meninas adolescentes de alto desempenho foram encaminhadas para psicoterapia: Sandra era capaz e brilhante, mas anoréxica e muda; Claire havia ganhado uma bolsa de estudos para Cambridge, mas tinha crises frequentes de choro e angústia inexplicáveis. Ambas as meninas inteligentes e com problemas tinham sofrido perdas graves em torno dos cinco anos de idade: os pais de Sandra tinham se separado, e o irmão de Claire tinha morrido de meningite. Os pais de ambas descreveram como as meninas tinham se comportado bem na época, e o choque que tiveram ao descobrir que agora elas pareciam tão angustiadas. Logo ficou claro, não surpreendentemente, que tanto Sandra como Claire se refugiaram no desempenho escolar para não se envolverem com a sua tristeza intolerável. Cada uma delas havia tentado poupar os pais de mais angústia "lidando" com sua própria dor através do sucesso intelectual. Sua ira, culpa e raiva inconscientes, possivelmente até mesmo seu triunfo, foram "administrados" no reino socialmente aceitável da competitividade e realização. Isso se deu à custa da integração, em suas personalidades, dos aspectos de si

186 MODELOS DE APRENDIZAGEM

mesmas que, na época, elas não podiam suportar. Cada uma considerou necessário repudiar e atribuir outro lugar (em ambos os casos, em um irmão mais novo problemático e recalcitrante) a essas emoções perigosamente disruptivas.

* * *

O contraste entre os diferentes estados mentais em discussão é bem apanhado na descrição de George Eliot da diferença entre ser egoisticamente fechado dentro de uma atitude mental determinada e ser capaz de formar um senso de conexão com toda a existência humana comum:

> *É, na melhor das hipóteses, desconfortável ser o que chamamos de altamente educado e ainda não gozar: assistir a esse grande espetáculo da vida e nunca ser liberado de uma existência pequena, faminta – nunca ser totalmente possuído pela glória que contemplamos, nunca ter a nossa consciência entusiasticamente transformada na vivacidade de um pensamento, no ardor de uma paixão, na energia de uma ação, mas sempre ser acadêmico e sem inspiração, ambicioso e tímido, escrupuloso e com visão turva.*
>
> *(1872, 1985, p. 314)*

O tipo de aprendizagem que contribui para o crescimento da personalidade é o que se envolve com a vida com paixão e honestidade, mesmo se dolorosamente. É uma aprendizagem que incentiva a mudança, aquela que inspira o crescimento e capacita uma pessoa para pensar por si mesma e, assim, tornar-se mais autenticamente ela própria.

A capacidade de buscar essa aprendizagem pode vacilar ou parecer apenas esporadicamente possível. Ela está enraizada na natureza do modo de identificação que tenha predominado desde os primeiros dias, mas também é sensível, posteriormente, às complexas relações entre motivação interna e expectativa social. Como os exemplos anteriores demonstraram, constantemente podem ocorrer mudanças entre o tipo de aprendizagem que se mantém "erudito, mas sem inspiração, ambicioso e tímido", e o tipo que promove aspiração e esforços ulteriores.

8. A família

> *A experiência psicanalítica mostra que o caráter é profundamente marcado pelo modo preferido de aprendizagem, e esses modos preferidos são por sua vez profundamente influenciados pelos modos prevalecentes no grupo familiar e seu estado de organização.*
>
> —*Donald Meltzer*

No capítulo anterior, foi colocada ênfase considerável na natureza da relação mãe/bebê como protótipo de uma qualidade específica de pensamento e de aprendizagem, ou a falha em atingir essa experiência. À medida que a criança cresce, a continência inicialmente oferecida pela mãe se estenderá para ambos os pais, para a família, a escola, relacionamentos com seus pares, a comunidade em geral e, eventualmente, para ambientes profissionais e de trabalho. A maneira como o grupo familiar funciona pode agora ser vista em termos semelhantes aos discutidos em relação à mãe e ao

190   A FAMÍLIA

bebê: ou seja, como o grupo incentiva ou obstaculiza o desenvolvimento de seus membros individuais?

A "família" é vagamente concebida aqui como uma categoria normativa, designando o grupo ou grupos de cuidado dentro dos quais a criança está sendo criada. A família pode ser um grupo de dois, um pai/mãe único e seu filho, ou pode compreender uma multiplicidade de relações, como novos parceiros, meio irmãos e irmãos emprestados. O que está em questão é a forma de descrever as maneiras predominantes de se relacionar em qualquer grupo, seja complexo ou simples. Será feita uma tentativa de caracterizar uma gama de possíveis tipos de família em termos de como cada uma pode ajudar ou atrapalhar o crescimento emocional daqueles que a ela pertencem. A questão é sempre saber se o agrupamento contém e ampara, ou se inibe o potencial de desenvolvimento e os movimentos de separação da criança. Naturalmente, estados de esclarecimento ou de opressão no ambiente social e político mais amplo têm uma influência significativa sobre a forma como qualquer família se desenvolve. As questões de raça, classe, economia, saúde, habitação, isolamento, empregos, amigos, escola etc. desempenham um papel importante na capacidade da família de manter o equilíbrio entre as inter-relações emaranhadas e em constante mudança dos seus membros. No entanto, quaisquer que sejam as pressões das circunstâncias externas, a maneira como se lida com elas é significativamente determinada pela forma como funciona a própria família internamente. É uma questão, por exemplo, relacionada à tendência da família a organizar-se em torno da intolerância à dor e à adversidade, por um lado, ou, por outro, organizar-se em torno do prazer e da promoção de esperança e bem-estar, sejam quais forem as circunstâncias externas.

A última parte do capítulo utilizará uma estrutura conceitual específica que tornou mais clara a complexidade da visão psicanalítica da vida familiar, preferencialmente à sociológica. A ênfase será na dinâmica interna que informa e determina fortemente a qualidade das relações familiares. Essas dinâmicas decorrem das funções emocionais predominantes realizadas pela pessoa, ou pessoas, que carregam as principais responsabilidades parentais. Tais funções incluem "gerar amor; promulgar ódio; promover esperança; semear desespero; conter a dor depressiva; emanar ansiedade persecutória; pensar; criar mentiras e confusão" (Harris & Meltzer, 1977, p. 154).

Essas categorias emocionais não são exaustivas, mas fornecem modelos úteis para reflexão e, entre elas, abrangem um amplo espectro dos tipos de cultura familiar em que a criança individual estará tentando crescer. Sem entrar nos detalhes descritivos de cada categoria, é possível fazer algumas ligações com os diferentes tipos de aprendizagem já descritos. As questões determinantes serão vistas como muito semelhantes àquelas anteriormente discutidas. Elas se vinculam principalmente com a relação entre estados mentais adultos e infantis, com o grau de continência disponível e com os tipos de identificação que vêm acontecendo desde os primeiros tempos. Como anteriormente, o fluxo é um fator constante, e deverá ser permitido em qualquer descrição esquemática desses processos de vida.

Uma análise geral da dinâmica familiar pode oferecer um conjunto mais específico de ligações entre funções emocionais e modos de aprendizagem. Um indivíduo entra na instituição da família pelo nascimento. Como os termos da discussão que se segue referem-se principalmente a uma família de pai e mãe, deveria, talvez, ser enfatizado que, quer os pais biológicos estejam ou não presentes no momento do nascimento, eles originalmente se uniram no momento da concepção do bebê. Quaisquer que sejam as complexidades do evento real, a mãe continua a relacionar-se

192 A FAMÍLIA

internamente, se não externamente, com o elemento paterno na origem e ser do seu bebê.

Na situação convencional, é no momento do nascimento que o que era, antes, essencialmente uma dinâmica de relacionamento de um casal (embora influenciada pelas respectivas figuras parentais internas), torna-se parte de uma realidade externa. Esta instituição já é, portanto, a combinação de várias outras, a mãe e sua família interna e externa, o pai e sua família interna e externa. Esta é uma afirmação bastante simples, mas em termos da formação e amadurecimento de uma família, o nascimento do bebê tem que ser visto como um tipo singular de evento, no sentido de que ele marca o início da dinâmica que irá gerar padrões de relacionamento contínuos e bastante específicos no futuro dessa família. Com o nascimento, ou mesmo, talvez, com a concepção, forma-se um triângulo que pode já ser parte de um triângulo interno ou de uma fantasia inconsciente compartilhada entre o casal. Agora se torna um triângulo visível, no lugar de um simplesmente interno e, portanto, introduz nas alegrias recém compartilhadas e laços de paternidade uma gama de possíveis problemas: problemas de exclusão, de marginalização, ciúme e concorrência, por exemplo. Pode haver uma sensação de perda, bem como de ganho imensurável.

A mudança de casal para família poderá trazer à tona aspectos do relacionamento entre os pais que eles não terão experimentado antes. O nascimento do seu bebê pode evocar em cada um não só sentimentos de cuidado, dedicação, proteção, profundamente amorosos, mas também sentimentos bastante infantis, possivelmente hostis e dependentes. As assimetrias aparentes entre o adulto fisicamente forte e o bebê impotente e fraco podem ser sentidas como sendo menos simples do que parecem, pois junto com o desamparo real da criança, há o impacto extremamente poderoso de seus estados emocionais. Junto com a capacidade de resposta madura e sensível da mãe, há outros sentimentos de incerteza e ambivalência recém provocados. Podem ser despertadas reações precoces e bastante complexas, as quais foram estabelecidas na relação com a sua própria mãe. Tais emoções podem ser experimentadas com uma intensidade que faz com que ela sinta, às vezes, ela própria como uma criança impotente.[1]

Com o passar do tempo, aspectos particulares dessas interações, tanto entre os pais como entre cada um dos pais e o bebê, podem adquirir significado especial. Por exemplo, o grau da ansiedade despertada pelas emoções e comportamentos infantis irá variar de pais para pais. As mães têm habilidades diferentes para conter a angústia e a ansiedade e para estarem cientes das áreas de semelhança e diferença entre as suas próprias necessidades e as de seu bebê. Da mesma forma, os pais têm diferentes capacidades para conter o estado mental do bebê, e sua própria capacidade de suportar a intensidade da relação entre mãe e filho estará sendo testada pela primeira vez. Sentimentos de exclusão podem ser reevocados, sentidos ou reais, podendo emergir um ressentimento por ter sido deixado de fora do que agora se tornou, mesmo que apenas temporariamente, o casal principal. As respostas a essa situação por parte do pai ou da mãe serão profundamente afetadas pela dinâmica do passado em suas próprias famílias, por dinâmicas atuais que estão sendo estabelecidas e, posteriormente, por outras ainda por vir, cujas raízes estão sendo estabelecidas nesses primeiros dias de vida familiar.

Pode levar algum tempo, até mesmo anos, antes que uma dificuldade não resolvida nesses relacionamentos iniciais faça sua aparição na família, geralmente sob o impacto de algum tipo de estresse renovado. No exemplo a seguir, a tensão era a do início da adolescência. A família Willis tornou-se cada vez mais perturbada pela atuação[2] violenta do seu único filho, Andrew, com quatorze

194   A FAMÍLIA

anos. A família veio discutir suas preocupações com o comportamento excessivamente agressivo de Andrew em relação à sua mãe. Também havia conflitos no relacionamento conjugal, ainda mais incitados pela disparidade entre a hostilidade entre mãe e filho e o vínculo cada vez mais próximo e afetivo entre pai e filho.

Descobriu-se que, na época da gravidez e nascimento de seu filho, a autoestima e confiança da Sra. Willis estavam extremamente baixas. Sua angústia foi reforçada por dois fatores principais: não só o relacionamento sexual com seu marido estivera fisicamente doloroso para ela durante um longo período de tempo, mas pouco antes de engravidar, ela tivera que remover um tipo incomum de cisto (um cisto dermatoide), cuja natureza, contendo pedaços de cabelo, glândula e unhas, ela achara repulsiva. Quando o bebê nasceu, ela o experimentou como uma mistura do horrível e do perfeito. Ela não podia permitir-se acreditar que seu filho era realmente um menino normal e bonito, e não o monstro a que ela mesma havia se convencido de estar prestes a dar à luz. Ela queria dar o "bebê bom" para o marido "guardar" e, de fato, em grande medida ela deixou Andrew aos cuidados de seu pai. O "bebê desagradável" ela "manteve para si mesma". Não surpreendentemente, a relação entre o bebê e a mãe tornou-se muito perturbada, constantemente minada, ao que parece, pelos medos da Sra. Willis em relação à sua própria maldade e autoaversão, medos que ela não conseguia manter separados de seus sentimentos por seu bebê.

Era muito impressionante a extensão em que a cisão monstro/santo, que teve origem na ansiedade da Sra. Willis e nos seus problemas conjugais, expressou-se mais tarde na personalidade e comportamento reais do menino, tornando-se o foco do trabalho terapêutico. O curso que tomava o desenvolvimento de Andrew ressoou com as dificuldades da família, e contribuiu para elas, sobretudo os temores da mãe quanto a ter uma criança deformada

– a "deformidade" agora sendo expressa no comportamento perturbado e perturbador de Andrew (ver Capítulo 2).

Esse exemplo doloroso e bastante dramático oferece uma representação extrema de uma dinâmica que é facilmente reconhecível nas interações familiares mais comuns. Ou seja, a maneira como um membro da família pode perceber a si mesmo, e de fato se comportar, está intrinsecamente relacionada com o estado interno de outro membro da família ou do casal parental, ou até mesmo do grupo como um todo. Às vezes, parece que uma pessoa pode assumir certos traços de caráter que, de alguma forma, foram inconscientemente atribuídos, fixados e aceitos pelo grupo desde muito cedo.

A própria família pode, em algum nível, estar bastante consciente dessas "atribuições" e perturbada com suas manifestações, mas pode não estar ciente da fonte. De fato, com famílias vistas em tratamento, esses papéis manifestos muitas vezes são trazidos, de uma forma ou de outra, como sintomas, especialmente se presentes em uma das crianças. Em outras palavras, o que é considerado o "problema" da família é levado à terapia para ser removido ou curado: por exemplo, a criança que tem fraco desempenho, o adolescente fóbico, o bebê chorão. Percepções polarizadas e excessivamente simplistas são comuns: "Ela é silenciosa, ele é o malandro barulhento". "Ele está se saindo muito bem, ela não levanta um dedo." Tais percepções muitas vezes descrevem visões firmemente arraigadas sobre a personalidade de uma criança, mas podem vir a representar diferenças e divisões que se encontram escondidas no tecido das relações familiares. O funcionamento individual e o de grupo, portanto, não são separáveis de maneira simples. O que foi esclarecido pelo trabalho psicanalítico com famílias é a maneira como aspectos perturbados do indivíduo encontram expressão no grupo familiar, e como aspectos problemáticos do grupo familiar

196   A FAMÍLIA

podem encontrar expressão no membro individual. Ao tratar a própria família como uma espécie de entidade psíquica, os processos inconscientes subjacentes a esse complexo emaranhado de encenação e atribuição podem se tornar um pouco mais claros.

Vimos como, desde os primeiros dias, uma pessoa em estado mental ansioso experimentará a si mesma e ao outro (originalmente a mãe que alimenta) de formas extremas, ou como muito bons ou como muito ruins. Nos estados mentais iniciais, essa divisão é considerada necessária a fim de preservar um senso de unidade, ou de integridade do *self* e do outro. Ou seja, os aspectos de cada um que são sentidos, por qualquer razão, como inaceitáveis devem ser mantidos fora da consciência. Na família, da mesma forma, um sentido de unidade, seja a do indivíduo ou do casamento, ou do grupo, pode ser preservado atribuindo-se as boas qualidades a um membro da família e as más a outro. A fim de experimentar a si mesmo como, por exemplo, tolerante e responsável, o casal parental, ou o grupo, pode ter que cindir[3] os seus impulsos agressivos e delinquentes em um dos membros da família, que então passa a ser designado como o problemático. Em alguns casos, grande parte da atribuição de culpa, por mais desagradável e potencialmente prejudicial, pode ser feita de forma bastante explícita e consciente. Mas também acontece muitas vezes de uma criança se tornar a personificação de certas características dos pais e/ou de conflitos familiares que *não* são abertamente expressos; apenas secretamente e, muitas vezes, inconscientemente, através dessa infeliz criança. Esse processo é explorado na peça de Edward Albee, *Quem Tem Medo de Virginia Woolf?*. Nela, as mágoas, ódios, amarguras e inadequações do casal são cindidos[4] e projetados em uma criança que nem sequer existe. Se, ao olhar para essas cisões na situação terapêutica, a ansiedade subjacente, seja ela de separação, fracasso, hostilidade, medo, ou mesmo talvez loucura, puder ser apresentada e compreendida em relativa segurança, as projeções podem ser reconhecidas e a responsabilidade por elas ser assumida. Elas podem então ser mantidas no local ao qual pertencem, em vez de terem que ser atribuídas a outro, seja o grupo ou o indivíduo.[5]

É inevitável, em uma família, que atribuições mais ou menos benignas ou malignas sejam constantemente feitas, em grande medida com base nesses tipos de identificações inconscientes. As maneiras como elas são exercidas em determinada família são naturalmente bastante complexas. Mas, em geral, é claro que quanto mais insistentes e contundentes forem as projeções dos pais, maior será o perigo da criança assumir e se tornar introjetivamente identificada com essa versão atribuída por eles, à custa da sua verdadeira identidade. Da mesma forma, um pai/mãe, ou os pais, quando sujeitos pela criança a acusações constantes e incansáveis de, por exemplo, ignorância ou inadequação, começam a se identificar com essas acusações, a perder a fé nas suas capacidades parentais reais ou até mesmo a se comportar de forma ignorante e inadequada.

* * *

Esses processos podem funcionar de forma bastante imediata e de curta duração, muitas vezes como expressões temporárias de ansiedade, desafio e experimentação, tanto quanto qualquer outra coisa. Mas também podem funcionar de formas mais prolongada e perturbadora, em que os indivíduos envolvidos tornam-se limitados por atribuição de características que podem seriamente afetar e distorcer o seu desenvolvimento. Na família Chiltern, por exemplo, a Sra. Chiltern tinha um relacionamento muito próximo e amoroso com seu filho, Peter, cujo comportamento frequentemente grosseiro e pouco cooperativo era fonte de constantes discussões com seu pai, especialmente em função do seu mau

198 A FAMÍLIA

desempenho escolar. Embora abertamente beligerante, Peter sentia-se desmoralizado por ser alvo de críticas constantes, e estava perdendo rapidamente toda sua autoestima. Ainda que conscientemente desaprovasse e ficasse chateada com as tensões entre Peter e seu pai, constatou-se que a Sra. Chiltem também ficava em certa medida satisfeita por elas. Através do filho rebelde, seus desejos frustrados de discutir com seu marido estavam sendo satisfeitos e, através de seu marido, as contas estavam sendo acertadas com seu próprio pai. Na verdade, na escolha do seu marido, com quem a Sra. Chiltern tivera uma relação hostil e fria por muitos anos, ela encontrara um homem semelhante a seu pai em aspectos importantes. Ela não era capaz de expressar qualquer agressão explícita para nenhum deles. Resolver os problemas no âmbito devido, ou seja, no relacionamento conjugal, era sentido, inconscientemente, como sendo potencialmente muito explosivo.

No caso da família Dean, também era possível ver mecanismos operando através das gerações, bem como dentro de uma mesma geração. Nessa família, uma filha, Mary, era considerada atraente, bem sucedida, gentil e popular, e o filho, Christopher, era considerado difícil, socialmente isolado, mal-humorado e com desempenho ruim. Com o tempo, foram reforçados os contrastes que, de maneiras veladas, haviam se estabelecido desde o início: todas as boas qualidades sendo atribuídas a Mary, que brilhava; e todas as más, a Christopher, que falhava. O processo ocorria em detrimento de cada criança, pois em nenhum dos casos o outro lado da imagem era reconhecido, para que Mary pudesse ter suas deficiências e Christopher seus méritos.

Tanto na família Dean como na Chiltern, os problemas ocorreram na medida em que falharam esses mecanismos de cisão[6] e projeção, que haviam sido inconscientemente adotados para manter uma espécie de equilíbrio familiar desconfortável. Não apenas os sentimentos e impulsos destrutivos, mas também os mais positivos, na verdade exageradamente bons, foram parcelados em membros individuais das famílias, de forma que as características ficaram super ou sub-representadas em um único indivíduo. Nesses casos, a função da identificação projetiva era claramente, em primeiro lugar, defensiva, e escondia ansiedades, necessidades e sentimentos reprimidos não elaborados por parte dos pais. Com o passar dos anos, a percepção de cada uma dessas crianças em relação a si mesmas era uma combinação complexa: das maneiras como seus pais as haviam percebidos e tratado; de aspectos das disposições, impulsos e ansiedades de cada criança; e das diferentes circunstâncias de suas infâncias.

É possível rastrear com alguma clareza, no contexto familiar e nas primeiras experiências de Mary e Christopher, as maneiras como os problemas internos de um grupo familiar podem tornar-se internos para o indivíduo, e como problemas internos do indivíduo podem ser externalizados no grupo. Seus pais haviam casado no início da última guerra. A Sra. Dean teve uma infância triste, tendo permanecido passiva em face da privação emocional imposta a ela por uma mãe que, talvez como resultado de seu próprio passado profundamente infeliz, tornara-se um tanto invejosa e opressiva. A Sra. Dean estava comprometida em tentar não reproduzir a mesma situação com seus próprios filhos. Seu marido também tivera uma infância financeira e emocionalmente pobre, mas foi menos afetado por ela, tendo compensado a falta de atenção de seus pais bem-intencionados, mas que trabalhavam demais, obtendo uma bolsa de estudos em tempo integral e separando-se cedo das expectativas de intimidade familiar e cultura do grupo de iguais.

Christopher era o primeiro filho deles e nasceu durante a Blitz. O Sr. Dean estava à época lutando na guerra, e sua nova esposa foi deixada sozinha com um bebê pequeno, enquanto as bombas caíam sobre o centro de Londres. No final da guerra, nasceu um segundo filho, Mary. Durante o confinamento, Christopher foi enviado para uma creche até então desconhecida, e retornou dez dias depois, uma bola de fúria tempestuosa e ciumenta, nunca tendo perdoado a irmã por ter nascido, nem seus pais, em especial sua mãe, pela traição. Sua raiva fluía sem atenuação, até que, desesperados para controlar suas provocações persistentes e atos daninhos, e preocupados com sua incapacidade de aprender ou absorver as coisas, seus pais, apesar de financeiramente desprovidos, o enviaram para a escola interna aos sete anos. Eles acreditavam que a Inglaterra institucional proporcionaria o cenário disciplinar de que ele precisava. Eles tinham pouca familiaridade com a relação entre continência e coação, entre estruturas de compreensão e estruturas de repressão. Tampouco estavam cientes dos repetidos e cada vez mais ferozes ataques à sua filha pequena durante as férias escolares. Mais tarde, descobriram que ela tinha sido aterrorizada, silenciada e sujeita a assédio moral, submetida a Christopher e seu grupo local de companheiros perseguidores. Pelo que seus pais sabiam, Mary estava feliz, com ótimo desempenho e rodeada por amigos; seu irmão, infeliz, isolado, problemático e em nada sendo bom. Ambos os filhos casaram-se com parceiros tirânicos. Ambos os casamentos falharam.

Alguns elementos interessantes emergem desse esboço. Os problemas de Christopher não começaram quando sua irmã nasceu. Posteriormente, sua mãe descreveu para Mary o bebê difícil ele havia sido desde o início, e como se sentira despreparada para lidar com ele, seu primeiro filho, sozinha na Londres devastada pela guerra, com pouca experiência com bebês e nenhum apoio. Ela contou como ele parecera nunca buscar qualquer contato emocional, mesmo quando era um menininho; nunca quis ser abraçado ou mimado, nem parecia sentir falta dela, tendo sido sempre "ferozmente independente", como ela compreendia. Havia um contraste muito grande com ela, Mary, que parecera um bebê perfeito desde o início. "Ele era uma pequena criatura estranha, mas me senti em casa com você desde o momento em que pus os olhos em você", Mary relatou que sua mãe lhe dissera.

Na família Dean, aspectos das dificuldades dos pais, embora bravamente combatidos, eram, não obstante, expressos em suas altitudes polarizadas em relação aos seus filhos. Por razões circunstanciais, bem como emocionais, nenhum dos pais tinha tido muitas oportunidades para resolver suas próprias dificuldades, e versões caricaturais dessas dificuldades posteriormente encontraram expressão nas vidas de Christopher e Mary. Desde o início, muito depende do destino dos sentimentos sádicos, de frustração, irritação, agressão, e medo, inevitáveis, até certo ponto, na educação de qualquer criança. Em uma família onde o pai/mãe, ou os pais, não podem suportar a dor mental oriunda de ansiedade e medo, nem a forma como ela é normalmente expressa, ou seja, através da raiva, o bebê ou criança pode ser deixado lutando com seus próprios sentimentos, não só não modificados, mas talvez, ainda pior, aumentados, se os sentimentos de raiva e inadequação dos pais forem empurrados de volta para o jovem assustado (ver Capítulo 4).

Nessa situação, há diversas opções possíveis para a criança: desconectar-se de relacionamentos e desenvolver uma pseudoindependência, amedrontada demais para arriscar buscar e não encontrar a resposta necessária; tentar projetar com ainda mais força, como se batendo com a cabeça contra o que é sentido como uma parede de tijolos mental; ou dividir seus sentimentos, mantendo os bons em um relacionamento e colocando os ruins em outro lugar. Este último processo se torna reconhecível quando,

202 A FAMÍLIA

por exemplo, a criança "de ouro" em casa torna-se o terror da escola, ou uma criança passa a ser a "boazinha" em detrimento de outra "vilã", como ocorreu com Mary e Christopher. A criança que consistentemente projeta sentimentos ruins e destrutivos em, ou dentro de um adulto (seja ele um dos pais ou mais tarde, talvez, um professor), que não consegue contê-los e, assim, modificá-los, muitas vezes acredita que aquela pessoa se tornou a personificação dos impulsos agressivos. Posteriormente, essa criança internaliza uma figura persecutória e culpabilizante, que é percebida como constantemente desafiando e minando quaisquer boas intenções ou sentimentos mais nobres. A criança pode, então, procurar livrar-se dessa figura novamente, tentando fazer outra pessoa abrigá-la ou sentir como é a sensação de ser deixada com ela. Essa é uma fonte do impulso de intimidar, de fazer *bullying*.[7]

Dependendo da qualidade dos modelos internos e externos de paternagem na família, os tipos de cisão e projeção que acabamos de descrever serão equilibrados por outros processos, nos quais podem ser mantidas as capacidades parentais capazes de sustentar estados mentais, digerir a dor e tornar sentimentos difíceis mais manejáveis para a criança. As funções parentais, em qualquer fase da unidade familiar em evolução, continuam a ser as que caracterizam o estado mental inicial da mãe "em *rêverie*": um tipo específico de receptividade inconsciente, bem como consciente, que envolve a capacidade de ser "continente e consciente" de seus próprios sentimentos infantis, e de se relacionar com o seu próprio filho em seu contexto particular (ver Capítulo 3).

O casal parental, como consequência de ser capaz de manter as fronteiras geracionais e de conter os aspectos carentes e dependentes um do outro, bem como das crianças, pode, entre o pai e a mãe, desenvolver capacidades conjuntas para incentivar esses mesmos pontos fortes em seus filhos. Com a oportunidade de internalizar esses tipos de funções parentais adultas, as crianças também podem encontrar a liberdade para se tornarem elas próprias, sem serem excessivamente invadidas por aspirações e anseios de outros. Assim, podem ser capazes de ter sua própria experiência e aprender com ela, em vez de serem as destinatárias de pensamentos e sentimentos projetados que, de outra forma, iriam interferir no processo de "crescer". As capacidades de generosidade e contenção do pai/mãe, ou dos pais, impedirão que as projeções comunicativas comuns de estados mentais e emocionais adquiram força excessivamente nociva, do tipo que tornou tão difícil a vida das famílias aqui descritas.

Ao explorar o tipo de família que pode amparar e apoiar o crescimento emocional e o desenvolvimento de seus membros, a ênfase é nas qualidades, atributos e funções, e não em papéis estereotipados. Nesse sentido, é possível que uma mãe ou pai solteiro possa abranger e combinar dentro de si os vários aspectos do caráter, resiliência, força e integridade que carregam o etos de um casal com funcionamento familiar benigno. É a combinação de tais qualidades, seja compartilhada entre os pais ou sustentada por somente um deles, que se presta mais plenamente ao incentivo de processos de aprendizagem, sejam emocionais ou cognitivos, do tipo que mais é capaz de atender demandas internas e externas. A aprendizagem desse tipo está enraizada, como vimos, em uma cultura familiar em que o pai/mãe ou os pais são capazes de gerar amor, promover a esperança, conter a dor e pensar. Essa cultura oferece à criança as capacidades conjuntamente criativas das funções internas materna e paterna, quer ambos os pais estejam ou não realmente presentes.

Em termos externamente visíveis, pode ser difícil distinguir entre essa forma de ser, que promove de forma tão clara o desenvolvimento de uma criança, e o que pode ser chamado de "família de casa de boneca". Nessa situação, em termos caricaturais, os objetivos da respeitabilidade, segurança e conformidade podem ser excessivamente valorizados pelos pais. Tais objetivos muitas vezes resultam da observação e imitação de papéis parentais, antes que haja uma disponibilidade interna para assumir as responsabilidades da paternidade genuína. Provavelmente, todos os pais preocupam-se em alguma medida com as pressões externas de posição social, realização etc. O verdadeiro problema surge quando essas questões são percebidas como as únicas que importam, ou quando o fato de que elas importam é negado. Em ambos os casos, os pais podem ficar cegos para quem seu filho realmente é, pois é difícil para eles serem capazes de tolerar o grau em que os seus filhos podem, de fato, ser diferentes de suas aspirações. Ser sensível às necessidades e esperanças independentes das crianças baseia-se na capacidade madura de suportar a perda e a separação, em vez de estar preso a uma imitação infantil do que é considerado "ser pai/mãe".

Famílias em que a posição social e "ser bem-sucedido" são excessivamente valorizados, muitas vezes obtêm considerável sucesso econômico e social. Mas, para as crianças, pode haver custos pessoais ocultos. Pode haver, por exemplo, pressão excessiva para se encaixar nas características da família, sair-se bem, ser bom, ser bem sucedido e não causar problemas. Pode haver uma constante ameaça oculta de que retrocessos serão percebidos como catástrofes, que falhas mínimas levarão a um desastre. Envolver-se devidamente com o Mundo das Circunstâncias[8] não é uma opção fácil para as crianças desse tipo de família, a menos que encontrem algum apoio externo para ajudá-las a se libertar e tentar fazer as coisas à sua própria maneira, em vez de à maneira dos seus pais.

Qualquer uma das outras funções emocionais amplas e mais negativas (semear desespero, promulgar ódio, emanar ansiedade, criar mentiras e confusão) poderá estar subjacente às culturas de famílias em que o modo dominante tende a ser o de cisão e projeção anteriormente descrito. Dos muitos tipos possíveis de cisão "estrutural", alguns podem ser brevemente delineados aqui: cisões estereotipadas em papéis de gênero podem resultar na predominância de um grupo matriarcal ou patriarcal, cada um emitindo convites à criança para se juntar a um dos pais ou submeter-se à autoridade dele em detrimento do outro. Alternativamente, a cisão pode ser *entre* gerações, por exemplo, onde a criação dos filhos é baseada na crítica e rejeição por parte dos pais a seus próprios pais. Nessa situação, a paternidade tende a ser baseada em ideias sobre como educar filhos em geral, em vez de uma compreensão das necessidades e anseios particulares de cada criança.

Também pode ocorrer uma cisão entre a família e o mundo exterior, uma cisão em que, por razões de perversidade, perseguição ou mágoa, a família entra em confronto com vizinhos ou com a comunidade e prevalece um ambiente predatório, de apoderar-se dos restos dos outros, de tirar vantagem e triunfar sobre os outros. Há muitas vezes uma profunda suspeita quanto aos motivos dos outros, especialmente aqueles dos chamados cuidadores, quer em termos de serviços de saúde ou educação. As funções introjetivas de pensar, planejar, alimentar e conter a dor tendem a ser mínimas nesse tipo de grupo. Muitas vezes, fomentar ódio e semear desespero por métodos projetivos caracterizam o modo de funcionamento da família, com a consequência de que a ação pode acabar tomando precedência sobre o pensamento. A ação ocorre principalmente entre a família e o mundo exterior, mas também pode assumir proporções muito cruéis dentro da família. Aquele imediatamente abaixo na hierarquia torna-se perseguido pelo imediatamente acima.

Em qualquer um desses cenários de adversidade, a questão não é normalmente referente às intenções conscientes dos pais, mas

206   A FAMÍLIA

sim à fragilidade das suas capacidades internas inconscientes. Os pais "bem-intencionados" podem, não obstante, constatar que, para sua angústia e consternação, seus filhos estão reencenando aspectos deles mesmos, passados ou ocultos, ou estão sofrendo de formas que misteriosamente se ligam a padrões de sua experiência pouco conhecidos, mas reconhecíveis. Esses podem ser alguns dos quais parece impossível escapar ou mudar.

Essas são caracterizações um tanto radicais, mas podem transmitir uma ideia da força que essas culturas familiares amplas podem exercer em termos de vincular a criança a um modo de ser que limita, em vez de promover, seu potencial criativo. Há muitas outras: há famílias para as quais o cuidado com "o que os vizinhos vão dizer" prevalece sobre questões de princípio, ou obstrui um registro suficientemente sensível de prazer ou sofrimento; há famílias em que a atitude "Não me importo, desde que você esteja feliz" é desmentida pela competitividade velada e a preocupação com a ambição, o que não passa despercebido pela criança; há famílias cujos temores de inadequação prevalecem, sob o disfarce de superioridade aparentemente inflexível e incomparável, sempre sabendo mais; ou há aquelas que não conseguem se recuperar de reveses econômicos ou físicos, permanecendo cronicamente derrotadas ou ofendidas.

A maioria das famílias funciona, por vezes, em algum ou todos os modos citados anteriormente. Mas a ênfase aqui é nos tipos subjacentes predominantes descritos por Harris e Meltzer, e não em características temporárias. Cada tipo de atitude da família atesta uma dificuldade compartilhada para integrar diferentes facetas da experiência, tanto boas como ruins, para tolerá-las e processá-las de maneira que, como um todo, honestidade e integridade possam orientar os relacionamentos dentro do grupo e fora dele. Circunstâncias familiares difíceis irão, de certa forma, inibir, mas não necessariamente determinar, o desenvolvimento de uma criança. A própria resiliência e constituição da criança podem, especialmente com apoio externo, encontrar uma maneira de manter vivas no *self* as qualidades que podem capacitá-la a sobreviver à adversidade familiar, e não tanto rejeitá-la, mas ser capaz de desligar-se, quando necessário, das influências familiares mais nefastas.

Mais afortunados são aqueles que pertencem a famílias onde há uma capacidade dos pais para reconhecer e manter um equilíbrio entre as forças construtivas e destrutivas: manter a esperança, permitir que os filhos sofram apenas o que está dentro de sua capacidade, e saber que certo grau de ansiedade é necessário como um estímulo para o crescimento. As crianças podem, então, desenvolver a coragem, confiança e respeito por si e pelos seus pais, de cujas qualidades derivam vitalidade e uma sede de conhecimento, veracidade e compreensão.

Notas

1. O mito de Édipo original descrito no Apêndice expõe, com grande clareza, a natureza da dinâmica familiar interna na medida em que ela é colocada em cena (se não for modificada) de uma geração para a seguinte.

2. *Acting out.* (N. do T.)

3. *Split off.* (N. do T.)

4. *Split off.* (N. do T.)

5. Para maiores esclarecimentos sobre esses processos, ver Graham, R. (1998). In the Heat of the Moment: Psychoanalytic work with families. In R. Anderson & A. Dartington (Eds.), *Facing it Out: Clinical perspectives on adolescent disturbance.* London: Duckworth.

6. *Splitting.* (N. do T.)

208 A FAMÍLIA

7. Para maiores esclarecimentos sobre esses processos, ver Waddell, M. (1998). The Scapegoat. In R. Anderson & A. Dartington. Op. cit.

8. *Keats.* (N. do T.)

9. Puberdade e adolescência inicial

Com o tempo, quem sabe, a agitação
da inexperiência teria passado...
—*Pushkin*

A puberdade é o momento em que ocorrem mudanças corporais com maior rapidez do que em qualquer outro período na vida, exceto no útero. Essa rapidez das mudanças naturalmente traz com ela uma enorme reviravolta psicológica. E, no entanto, a distinção entre os estados mentais associados com o momento final da latência (dez ou onze anos) e aqueles associados com o início da puberdade (doze ou treze anos) é complexa; e não é necessariamente tão intimamente ligada às mudanças biológicas, como às vezes se supõe. As alterações fisiológicas da puberdade tendem a ocorrer mais cedo do que as emocionais, especialmente nas meninas – muitas das quais estão começando a menstruar e desenvolver características sexuais secundárias aos dez anos de idade, ou mesmo aos nove. Tradicionalmente, considerava-se que o fisiológico e o emocional coincidiam. Mas agora é feita uma discriminação entre as mudanças corporais que parecem anunciar o início da puberdade e as trocas nos estados mentais na mente e emocionais que marcam psicologicamente a transição de uma fase da vida para outra. A capacidade física para ter um bebê é totalmente distinta da prontidão emocional para ter um namorado. Assim, embora os anos de puberdade estatística e cronologicamente reconhecidos geralmente caiam aproximadamente entre as idades de doze e quatorze ou quinze anos, é diferente compreender onde a parte "psíquica" dessa mudança psicossexual encontra seu lugar no desenvolvimento global da personalidade, ou deixa de encontrá-lo. Pois, como de costume, se trata de uma questão de estados mentais, bem como de estágios de desenvolvimento.

É ainda mais difícil fazer uma distinção clara ou geral entre a puberdade e a adolescência propriamente dita, pois elas são inextricáveis de maneiras essenciais – a natureza da adolescência e seu curso são organizados em torno das respostas à turbulência da puberdade. A adolescência pode ser descrita, em termos restritos, como um ajuste complexo por parte da criança a essas grandes mudanças físicas e emocionais. Esse ajuste implica encontrar um novo senso de si-mesmo-mundo, muitas vezes duramente conquistado, na esteira da perturbação das atitudes e modos de funcionamento da latência. As formas como essa modificação no relacionamento com o *self* pode ser alcançada variam através de uma enorme variedade de comportamentos, de diferentes modos de defesa e adaptação, de ser o "comportado", "pseudoadulto", "bom" menino ou menina, ou ser o "rebelde", "drogadito", "suicida", menino ou menina "mau". Pode levar vários anos, ou mesmo décadas, para o tumulto se resolver. Para os adolescentes, a agenda psíquica é exigente: o ajuste da relação entre estruturas adultas e infantis, a transição da vida na família para a vida no mundo, a descoberta e o estabelecimento de uma identidade, especialmente em termos sexuais, em suma, a capacidade de gerenciar a separação, a perda, a escolha, a independência, e talvez a desilusão com a vida do lado de fora.

Este capítulo enfoca os fatos fisiológicos da puberdade e as respostas emocionais a ela. A adolescência abrange uma orientação mental e emocional específica em relação à vida, que normalmente é sintetizada pelos anos de juventude, mas que não é de forma alguma limitada a eles. Pois, como já mencionei (ver Capítulo 1), estados mentais adolescentes podem ser encontrados em uma pessoa de oito, dezoito ou oitenta anos de idade. O período mental ou psicológico entre a infância e a maturidade não ocorre necessariamente no momento tradicionalmente definido como "juventude".

Os adolescentes foram descritos como "uma multidão feliz-infeliz aprisionada entre a 'instabilidade' de sua fase de latência e o 'estabilizar-se' na vida adulta" (Meltzer, 1973, p. 51). O que significa, no ciclo de vida do indivíduo, negociar a adolescência? Qual é a sua função? Qual é o seu lugar, ou tarefa, no processo psicossocial de amadurecimento?

Em termos muito gerais, a adolescência é agora considerada muito importante no desenvolvimento de uma pessoa, um período crucial durante o qual aspectos essenciais da personalidade tomam forma e, eventualmente, organizam-se em uma noção mais coerente e estável de *self*. A noção de que a adolescência proporciona um período necessário para a reestruturação da personalidade é uma forma relativamente recente de compreender esse momento conturbado e emocionante. A visão deriva em grande medida da obra de Klein, que sempre se interessou pelo potencial emocional e intelectual do indivíduo, bem como pelos sintomas apresentados.

212 PUBERDADE E ADOLESCÊNCIA INICIAL

Antes de Freud, a adolescência tinha um significado especial simplesmente porque se considerava que ela constituía o início da vida sexual de uma pessoa. Mas depois que Freud afirmou ter descoberto a sexualidade infantil, a adolescência foi, em certo sentido, rebaixada. Na formulação clássica de Freud nos "Três ensaios sobre a teoria da sexualidade" (1905), a adolescência passou a ser definida como a época durante a qual ocorriam mudanças específicas, que implicavam um retrabalho dos impulsos sexuais infantis, para que eles pudessem ser integrados nos aspectos mais íntimos e amorosos das relações sexuais. Freud considerava que essa integração envolvia essencialmente três aspectos: a cristalização da identidade sexual; o encontro de um parceiro sexual; e a união das duas hastes principais da sexualidade, a sensual e a afetiva. Nesse período inicial, pouco foi dito sobre o crescimento emocional da personalidade como um todo, e foi atribuída enorme importância aos estágios iniciais de desenvolvimento na infância, que, pensava-se, estariam mais ou menos completos em torno dos cinco anos (as fases oral, anal e fálica). Anna Freud (1958) descreveu a adolescência como um "período negligenciado", um "enteado, no que diz respeito ao pensamento analítico" (p. 255).

Agora, porém, geralmente considera-se que os desafios da adolescência e sua resolução têm um papel importante na vida futura de uma pessoa, em termos do seu caráter e do crescimento da sua personalidade. Embora versões das pressões e complicações que muitas vezes irrompem no início da adolescência possam ter estado rondando por alguns anos, sua expressão completa e extrema geralmente começa com a puberdade. Nesse momento, ocorre uma reativação dos estados emocionais e impulsivos que estavam, de modo geral, suspensos ou "escondidos" durante o período de latência. Quando a criança na latência começa a amadurecer sexualmente, suas reações, fantasias inconscientes, pensamentos e

MARGOT WADDELL 213

desejos apaixonados ficam presos em um turbilhão de conflitos não resolvidos, e muitas vezes aparentemente insolúveis. Alterações anatômicas, fisiológicas e endócrinas estão ocorrendo. O aumento dos níveis dos hormônios do crescimento e sexuais provoca não somente o desenvolvimento dos órgãos sexuais e características sexuais secundárias, mas também o grande aumento, embora altamente variável, dos impulsos sexuais e agressivos, muitas vezes acompanhados de poderosas fantasias. As mudanças corporais já referidas envolvem alterações fundamentais no *self* conhecido, alterações de forma, cheiro, textura, tamanho. A menstruação começa. O sêmen é produzido. Aparecem pelos no corpo e no rosto. As vozes começam a se alterar. A excitabilidade genital muitas vezes torna-se insistente. Emergem conflitos renovados entre, por exemplo, os pensamentos conscientes e os impulsos inconscientes ligados a essas novas sensações físicas. Esses conflitos são alimentados em parte emocionalmente, e em parte quimicamente.

Vários fatores terão influência para que tais distúrbios sejam ou não considerados controláveis, e para que seja ou não possível pensar sobre eles: por exemplo, a qualidade da continência original de impulsos e sentimentos infantis; o grau de estabilidade alcançado durante os anos de latência e as pressões internas e externas que o jovem tem de enfrentar. Muitas vezes, os conflitos são vividos como "excessivos", como tendo que ser eliminados, ou expulsos da consciência. O comportamento delinquente é considerado uma forma de "descarregar", tendo seu pico, de acordo com as estatísticas, aos quatorze anos. Frequentemente considera-se que esse tipo de comportamento alivia a tensão dos impulsos agressivos e sexuais. Além disso, na medida em que tal comportamento é suscetível de levar à punição, ele também pode ser um meio de saciar a culpa interna inconsciente, mesmo que apenas temporariamente. Comportamentos delinquentes testam os limites da autoridade externa, seja dos pais reais, ou daqueles que podem ser percebidos como os representando – professores ou a polícia, por exemplo. Mas eles também testam as versões internas desses pais, que podem ser sentidas como muito mais duras e críticas do que as figuras que elas representam. Como vimos (Capítulo 5), essas figuras podem, às vezes, assumir poderes monstruosos, absolutamente fora de proporção com a "realidade" externa, mas que refletem a intensidade dos medos inconscientes relacionados com a realidade interna – medos sobre destrutividade fantasiada, seja no desejo ou na ação. Como aspectos do superego do jovem, essas figuras podem precisar ser apaziguadas, e muitas vezes é buscada punição por atos externos para aliviar a pressão da situação interna.

Em seu artigo clássico sobre "Alguns problemas da adolescência", Ernest Jones (1922) descreveu a forma como, durante a puberdade,

> *ocorre uma regressão em direção à infância... e a pessoa vive novamente, embora em outro plano, o desenvolvimento pelo qual passou nos primeiros cinco anos de vida... isso significa que o indivíduo recapitula e expande, no segundo decênio de vida, o desenvolvimento por que passou nos primeiros cinco anos de vida (...) (pp. 39-40)*

Em outras palavras, conflitos antigos, especialmente aqueles da infância e da luta edípica, estão sendo retrabalhados (no contexto de novos impulsos genitais), conflitos que testam a qualidade da continência e internalização iniciais.

A reemergência dos impulsos sexuais e agressivos que caracterizaram os sentimentos edípicos anteriores desperta os impulsos e desejos que a criança tentou gerenciar nos anos anteriores, na latência, com maior ou menor sucesso, ou contra os quais tentou defender-se. A importante diferença é que as alterações genitais da puberdade significam que esses desejos podem ser efetivamente realizados. O desejo do menino de fecundar sua mãe, e o da menina de conceber um bebê de seu pai, já não precisa ficar no reino da fantasia inconsciente, podendo agora mudar-se para um campo mais assustador, por ser fisicamente possível. Além disso, o aumento da força física da criança também apresenta uma nova ordem de ameaça à sua mãe, bem como para ela própria. A criança se depara com uma situação alarmante: ela pode realmente realizar seus desejos genitais e sentimentos destrutivos, em vez de procurar satisfazer essas paixões e ódios apenas na fantasia, consciente ou inconsciente.

A própria capacidade física pode provocar ansiedade, a ponto de desencadear uma renovada cisão e repressão. No início da adolescência, a ansiedade sexual naturalmente leva o jovem a uma preferência por amigos do mesmo sexo, mas a tendência pode ser fortemente reforçada pelos medos edípicos e pelas perigosas possibilidades subjacentes. As atrações homossexuais e explorações mútuas, tão comuns nesta fase, são geralmente tentativas de resseguramento, e não indicadores mais significativos de inclinações sexuais. No início da adolescência, o distanciamento dos pais e a hostilidade para com eles podem surgir de muitas fontes, mas uma importante é, muitas vezes, um medo inconsciente de que a intimidade continuada com os pais leve pai e filho perto demais um do outro para o conforto edípico.

Insinuações dessa situação alarmante podem ser inferidas pelos medos e dificuldades de Joe e Annie (Capítulo 6), ambos se aproximando da puberdade e exibindo ansiedades que, se não tivessem sido organizadas e compreendidas na época, poderiam muito bem ter eclodido posteriormente, com uma força ainda mais preocupante. Em cada criança, o medo da morte parecia relacionado com seus próprios desejos inconscientes, assassinos, ansiedades de separação e sentimentos de abandono. A incapacidade de Joe de se envolver com esses sentimentos, ou mesmo de estar ciente de tê-los, sugere sua necessidade de manter certas áreas de conflito emocional completamente fora da consciência, particularmente, no caso dele, seus impulsos assassinos em relação ao pai. Durante a latência, Joe lutou para manter essas ansiedades controladas por meio de defesas cada vez mais obsessivas. Quando desejos e medos, já fortes, são intensificados pelas mudanças biológicas da puberdade, uma criança como Joe, se não tivesse ajuda ou apoio, poderia ter que lidar com sentimentos incontroláveis. Seu medo de morrer e/ou de ficar preso dentro de um objeto similar a um caixão poderia ser interpretado como indicativo de ansiedade pela culpa e punição por ter pretendido entrar dentro e possuir o que ele mais queria, ou seja, sua mãe. Ele temia, uma vez dentro, ficar preso e entregue a uma morte em vida. De fato, essa era uma representação bastante precisa de como Joe percebia seu estado mental e de como ele era percebido por outros.

Da mesma forma, pode-se conjeturar que o comportamento autodestrutivo de Annie sugeria intensa ansiedade, não tanto pelo medo declarado (de que seus pais se separassem em sua ausência, e, ao fazê-lo, deixassem-na desamparada e abandonada), mas por um desejo inconsciente, e do qual ainda não podia ter conhecimento, de que a separação desejada de fato ocorresse. Seu terror primitivo e raiva por ter sido excluída do casal parental pode ter originalmente agitado nela uma necessidade particularmente intensa de substituir e possuir. Havia indícios do grau de sua destrutividade, e de sua luta para superá-la, na forma como ela descrevia sua raiva e, de forma mais grave, por seu impulso de infligir a si mesma (ao morrer) o que estava querendo culposamente fazer a outro. Sua maior preocupação era perder sua mãe, uma preocupação que muito possivelmente também incorporava o desejo de expulsá-la. Tal desejo era acompanhado por medo e ansiedade pelo o que esses anseios, de separar seus pais e se separar deles, poderiam realmente acarretar.

Conforme a criança se desenvolve, sua ansiedade pelas separações, que então podem ser adequadas à idade, naturalmente relembra esses medos iniciais. Tais temores, se não foram suficientemente contidos e compreendidos à época, serão agora mantidos sob controle apenas por medidas extremas. Joe e Annie tinham impulsos subjacentes semelhantes, que eram, como vimos, expressos de forma muito diferentes por cada um deles, e eram tratados por ambos com estratégias defensivas bastante diferentes. A ansiedade de Annie estourou de forma traumática em uma passagem aparentemente bem sucedida e tranquila pela latência. A de Joe tinha começado a minar de forma mais insidiosa sua confiança, sua fé em si mesmo e em suas relações com os outros, drenando-o de seu *self* previamente inteligente e alegre. Em cada caso, ficou claro que as ansiedades anteriores não contidas não puderam ser suficientemente sustentadas ou mantidas em proporção, até mesmo pelas rígidas cisão, projeção e repressão característicos de latência.

É fácil ver como a reativação dos sentimentos originais, agora intensificados por mudanças biológicas, em crianças como Joe e Annie – já perturbadas por problemas edípicos não resolvidos – pode, no início da adolescência, exigir formas cada vez mais radicais de defesa psíquica. Mas mesmo quando a vida tenha estado razoavelmente estável nos anos anteriores, as mudanças da puberdade podem desencadear o que parecem grandes alterações de personalidade, muitas vezes para a consternação de todos, e não menos da própria criança. Elas testam a qualidade das internalizações iniciais. Testam o quão bem a criança é capaz de conter suas emoções. Elas são altamente variáveis em relação à intensidade da mudança hormonal e às pressões sociais e familiares. Os ambientais externos adquirem enorme importância quando a força das estruturas internas está sendo tão severamente desafiada. Eles fornecem apoio ou minam ainda mais? O grau de coerência e harmonia em grupos de pares, seja na vida escolar ou na família, é determinante para a disponibilidade ou ausência de algum tipo de estrutura mais ampla de continência, dentro da qual essas dinâmicas confusas e preocupantes podem ser confrontadas e pensadas. A adolescência pode ser complacente ou rebelde – é um processo, não um estado.

Em termos gerais, pode-se dizer que esse processo representa uma extraordinária variedade de formas de processar a dor, a confusão e o conflito mental inicialmente despertados pelas mudanças físicas que estão ocorrendo. Muitas vezes, há uma inclinação a expulsar a dor em vez de contê-la, tão evidente na tendência do adolescente a encenar ou "atuar"[1] conflitos internos, em vez de tentar resolvê-los. De fato, tecnicamente, "atuar" significa precisamente isso, substituir o pensamento pela ação, a fim de reduzir o conflito interno. Pode-se dizer que a propensão geral a basear-se, como modo de funcionamento, em mecanismos projetivos extremos, em vez de introjetivos, e a tensão constante entre os dois, caracteriza a abordagem do adolescente a suas dificuldades.

Muitos aspectos desse tipo de comportamento constituem diferentes versões de um processo de não pensamento, através do qual o jovem tenta evitar, ou manter em suspenso qualquer tipo de envolvimento com seus sentimentos reais, em suas circunstâncias reais. O objetivo é evitar o conflito interno, se possível, adotando uma série de medidas defensivas para proteger o *self* do que são sentidos como estados mentais excessivamente preocupantes, confusos ou perturbadores. O impulso tende a ser agir, em vez de pensar; mover-se em grupos, às vezes em gangues, em vez de correr o risco de ser um indivíduo; ficar doente fisicamente, em vez de sofrer emocionalmente ("somatizar"); experimentar o mundo, o *self* e outras pessoas em termos extremos, de bem e mal ("cisão"); usar drogas, álcool ou substâncias abusivas, em uma tentativa, literalmente, de ficar desmentalizado. Outra maneira, menos facilmente detectável, de escapar da turbulência desses anos, é tornar-se pseudomaduro, portanto, só aparentemente usando a mente, no sentido de que ideias e informações podem ser adquiridas com a finalidade de autoproteção, e não por amor ao conhecimento (ver Capítulo 7). Muitos nessa faixa etária usam a própria inteligência como defesa contra o pensamento genuíno, ou como forma de evitar intimidade e o risco de ser perturbado pela realidade emocional.

Caracteristicamente, o adolescente recorre a mecanismos projetivos em seu desejo de livrar-se de sentimentos desconfortáveis. Esse processo inconsciente de atribuir a outros aspectos que são realmente do *self* significa que outra pessoa pode tornar-se o problema, se forem as partes "más" que estão sendo projetados, ou o favorecido, se forem as partes "boas" que agora são sentidas como residindo no outro, e não em si mesmo. Essa última experiência, de ser desprovido de qualidades vivazes e imaginativas e deixado apenas com as enfadonhas e comuns, pode tornar-se uma base para dúvidas em relação a si mesmo, depressão e falta de confiança.

Também é possível que a grande tendência desse grupo etário para depressão, solidão, sensação de estar preso ou de ser diferente de todos os outros represente, em parte, o fracasso da projeção – uma ausência dos questionamentos e experimentação que, apesar de dolorosos e confusos, precisam, nesse momento, ser realizados. Embora muito menos propensos a atrair a atenção para eles mesmos, jovens retraídos ou isolados podem estar sofrendo uma espécie de impasse interno. Tal impasse muitas vezes relaciona-se à incapacidade de participar do vai-e-vem de projeção e introjeção,

220 PUBERDADE E ADOLESCÊNCIA INICIAL

necessário para estabelecer um senso de *self* em qualquer idade, mas principalmente durante o fluxo instável do início da adolescência.

Assim, em alguns aspectos, as tendências projetivas, se moderadas, podem aliviar os conflitos durante a adolescência de uma forma mais positiva. Se houver certa flexibilidade e fluidez quanto aos aspectos do *self* que estão sendo projetados e reintrojetados, pode ocorrer um grau de autoexploração. É possível relacionar-se no outro com partes do *self*, que poderão então ser apropriadas ou ainda mais repudiadas pelo *self*. O modo projetivo, se não for muito radical, pode nessa fase derivar da curiosidade sobre o *self* tanto quanto da ansiedade, e pode, portanto, capacitar o indivíduo a examinar e se envolver com as possibilidades emocionais que ainda não são vividas como integráveis em seu senso de quem ele é. As mudanças frequentes do adolescente de estilo de se vestir, de música e de gosto podem, especialmente nos primeiros anos da adolescência, denotar precisamente essa incerteza exploratória – a necessidade temporária de "ser" outra pessoa, a fim de descobrir "se serve o chapéu".

Em termos mais gerais, pode-se considerar que o progresso no desenvolvimento esperado no decorrer da adolescência, se tudo correr bem, pode ser caracterizado como resumindo um aspecto fundamental do esforço da vida: a transição de um estado mental dominado por interesses egoístas e narcisistas para outro em que há uma preocupação genuína com os sentimentos e experiências dos outros – um estado mental mais "relacionado com o objeto". Como vimos, George Eliot descreveu de forma muito menos árida a mudança como marcando a diferença entre a tendência a experimentar o mundo "como uma úbere de que se alimenta nossos seres superiores" e a capacidade de reconhecer e se relacionar com outro como tendo um centro de *self* separado, "do qual as luzes e sombras sempre prosseguem com uma certa diferença". Mais tecnicamente, pode-se dizer que a adolescência demanda um re-trabalho e restabelecimento, embora com relutância, dos ganhos emocionais anteriores da posição depressiva, em face da renovação das cisões esquizoparanoides. A relutância evidencia-se na forma como o adolescente caracteristicamente tenta desviar da tarefa complexa e dolorosa de elaborar suas ansiedades depressivas. Fa-zê-lo, em qualquer idade, não é tarefa fácil, na medida em que o que se entende por "elaborar" implica novamente envolver-se com o sentimento de culpa e de responsabilidade pelos danos causados, com o medo da perda, com a gratidão e a sensibilidade pelos ou-tros. Tal processo é pré-requisito para o sentimento de que há uma noção interna de *self* com alguma força e coerência.

O início da adolescência é um momento crucial de inevitável turbulência e identidade confusa. A ênfase aqui é no "crucial", já que a ocorrência de turbulência e confusão é um aspecto importan-te e necessário do processo adolescente. Também é verdade que a própria tensão de se submeter a esse grau de perturbação e desor-ganização psíquica pode muitas vezes levar o adolescente a vários estados comportamentais e emocionais que podem ser perturbado-res e preocupantes para os outros. Muitas manifestações "normais" das confusões adolescentes são difíceis de diferenciar de outras que podem tornar-se dramática, ou insidiosamente, "patológicas".

Os tipos de atitude e comportamento que despertam pre-ocupação são, muitas vezes, tentativas de evitar sofrimento "recusando-se" a se envolver com o que realmente está acontecen-do, com aquilo que Beta Copley (1993) explora em "a agitação da inexperiência" (p. 57). Esta última tendência de evasão com fre-quência funciona como defesa contra o impacto de sentimentos confusos e dolorosos, como uma carapaça protetora, embora frá-gil, dentro da qual os aspectos mais vulneráveis da personalidade podem abrigar-se por um tempo. ("Eu não sei por que me corto",

222 PUBERDADE E ADOLESCÊNCIA INICIAL

disse um adolescente de quinze anos de idade. "Talvez eu simplesmente não consiga encarar a música. Quero dizer a minha própria música".) Mas tal carapaça é muito propensa a fissuras ou quebra. As forças precipitantes podem ser de circunstâncias externas: luto, amizades e relacionamentos desfeitos, problemas de saúde, tensão de provas, sair de casa, ou mesmo o impacto do sucesso considerado imerecido. Podem também ocorrer como resultado de circunstâncias internas: a emergência de impulsos enterrados, pensamentos atormentadores e insistentes, obsessões inexplicáveis, desejos perversos, agressividade, alienação, desespero. Na adolescência, é comum que o externo e o interno se confundam. O que estamos testemunhando muitas vezes nas crises e tumultos é o fracasso dos sistemas de defesa ou modos de funcionamento que mais ou menos funcionaram até então. Os mecanismos de proteção da latência, que ofereceram camuflagem ou refúgio temporário aos elementos mais problemáticos da personalidade, já não bastam. Muitos adolescentes tardiamente descobrem que as estruturas de continência (bem como de restrição) da família e da vida escolar forneciam muito mais segurança do que sugeriam, na época, as relações muitas vezes tempestuosas com qualquer um desses, ou com ambos.

Pode haver um lado bom e um lado ruim nas várias estratégias defensivas que são utilizadas, embora muitas vezes as fontes de otimismo pareçam remotas. O consumo de drogas e álcool, por exemplo, pode representar uma preferência por estados insistentemente desmentalizados, ou seja, aqueles em que há pouca capacidade de se envolver com o *self* propriamente "pensante", um *self* que é capaz de exercer alguma contenção e dar sentido ao que está fazendo. Mas tais atividades podem, como já foi sugerido, também incluir um grau de autoexploração. Ainda que arriscado, esse tipo de comportamento também pode ser útil na descoberta de diferentes aspectos do *self*, assim como vimos com algumas tendências projetivas. A principal questão é descobrir se ele é "excessivo" ou "insuficiente". Quando é que a autoexploração torna-se abuso ou dependência; quando é que o cuidado e a contenção tornam-se obsessão; quando é que um grau de masoquismo torna-se automutilação? ("Não consigo suportar a dor mental", foi o primeiro comentário de uma adolescente esquelética que se apresentava para uma primeira avaliação com o braço feito uma colcha de retalhos, com cicatrizes de lacerações costuradas.) Quando é que o grupo de apoio torna-se a gangue subversiva, em que a personalidade individual fica subordinada a valores grupais destrutivos, e não construtivos? Quando é que o afastamento do *mêlée* adolescente característico torna-se um nível preocupante de tédio, apatia e indiferença? Quando é que a ansiedade sobre a identidade sexual torna-se medo e ódio da homossexualidade? Quando é que discretos modismos alimentares controladores, particularmente em torno da imagem corporal, tornam-se graves distúrbios alimentares? Quando é que a tendência a trabalhar muito se transforma em uma incapacidade de ter prazer? Quando é que a efervescência torna-se mania, ou a cautela torna-se depressão? Em cada caso, pode haver linhas muito estreitas entre processos adolescentes comuns e indicações preocupantes de patologia. Discriminar entre os dois é um problema, tanto para o próprio adolescente como para aqueles preocupados com seu bem-estar.

Claramente, nesse momento de desenvolvimento sexual e formação do caráter, são inextricáveis as várias maneiras como essa própria interconexão relaciona-se às diferentes identificações com as quais o adolescente está experimentando. Na puberdade, há uma tentativa de libertar-se das restrições impostas à sexualidade durante a latência. A criança agora procura alcançar a potência sexual. Nos primeiros dias, essa tentativa pode parecer atraente, mas também alarmante. Pode resultar em ansiedades relativas à potência, expressas de diversas maneiras: por exemplo, através do comportamento típico do que pode ser chamado de "arrogância fálica"; ou por uma espécie de pseudomaturidade sabe-tudo; ou pelo afastamento completo de qualquer ameaça de intimidade. Esse afastamento pode envolver uma intensificação de comportamentos característicos de latência, como a cautela e aversão ao risco, muitas vezes beirando ao obsessivo. Ocorre uma cisão, mas de um tipo bastante diferente daquele encontrado mais cedo. Na puberdade, a cisão ocorre entre diferentes partes do *self*. Não é tanto que o mundo interno como um todo está sendo exteriorizado e jogado, como nos jogos estruturados e na ordenação hierarquizada da fase anterior. É, antes, a certeza geral, porém precariamente mantida, desse período anterior dissolvendo-se em confusão sobre bem e mal, adulto e infantil, masculino e feminino etc.

A resultante cisão muito mais insistente e confusa do *self* tem características, como vimos, de um estado mental esquizo-paranoide: não apenas o outro passa a ser experimentado em termos extremos de amor e ódio, polaridades sentidas como irreconciliáveis, mas o *self* também passa a ser experimentado em termos igualmente extremos. O "adolescente" pode ser cooperativo em um momento, recalcitrante no próximo, incapaz de reconhecer facilmente que aquele que assumiu a tarefa e aquele que não conseguiu executá-la foi a mesma pessoa, ou seja, ele próprio. Tudo isso ocorre em um ambiente parental que não é percebido como capaz de "sustentar" da mesma forma como antes. O resultado é que, muitas vezes, uma cisão excessiva direciona-se para os limites da vida em família, que já foram considerados seguros, e de fato os ameaça. O período da latência, talvez nunca tão estável quanto o epíteto sugere, é decisivamente desestabilizado, e o jovem adolescente se apega a uma subcultura de grupo, em que o relacionamento com os pares adquire um significado enorme. Isso ocorre porque, nesse momento de estresse e mudança, o grupo de adolescentes muitas vezes começa a desempenhar uma função de sustentação extremamente importante. Com os laços familiares começando a afrouxar, a vida social a se estender e os sentimentos de incerteza e confusão a se intensificar, a companhia de amigos pode ser buscada para permitir ao jovem sustentar algum tipo de relacionamento com os diferentes aspectos de sua personalidade. Ele pode temporariamente estar tendo dificuldade em integrar esses diferentes aspectos em seu *self* infantil anteriormente conhecido – sentimentos, medos e impulsos que são vagamente reconhecíveis, mas ao mesmo tempo assustadoramente desconhecidos.

Os membros do grupo muitas vezes se unem em combinações flexíveis e mutáveis, em que os vários indivíduos representam diferentes aspectos da personalidade uns dos outros, sejam atributos ou deficiências, desejados ou repudiados. Quando esses diferentes aspectos do *self* estão localizados no grupo, o adolescente pode permanecer em contato com eles como de alguma forma pertencentes a ele próprio, e ainda assim não ser excessivamente perturbado por eles. Assim, os grupos podem tornar-se lugares seguros, em que diferentes partes da personalidade podem ser jogadas, especialmente as partes que, por algum motivo, reforçam o *self* conhecido ou são consideradas difíceis de experimentar como pertencentes ao *self* conhecido. Quando benigna, a vida em grupo pode proporcionar a esses jovens, formas sociais de descobrir quem eles são. O apetite aparentemente inesgotável para conversas (especialmente ao telefone) sobre os sentimentos, reações e atividades uns dos outros oferecem possibilidades de "testar", ou experimentar, versões diferentes de si mesmo, e as reações dos outros a elas. Como tal, elas são infinitamente fascinantes a todos os envolvidos, e muitas vezes envolvem o ingrediente inestimável do humor como um baluarte contra levar-se muito a sério.

Quando os sentimentos são particularmente intensos, grupos de adolescentes assumem uma importância quase tribal de paixão e apego uns com os outros e de hostilidade ou indiferença em relação a adultos, ou em relação a outros grupos. É muitas vezes difícil para os pais compreender ou tolerar a negatividade. E, no entanto, essas relações flutuantes e poderosas, às vezes instáveis, às vezes confiantes, muitas vezes representam a única fuga da intimidade familiar ainda disponível ou adequada. É muito cedo para a intimidade de casal de anos posteriores. O grupo fornece uma forma de continência, que permite enfrentar algumas dessas questões mais profundas de identidade. Os sentimentos individuais de angústia e ansiedade podem ser mascarados pelas alegrias e crises cotidianas de participação no grupo. Assim, a vida em grupo dos adolescentes, que muitas vezes é tão problemática para os adultos, pode oferecer uma espécie de refúgio para o jovem confuso, propiciando tanto um desafio quanto um alívio até que ele seja capaz de sustentar sentimentos díspares dentro de um único *self*. Isto só é possível quando o senso de identidade torna-se cada vez mais coerente. Se o grupo é relativamente fluido e bem intencionado, ele pode apoiar o desenvolvimento da personalidade ao longo desses anos turbulentos da adolescência.

Se for maligno, no entanto, o agrupamento pode assumir características ameaçadoras, de gangue, cooptando os aspectos mais negativos e destrutivos da personalidade para assumir o papel de tornar-se parceiro de crime. Todos os grupos exercem às vezes pressões sobre os seus membros para fazer coisas às quais os membros não se aventurariam como indivíduos. Mas esse tipo de atividade em grupo é diferente de associar-se com os outros *porque* eles parecem representar as partes mais tímidas ou cruéis da personalidade. É diferente de associar-se com os outros a fim de reproduzir uma atmosfera de medo e opressão, que é atraente se alguém, como ele próprio, foi intimidado e oprimido. Assim como é possível sentir o bebê, caso ele se sinta não contido, como estando a ponto de explodir com o ódio e fúria pela necessidade não satisfeita, o mesmo acontece com o adolescente que está lutando com suas próprias versões dessas mesmas lutas infantis. A mentalidade de gangue incita uma espécie de sanção de grupo para a expressão de sentimentos destrutivos e atitudes que não podem individualmente ser mantidas sob controle.

É a dinâmica desses primeiros agrupamentos adolescentes, ou formação de gangues, que ilustra de forma particularmente clara a relação entre o efeito vinculante do pensamento e o significado evacuatório da ação. De fato é a adolescência, acima de tudo, que define a diferença entre os dois. Esse é especialmente o caso nessa fase inicial, quando as respostas emocionais à puberdade são tão cruas, tão inesperadas e tão desconhecidas. Mas eles podem reaparecer a qualquer momento ao longo da vida, quando pressões internas ou externas novamente impulsionam o indivíduo para modos em que ele age em vez de pensar, busca satisfação sexual ilícita no lugar de lealdade e compromisso, foge à responsabilidade em vez de arcar com ela, identifica-se com estados infantis em vez de tentar contê-los a partir de uma posição mais paternal.

* * *

Os dilemas e dificuldades de Christine, de quatorze anos de idade, darão uma ideia dos problemas para aceitar e processar muitos dos conflitos típicos enfrentados em sua faixa etária. Christine foi encaminhada para avaliação por pressão do Serviço Social, de sua escola e de sua mãe (seu pai a havia deixado quando ela era bebê). Ela estava roubando. Os objetos roubados

228   PUBERDADE E ADOLESCÊNCIA INICIAL

pertenciam à família, isso é, sua mãe e avó: um anel de casamento, brincos, um relógio e, no último incidente, uma grande soma de dinheiro. Christine tinha gasto o dinheiro em roupas de adulto, sexualmente atraentes, que ela ostensivamente usava no que parecia ser uma tentativa clara de ser descoberta.

No primeiro encontro na sala de espera, Christine era indistinguível das seis amigas que a acompanhavam. Elas estavam todas vestidas com jeans preto 501 e botas pesadas Doc Marten, então na moda. "Minhas amigas me acompanham em todos os lugares", foram as primeiras palavras de Christine no consultório, depois que timidamente se identificou sorrindo e relutantemente atravessou o corredor. Seu segundo comentário foi que estava lá apenas porque havia uma preocupação de que a polícia teria que ser envolvida. Ela disse que tinha parado de roubar, então não havia mais realmente qualquer problema. Mais uma vez ela sorriu, vencedora.

O que se seguiu deixou claro que o que estava sendo "jogado" pelo roubo constituía uma constelação de questões características do início da adolescência. Christine descreveu como tinha sido acusada de causar discussões entre sua mãe e Paul, namorado da mãe há três anos, que recentemente se mudara inesperadamente para a casa delas. As discussões eram sobre os hábitos de Christine dentro de casa, particularmente sua tendência de passear em um estado de seminudez, a que sua mãe se opunha "sem nenhuma razoabilidade", Christine pensava. "Ela provavelmente está com ciúmes porque está virando um saco velho e gordo" (sua mãe era, na época, uma mulher bem apessoada de trinta e quatro anos). Christine descreveu seus planos de sair de casa, ter um apartamento próprio, arrumar-se e ter um bebê. Mas, acrescentou, repentinamente chorosa, que teria que ter sua mãe ao seu lado se fizesse isso: "Eu não poderia fazer isso sozinha". Era como se de repente ficasse ciente do quão irrealistas seus planos realmente eram em termos práticos e emocionais.

Sua mãe foi descrita como alternadamente chorosa pela perspectiva de "perder minha filha, minha garotinha" e furiosa pela indisciplina e mau humor da filha. As questões edípicas, talvez inteiramente presentes pela primeira vez agora que Paul morava com elas, estavam plenamente aparentes. Cada membro da família estava tendo dificuldade para ajustar-se à nova situação e reconhecer o que realmente estava acontecendo, e por quê. As dificuldades eram piores para Christine, em especial, pelo medo de crescer, da separação, de se tornar uma mulher, encontrar um emprego, buscar um parceiro. Ela estava claramente preocupada por deixar a infância para trás em um momento em que estava tendo que repentinamente abandonar a relação de exclusividade que desfrutara com sua mãe por tantos anos. Não apenas a função continente da família estava sendo ameaçada, mas também a estrutura mais flexível do grupo, já que as amigas que acompanharam Christine até a sala de espera eram um ano mais velhas do que ela, e estavam prestes a deixar a escola.

Christine não sentia que *ela* fosse o problema ("Não sei por que todo esse alarde"), mas sim que tinha sido "tachada" de difícil por causa da infelicidade da sua mãe e da raiva de Paul: "Teremos que expulsá-la de casa se continuar assim", ele teria dito a ela.

Essas sequências e comentários bastante seletivos ocorreram em uma mera sessão de 50 minutos. Superficialmente, foi uma conversa comum com uma jovem adolescente simpática, mas perturbada. No entanto, representa muitos dos problemas, preocupações, reações e defesas que são tão característicos dessa época. Abrange, por exemplo, a experiência das ansiedades edípicas renovadas, centrando-se no ciúme, na exclusão e na competitividade. Se concentra em um sintoma particular, "delinquência". Relaciona-se com preocupações sobre a separação. Esclarece o enredamento no grupo só de garotas, que provavelmente estava junto nas empreitadas delinquentes, mas que também parecia fornecer uma estrutura de apoio ainda muito necessária. Destaca as oscilações entre atitudes infantis e adultas. Assinala a cisão da mesma figura (a mãe) em boa e má. Revela fantasias tipicamente irrealistas ("Quero comprar e decorar meu próprio apartamento e ter um bebê"). Enfatiza a ansiedade sobre a sexualidade, e assim por diante.

É surpreendente que Christine tenha começado a roubar logo após o namorado da mãe ter se mudado para sua casa. Na puberdade, roubar é uma das manifestações mais comuns de "atuação". Pode ter diversos significados: talvez de restaurar o que se sente ter sido perdido, aqui uma relação mãe/filha. Pode ter um significado agressivo, ou seja, privar alguém de um tesouro precioso por inveja e fúria primitivas; ou de coisas preciosas (sua mãe?) de que a própria pessoa se sente privada e, consequentemente, empobrecida. No caso de Christine, podem muito bem ter sido os sentimentos de culpa e um desejo de punição em relação à sua atitude para com Paul. Terá sido, em outras palavras, um protesto? Ou foi uma declaração relacionada ao sentimento de que algo a que ela tinha direito havia sido roubado dela (o comprometimento, simbolizado pelo anel de casamento, era algo de que ela agora sentia falta)? O problema terá sido uma ansiedade em relação à sua própria aparência (foram roubadas coisas femininas – um anel, um colar, uma bolsa, roupas, relógio)? Terá havido também um ataque ciumento à sua mãe e um desejo de afastar seu parceiro, um desejo encenado pela ostentação de sua própria sexualidade? Quaisquer que tenham sido as razões específicas, houve claramente uma ansiedade generalizada relativa à mudança e crescimento, à perda de relacionamentos com que ela então contava.

Christine estava com medo de ser excluída da família recém-formada e de ter que deixar a segurança da escola (apesar do fato de que, no caso dela, ainda faltava um ano). Ela disse a seu terapeuta que ir para o exército tinha lhe parecido uma boa opção, na medida em que implicava uma organização disciplinada e firme, e "algo interessante para fazer o tempo todo". Era evidente que ela idealizava essa estrutura potencial, assim como idealizava o objetivo alternativo igualmente irreal, ou seja, ter sua própria família e apartamento. Talvez a ideia inconsciente por trás deste último plano fosse que ela pudesse continuar tendo suas necessidades infantis atendidas, confiando seu próprio bebê (*self*) para sua mãe. Ela queria que sua mãe continuasse sendo sua mãe, e não uma parceira sexual para Paul. Assim, ela se colocou em competição (não usando roupa íntima por baixo da roupa esportiva). Christine tinha pavor de rejeição e, portanto, se comportava de uma maneira que a provocaria ("Teremos que enviá-la para o serviço de assistência social"). Ela era ferozmente independente ("Quero sair de casa e ter meu próprio apartamento"), e ao mesmo tempo dependente como uma criança ("Quero minha mãe comigo e criar meu bebê em casa").

Christine estava tentando lidar, no início da adolescência, com uma série de problemas despertados (embora não conscientemente) por seus sentimentos e ansiedades de abandono, exclusão, separação, bem como de ser sobrepujada e relegada ao segundo plano. Ela era incapaz de conter as implicações e ameaças de sua situação presente ou os ecos do passado que essas ameaças evocaram. Não tinha um ambiente familiar em que seus sentimentos pudessem ser facilmente registrados e compreendidos, nem era ela mesma, nesse momento, capaz de comunicar sua angústia de uma maneira que pudesse ser ouvida. Ela não conseguia entender que poderia haver outras prioridades emocionais na família, além

232 PUBERDADE E ADOLESCÊNCIA INICIAL

dela própria. Temia não poder continuar contando com o apoio emocional de sua mãe para a crescente independência feminina da filha e necessidade de estabelecer uma relação heterossexual segura. Christine sentiu-se empobrecida e incerta em relação a tais recursos amorosos, e sua insegurança a levou a roubar os símbolos de comprometimento e feminilidade – isto é, representações concretas do temido déficit emocional.

Nessa fase inicial, pode-se relatar uma extraordinária amplitude e diversidade de respostas de adolescentes para a situação difícil em que se encontram. Mas o interesse principal aqui não são tanto os detalhes dessas várias estratégias para evitar a dor mental, ou, menos comumente, para buscá-la ativamente. A questão é o quadro geral da situação do adolescente e sua função para a personalidade em desenvolvimento. Embora as dificuldades de Christine para lidar com as pressões descritas sejam especialmente típicas de sua faixa etária, elas também podem surgir em qualquer fase posterior da vida, quando o estado mental predominante favoreça a ação no lugar do pensamento, e provoque respostas infantis, em vez de adultas. A adolescência é de fato um processo, e seu resultado, em qualquer fase, afeta profundamente a capacidade futura de se envolver com o que Rosalinda, em *Como lhe aprouver*, descreve como "o fluxo completo do mundo" (Shakespeare, 1991, III, iii, 1.410).

Nota

1.   *Act out.* (N. do T.)

10. Adolescência média: um exemplo clínico

Tanto na natureza como em metáfora, a identidade é o ponto de fuga da semelhança.

—Wallace Stevens

Este capítulo oferece algumas novas reflexões sobre a natureza e as implicações dos diferentes tipos de identificação aos quais uma pessoa pode ser levada do meio para o final de sua adolescência. A ênfase principal será sobre os processos projetivos, seguida, no Capítulo 11, por uma exploração dos aspectos mais introjetivos. É analisado o desenvolvimento do caráter de um paciente em particular, Simon. A descrição dos aspectos do tratamento de Simon pode servir como uma forma útil de tornar mais claras as ligações entre as noções Kleinianas de identificação e ideias mais recentes sobre o papel dos diferentes tipos de aprendizagem no progresso de uma pessoa para o autoconhecimento. No cerne dessas questões reside a familiar e importante distinção (ou, mais precisamente, conflito, no que diz respeito a adolescentes) entre, de um lado, o tipo de identificação que está a serviço do crescimento e do desenvolvimento e, de outro, o tipo que pode obstaculizar o desenvolvimento, incentivando evitar as ansiedades no lugar de envolver-se com elas.

A questão central, assim como antes, diz respeito à forma como a personalidade estrutura-se. Isso depende, em primeiro lugar, da relação primária entre a mãe e o bebê, e, posteriormente, dos fatores internos e externos que podem afetar a estruturação inicial, e ajudar ou dificultar a realização das capacidades criativas de uma pessoa. Freud (1933) colocou a questão da estrutura de forma muito clara:

> *Se jogarmos um cristal no chão, ele quebra; mas não em pedaços aleatórios. Ele se desfaz ao longo de suas linhas de clivagem, em fragmentos cujos limites, embora fossem invisíveis, foram predeterminados pela estrutura do cristal. (p. 59)*

A noção de planos de clivagem proporciona uma maneira de pensar sobre a operação subjacente de forças que muitas vezes só se tornam evidentes durante a puberdade ou no final da adolescência. A preocupação tem sido elucidar uma série de aspectos dessas forças subjacentes – especialmente aqueles relacionados às primeiras identificações. Como vimos (Capítulo 7), a predominância de um tipo de identificação em relação a outro decorre das complexas relações entre questões de temperamento e disposição no bebê (a capacidade de tolerar a frustração, por exemplo) e questões de circunstância e cenário. O aspecto mais íntimo do cenário, na primeira etapa, será o estado mental da mãe. Muito depende, como sabemos, da experiência inicial do bebê de ter seus estados mentais sustentados e compreendidos, uma experiência que não é apenas resultante da personalidade da mãe, mas também do que o bebê está tentando comunicar, e da intensidade com que o faz.

A natureza do impacto que essas primeiras experiências podem ter tido muitas vezes torna-se particularmente clara quando o jovem passa pela adolescência. O seguinte relato de aspectos da terapia de Simon, de dezoito anos de idade, descreve o efeito sobre sua personalidade de ter tentado viver, desde os tempos iniciais, uma identidade que não era inteiramente sua. Descreve o movimento em direção à obtenção de um sentido mais claro de sua verdadeira identidade. Simon não manifestava distúrbios graves ou falhas óbvias de desenvolvimento. Ele se apresentou tomado por incertezas e conflitos caracteristicamente adolescentes, incapaz de descobrir quem ele realmente era, ou, apesar de seus sucessos aparentes, de superar seus problemas e obter uma noção mais segura de si-mesmo-no-mundo. Embora cronologicamente ele fosse quase um adulto, a natureza de seus problemas pertencia à adolescência média. Ele é discutido aqui porque suas dificuldades ajudam a tornar claros, em termos clínicos detalhados, os processos de desenvolvimento comuns que ocorrem nessa idade difícil, suas complexidades e suas possíveis resoluções.

Simon estava procurando algo. Foi com intensa determinação e coragem que ele se comprometeu a explorar e procurou compreender aspectos de si mesmo que muitos preferem, nessa idade, não examinar ou saber. Ele veio de uma família infeliz de classe média baixa. Viviam em uma pequena cidade escocesa. Relatou que sua mãe trabalhava demais, ficava com frequência deprimida e preocupava-se excessivamente com assuntos domésticos, e que seu pai era um tanto distante, mas, por vezes, bastante sádico e tirânico. Suas realizações acadêmicas, provavelmente defensivamente relacionadas com a dor do seu ambiente em casa, começaram a separá-lo da família e da comunidade em uma idade precoce. Ele escolheu ir para a universidade no sul da Inglaterra e optou sozinho por fazer psicoterapia, quando estava iniciando o curso de psicologia. Seus interesses eram pungentes e incomuns para alguém de sua idade. Ele queria, fundamentalmente, fazer pesquisas sobre os fatores predisponentes de inibições no desenvolvimento. (Um de seus irmãos mais novos havia sido diagnosticado como autista, e Simon, com meticulosidade característica, ainda que excessiva, já havia pesquisado e mergulhado nas teorias atuais de desenvolvimento e psicanalíticas sobre o assunto.)

Ele temia ser deprimido e emocionalmente desprovido. Com frequência, se sentia sexualmente confuso, em pânico, e às vezes irracionalmente irritado, especialmente com homens superiores intelectualmente, que ele considerava inteligentes, mas muitas vezes elitistas e verbalmente sádicos. Ele sentia que suas próprias realizações acadêmicas ocorriam em proporção inversa ao seu desenvolvimento emocional. Foi Simon que trouxe o "sonho do caracol" em sua primeira sessão (ver Capítulo 7), um sonho em que, sexualmente ameaçado de engolfamento dentro do corpo hermafrodita de um caracol, ele havia fugido da situação e tomado uma posição "atrás do projetor", onde os professores geralmente ficavam. Ao fazê-lo, ele havia dispensado seu *self*-de--estudante-nos-primeiros-anos e construído uma "passagem" para uma identificação com seus superiores. Essa tendência a assumir uma persona inteligente e inadequadamente sênior acabou por ser o modo característico de Simon de fugir das experiências mais perigosas e ameaçadoras do seu *self* adolescente.

No curso de sua terapia, tornou-se possível começar a abandonar essa persona um tanto fraudulenta em prol do envolvimento com seu *self*-criança-pequena, um *self* que temia intimidade e que nunca tinha realmente encontrado uma maneira de se relacionar com seus pais, exteriormente ou interiormente. Parece que ele havia se afastado de qualquer sentimento muito apaixonado ou dependente em relação a eles na esteira do nascimento de seus muitos irmãos mais novos – primeiro gêmeos, depois o irmão autista e, por último, uma irmãzinha. Com resistência, ele começou a arriscar sair de trás do projetor e lutar contra o impulso de ignorar a luta adolescente, um impulso que ameaçara reprimir seu *self* autêntico em favor de uma identidade adquirida. Sua expansividade, humor e generosidade, que o terapeuta vislumbrava apenas ocasionalmente nos primeiros dias, tornaram-se muito mais evidentes, aquecendo seu *self* anteriormente bastante frio.

Em termos de estrutura de personalidade, tornou-se possível pensar sobre as dificuldades de Simon durante a adolescência como baseadas na sua tendência, embora não determinadas por ela, a desde cedo perder o contato com as qualidades de seus pais reais externos e relacionar-se com uma representação interna distorcida deles, e de viver em uma espécie de imitação e identificação defensiva com pessoas competitivas, superiores e inteligentes. Essa tendência se dava à custa de ser capaz de colocar para dentro e assimilar qualidades parentais comuns de cuidado e preocupação, e de suportar ser uma criança que não sabe, em vez de um pseudo adulto que sabe tudo. Bion (1962a) identificou o dilema fundamental do bebê como sendo entre a possibilidade de evadir-se da frustração das necessidades e desejos iniciais ou encontrar os recursos para tolerá-los (pp. 111-112). Até agora, Simon havia procurado evadir-se deles. Na adolescência média para a final, no entanto, a disparidade entre a versão externa de si mesmo e os medos e dúvidas internos sobre suas reais capacidades estava se tornando uma fonte de crescente ansiedade.

238 ADOLESCÊNCIA MÉDIA: UM EXEMPLO CLÍNICO

O foco aqui é na ideia de "projeções não recuperadas", e na forma como, ao longo do tratamento, lentamente se tornou possível para Simon começar a tomar suas projeções "de volta", libertando-se, assim, para tornar-se mais verdadeiramente ele mesmo, com o consequente enriquecimento e aprofundamento da sua personalidade. A pergunta em qualquer idade, mas especialmente, talvez, na adolescência, é como alcançar a estabilidade e ao mesmo tempo manter a flexibilidade? É a relação interna que requer estabilidade, mas as mudanças na identificação primária com figuras maternas e paternas, internas e externas, têm que ser livremente móveis. Assim, é necessário constante trabalho psíquico se for para uma pessoa continuar a desenvolver-se. Nos meses seguintes ao sonho do caracol, tornou-se cada vez mais evidente que Simon buscava afastar-se para um determinado tipo de intelectualidade como defesa contra se envolver com seus desejos mais genitais, que poderiam colocá-lo em contato com conflitos internos não resolvidos, em particular com seus problemas de orientação sexual. Essa intelectualidade era de um tipo incorporação-gananciosa-de-fatos-e-habilidades, com uma característica distintamente oral de querer devorar, engolir e, posteriormente, regurgitar seu conhecimento e experiências, em vez de digeri-los psiquicamente e metabolizá-los.

Sua relação muito polarizada com seus pais internos, em termos da extrema disparidade entre características "maternas" e "paternas" (geralmente de formas bastante caricatas ou estereotipadas), foi muito claramente expressa na transferência com sua terapeuta. Na fantasia, a terapeuta era, por vezes, intelectualmente diminuída. Alternativamente, o que poderia ser interpretado como suas capacidades maternais era esquecido. Na mente de Simon, ela muitas vezes era identificada com algum teórico excessivamente inteligente, exibindo características intelectuais masculinas (ou seja, sádicas e tirânicas). Em outros momentos, suas capacidades reais e comuns seriam ofuscadas ("fraca", "masoquista"), por compará-la com a genialidade de figuras analíticas como Melanie Klein, Wilfred Bion ou Hanna Segal, que frequentemente apareciam em seus sonhos.

Em aspectos importantes, as frequentes realizações acadêmicas de Simon eram um fardo para ele. Elas o afastavam ainda mais do seu *self* mais autêntico, e eram resquícios de dificuldades adolescentes específicas que costumam emergir na iminência de um sucesso, e não em momentos de fracasso: as crises quando passava em provas, por exemplo, ou ganhava bolsa de estudos, ou lhe ofereciam trabalho; ou seja, quando o medo da ausência de qualificação interna ameaçava a segurança do papel externo. Ele até "sabia sobre" a "teoria do pensamento" de Bion. Mas, paradoxalmente, a maneira como ele usava sua própria mente sintetizava, pelo menos nos primeiros tempos, o modo –K, o inverso de um desejo sincero de saber, representado pela ligação K.

O trecho da terapia de Simon que segue esclarece a importância desenvolvimental da discriminação que Bion faz entre diferentes tipos de conhecimento (ver Capítulo 7): a distinção entre uma sede de conhecimento e compreensão (K) e seu oposto, o tipo de curiosidade intrusiva que decorre de desejos defensivos, aqueles que procuram controlar, triunfar, exercer poder ou negar a pequenez etc. (–K).

O modo de funcionamento mental característico de Simon é bem ilustrado pelo seguinte sonho: tendo, de fato, visto sua terapeuta na rua conversando com um colega do sexo masculino, sonhou que

240 ADOLESCÊNCIA MÉDIA: UM EXEMPLO CLÍNICO

> *ele viera para a sessão na hora habitual. Mas a terapeuta não estava disponível para vê-lo, porque estava em outra parte do prédio com o marido e filho. Ele esperou na sala de consulta, pensando em um sistema da "grade", nos moldes teorizados por Bion, que poderia descrever o que Keats chamou de "Linguagem de Consecução".[1] Pensou que essa "grade" constituiria uma representação abstrata de uma referência literária que seria muito obscura para sua terapeuta compreender.*

Esse sonho marca de forma muito clara a serviço de que estava, nesse momento, o conhecimento de Simon: uma defesa contra os sentimentos de depressão e exclusão, contra dar-se conta de que ele não poderia ter a "mamãe" só para ele, porque ela já tinha um marido, e de que esses pais estavam ocupados cuidando de outros filhos. Para não se envolver com essas emoções dolorosas de ciúme e necessidade, ele voltou-se para a supervalorização intelectual, competitividade e desprezo. Usou sua mente para dominar seus sentimentos em vez de experimentá-los, o que demonstra a natureza pseudomadura do seu conhecimento prodigioso. Na verdade, o sonho forneceu um comentário bastante inteligente sobre seu problema específico: se ele tivesse realmente compreendido a essência do que Keats quis dizer com o conceito de "Homem de Consecução", talvez não tivesse ficado preso da maneira como estava. Keats descreveu a Linguagem de Consecução como caracterizando a genialidade de Shakespeare. É provocada por aquilo que Keats (1817) chamou de "capacidade negativa", isso é, a capacidade de ficar "em mistério, incerteza e dúvida, sem qualquer busca impaciente por fatos e razões" (p. 43).[2]

Simon havia procurado, no sonho, triunfar mentalmente sobre sua terapeuta/mãe, e negar sua necessidade dela. O sistema da "grade" alude a um aspecto particularmente obscuro da teoria de Bion, e a referência às *Cartas* de Keats era, como revelou-se posteriormente, uma com a qual Simon pensou que sua terapeuta poderia estar familiarizada. Em outras palavras, ele estava tentando entrar de forma intrusiva em uma área da mente dela e tomar posse com sua compreensão superior. O sonho tornou-se, portanto, não tanto uma expressão como uma caricatura de conhecimento.

Suas dificuldades com a constelação edípica, tão claras nesse sonho, assim como no sonho inicial do caracol, pareciam ter minado sua capacidade de estabelecer relacionamentos íntimos duradouros. Indicações de sua tendência a tentar superar intelectualmente suas ansiedades mais profundas foram replicadas em muitos sonhos e sessões subsequentes, em cada um dos quais, bastante tempo depois, os mesmos conflitos ainda eram manifestados. Ele eventualmente conseguiu um diploma de graduação de primeira linha e ganhou uma bolsa de estudos para fazer pesquisa. Não surpreendentemente, no entanto, seu sucesso externo ainda não era acompanhado por qualquer mudança interna muito significativa. Em um sonho, por exemplo, que ele teve logo após a graduação, havia um medonho casal de aranhas, entrelaçado em uma relação oral (aparentemente um símbolo parental "combinado" em coito sexual contínuo),[3] do qual, com grande ansiedade, ele fugiu para pensamentos sobre o conforto homossexual. (Deve ficar claro aqui que a discussão não é sobre a homossexualidade como patologia, mas centra-se na natureza dos relacionamentos internos de Simon, em suas ansiedades sobre a identidade de gênero, tão comuns nessa fase da adolescência, e no impacto que essas confusões podem ter sobre a identidade como um todo.) Embora nunca tenham sido postas em prática, as ansiedades homossexuais, tão comuns no início da adolescência, ainda permaneciam no mundo

242 ADOLESCÊNCIA MÉDIA: UM EXEMPLO CLÍNICO

interior de Simon, assim como as configurações internas correlatas, bastante rígidas e polarizadas, em que os elementos masculinos e femininos eram ainda mantidos estereotipados e separados. Como consequência, sua capacidade de formar relacionamentos externos calorosos e amorosos esvaziaram-se, assim como, aliás, sua sensação de que ele poderia "viver" com plenitude.

Durante muito tempo, Simon permaneceu deprimido e recluso, embora exteriormente fosse tão bem sucedido como sempre. Ele permitia pouca flexibilidade em suas relações internas e, como consequência, suas relações externas continuaram a sofrer. No que diz respeito à intimidade, as fantasias homossexuais, apesar de perturbá-lo, eram uma opção preferível aos perigos da experiência heterossexual real. Por enquanto, ele não era capaz de instalar internamente as figuras parentais, e se identificar com elas em qualquer tipo de combinação criativa, nem era capaz de se relacionar com elas como tendo qualidades às quais o *self* infantil poderia aspirar, em vez de acreditar que já possuía uma versão superior delas. Era como se os nascimentos sucessivos de seus irmãos mais novos tivessem sido sentidos não só como o tendo privado do cuidado parental de que ele ainda precisava tanto, mas também como tendo imposto a ele, sucessivamente, a evidência dolorosa da relação sexual de seus pais um com o outro. Na tentativa de proteger-se de tais realidades internas indesejáveis, ele tinha continuado a se identificar com uma poderosa elite intelectual, muitas vezes com desagradáveis conotações autoritárias. Queria ter pouco a ver com aspectos mais suaves ou cuidadosos de si mesmo. Tendia a identificar esses aspectos, naquele momento, com figuras femininas muito desprezadas.

Materiais posteriores irão demonstrar o processo da emergência de Simon da meia-vida de sua existência até então e sua entrada em um sentido muito mais encorpado e rico de si mesmo, "ousando voar", "mudando a pele", como ele mesmo colocou em diferentes ocasiões. O processo parecia envolver força real de caráter e boa vontade, em contraste com a fragilidade de seu narcisismo anterior. A mudança começou a ter significativas implicações positivas para a percepção do seu *self* sexual, seu trabalho e seus relacionamentos em geral. A mudança poderia estar associada a uma percepção de sua terapeuta de que sua maneira de responder a Simon, por vezes, tendia a assumir a forma de uma interação bastante infrutífera com seu *self* pseudopensante, e não com seu *self* sensível. Em uma série de sessões logo depois de ele ganhar sua bolsa de estudos, seus sonhos indicavam claramente que predominava um modo de se relacionar sugestivo de uma incorporação gananciosa. Mais significativamente, sua terapeuta se viu respondendo de forma a consolidar ainda mais esse modo, em vez de compreendê-lo e modificá-lo. Paciente e terapeuta ficaram conjuntamente presos a uma série de interações que envolviam usar o conhecimento da teoria psicanalítica para se defender dos sentimentos, em vez de experimentá-los.

Uma sessão em especial mostra como estava ocorrendo, na relação paciente/terapeuta, uma conjunção imprópria de pensamentos do tipo –K. A possibilidade de aprendizagem genuína foi colocada em suspenso em favor de um desejo ansioso de defender-se contra a dor por meio da intelectualização, em detrimento do envolvimento real. Nesse momento, alguns dos anseios mais profundos de Simon estavam sendo provocados, e ele estava preocupado com a capacidade da sua terapeuta para sustentar, e tolerar, seus impulsos e atitudes mais destrutivas. Possivelmente em resposta a alguma dessas ansiedades, ele sonhou que:

> *como resultado de um erro "técnico" da sua terapeuta,*
> *pelo qual ela revelara algo pessoal sobre si, ele teve de ir*
> *para tratamento com um psicanalista, alguém extrema-*

*mente eminente. Em sua primeira sessão, ele protestou
a esse analista que estava realmente comprometido com
sua terapeuta anterior, mas teve de mudar de tratamento por insistência dela.*

Ele reconheceu com infelicidade o significado do "por insistência dela" ao final. Descrevia uma parte insistente dele próprio,
cuja existência foi confirmada por um aparte imediato e perturbado, "Suponho que esse é meu modelo de relacionamento humano,
usar as pessoas e seguir em frente".

Pouco depois, na primeira sessão após o feriado de Natal, Simon contou um sonho que tivera na noite de sua última sessão,
duas semanas antes. Ele começou essa sessão pós-intervalo sem
qualquer alusão à dor da separação, mas vigorosamente refutan-
do uma interpretação que tinha sido feita na ocasião anterior. Ele
disse que não havia sentido que sua terapeuta poderia esquecer-se
dele durante o feriado, como ela tinha sugerido, mas que ele se sentia completamente "largado", como se estivesse "desmoronando".
Depois de uma pausa, ele seguiu dizendo que estava preocupado
com sua pele: ela parecia estar "quebrando toda". Ele então contou
o seguinte sonho:

*(...) ele estava em um resort à beira-mar que estava "po-
voado" por formigas gigantes, que haviam sofrido algum
tipo de mutação pelo ar envenenado ou poluído. Ele
aproximou-se de uma estrutura parecida com uma cerca,
onde as formigas lhe disseram para cavar um quadrado
de seis polegadas na estrada de areia. Quando ele olhou
para a estrada, a seção quadrada de seis polegadas caiu
em solavancos repentinos. (Ele comparou a ação com a*

de uma criança que não tinha controle motor fino, que tentava martelar um prego em um buraco.) Inesperadamente, o quadrado de terra ergueu-se e rompeu a superfície da estrada, momento em que Simon pôde ver dentro do buraco. Havia muitos pais e crianças lá, sufocados com formigas que mordiam, picavam e rastejavam sobre eles. As pessoas gritavam em agonia quando eram injetadas com ácido fórmico. Havia também uma mulher, que se parecia com sua terapeuta e que parecia imune – as mordidas não pareciam afetá-la. Simon disse, "Temos de roubá-la para um laboratório, descobrir como ela se tornou imune e obter a inoculação".

Esse sonho lembrou Simon de um pensamento que ele tivera ao acordar, pouco antes desse feriado de Natal: se ele estivesse preso na floresta amazônica e morrendo de fome, apenas com sua mãe por perto, ele iria comê-la? No decorrer da sessão, a terapeuta falou de uma possível ligação entre esse comentário, a forma como Simon tinha falado sobre "ser largado" e sua pele "estar quebrando" e o conteúdo do sonho. Ela sugeriu que, no início da sessão, ele parecia ter em mente as teorias de Esther Bick (ela sabia que ele estava familiarizado com o seu trabalho). Estaria ele, talvez, se defendendo da dor da separação do feriado teorizando sua experiência à luz do artigo de Bick sobre a formação de uma "segunda pele"? E estaria ele, ao mesmo tempo, sendo superior à sua terapeuta ao dispensar mentalmente, embora não explicitamente, sua interpretação sobre a continência materna? Se fosse assim, ele estava, talvez, distanciando-se duplamente, tanto da experiência real da separação como do fato de que essa separação importava para ele. A terapeuta então ligou essa possibilidade ao sonho: sentindo-se como uma criança muito pequena em um ambiente ameaçador, assustado e abandonado

246 ADOLESCÊNCIA MÉDIA: UM EXEMPLO CLÍNICO

na fronteira/início do feriado (cerca), Simon percebera seu mundo interno como estando totalmente em risco. Sentia-se perseguido por ataques cruéis, perfurantes, pungentes, sádico-orais, como aqueles inconscientemente infligidos à sua terapeuta no sonho do "psicanalista eminente". Ele conseguiu, no entanto, manter o que inicialmente descreveu como a figura interna "boa"; "boa" por ser capaz de ser imune a esses ataques prejudiciais. Mas a sua única forma de se relacionar com as qualidades salva vidas dessa figura era submetendo-a a testes científicos, para buscar aprender seus segredos. Sua ideia era fazer isso mecanicamente, em uma parte de sua mente-laboratório inteligente, e então fisicamente colocar esses segredos em seu próprio corpo, por meio de inoculação, um processo que parecia equivalente a uma espécie de pseudointrojeção. Ele então procurou injetar-se com a essência da imunidade de sua terapeuta. Havia um sentimento, Simon pensou, de que a imunidade tinha sido adquirida pela terapeuta/mulher no curso do processo muito diferente de ter sofrido, e sobrevivido, à dor dos ataques persecutórios.

A caricatura de aprendizagem de Simon ressaltou sua dificuldade de ser capaz de colocar para dentro psiquicamente, e não fisicamente, as qualidades dessa terapeuta/pessoa, de modo que suas capacidades pudessem então funcionar internamente como uma verdadeira fonte de força para ele. A verdadeira situação relacionava-se a como sobreviver aos perigos dos aspectos "Floresta Amazônica" de seu mundo interno, sem alimentar-se de sua terapeuta de uma forma "devoradora", ou ter que identificar-se de forma intrusiva com suas qualidades roubadas. Como ele poderia permitir-se experimentar e lidar com um pouco da dor real da separação e perda? Em vez de sofrer a dor, ele havia procurado uma vacina contra ela, tornando-se um pseudoterapeuta.

Simon foi à próxima sessão em um arrebatamento de inveja pelo que ele achava que eram interpretações "inteligentes" de sua terapeuta, mas excessivamente técnicas, agredindo-a verbalmente, com raiva. Furioso, descreveu o que sentia a respeito da maneira como ela tinha "tão facilmente" rejeitado seu desejo por um antídoto simples, e sugerido que ele acreditava poder "livrar-se" com uma solução indolor, preferindo isso a se envolver com a dor real de sua experiência. Com ligeiro desprezo, mas também com um tom de desespero, ele disse o quão pouco ele realmente entendia, apesar de sua extensa leitura psicanalítica – "identificação projetiva e introjetiva, objetos internos, todos esses conceitos sofisticados". Sua terapeuta percebeu o quanto, na sessão anterior, ela havia se aliado ao seu sistema de intelectualização. Como consequência, ela não somente reforçou as defesas dele contra sentimentos de pequenez e abandono, mas também suas próprias defesas contra a suscetibilidade às substâncias mentais nocivas que ele dirigia a ela quando se sentia tão desamparado por ela e tão sem importância. Pode ser que essa tendência, por parte de sua terapeuta, de utilizar aspectos de si mesma que Simon associava a seu pai, em extremo contraste com o que ele precisava de sua mãe, tenha tornado mais difícil para ele abandonar sua visão polarizada de relações íntimas.

Em retrospecto, parece que o "erro" de técnica no sonho do "psicanalista eminente" era precisamente essa tendência a participar do sistema projetivo de Simon, como resultado do que ele teria que "seguir em frente" para um analista famoso. Ele agora tinha de enfrentar, sem proteção defensiva, a ideia de que, na realidade psíquica, a sua posição era que ele teria que comer a própria mãe para sobreviver ("usar as pessoas e seguir em frente"). Na sessão descrita, sua terapeuta era muito facilmente identificável com seus professores temidos. Com efeito, dando-lhe uma "aula" sobre teoria psicanalítica, ela revelou a maneira como procurou proteger-se da negação e hostilidade dele; ou seja, usando sua própria mente, de forma intelectualizada, para fugir da dor do que estava realmente acontecendo. A tentação defensiva a retornar à teoria, dessa forma, reforçava duplamente o problema, deixando o paciente sem alimento real para o pensamento, mas com uma inveja crescente. A inveja compreensivelmente provocou ataques verbais ainda mais intensos aos vínculos de intimidade entre paciente e terapeuta, e à confiança de Simon em uma fonte boa e segura de força e discernimento.

Entender essas sessões trouxe uma espécie de divisor de águas na forma de trabalhar. Até então, tinha sido muito difícil diminuir a atratividade de seu habitual "modo de incorporação", pelo qual ele iria "engolir" e "tomar posse", como se fosse dele próprio, de qualquer coisa que fosse considerada boa. Agora parecia mais possível reconhecer e apreciar o valor característico do outro, não como algo a ser imediatamente possuído por ele, mas como algo cujas qualidades genuínas poderiam ser colocadas para dentro e assimiladas como recursos amados e confiáveis. Este último processo introjetivo é sempre difícil de descrever, porque é muito gradual, e acontece de forma quase imperceptível (ver Capítulo 11), mas indicações de uma mudança interna começaram a ficar claras nos sonhos de Simon e em mudanças de outros tipos, que foram lentamente se tornando evidentes no resto de sua vida.

Um dos sonhos finais de sua terapia esclareceu a mudança entre seus estados mentais anteriores e atuais.

> *Ele chegou em casa e encontrou um grande saco que tinha sido deixado do lado de fora da porta pelo carteiro. Começou a desembalar o que pareciam ser pedaços e fragmentos bastante bizarros, associados a formas espe-*

cíficas de conhecimento técnico extremamente avançado (relativos aos seus estados mentais mais onipotentes de tempos passados). Enquanto continuava a explorar, as peças tomaram a forma de uma linha férrea, com pontes, túneis etc., e ele percebeu que o saco continha um trenzinho de brinquedo como o que possuía quando tinha entre três e sete anos, ele pensava.

A maneira como ele contou o sonho foi marcante. Houve um toque fortemente edípico na descrição de suas memórias de brincar com este trenzinho, nos detalhes do progresso do trem sob as pontes e os túneis. Era como se o saco/mundo interno não contivesse mais tantos pedaços fragmentados de habilidades e conhecimentos cindidos, mas sim uma mãe e um pai genuínos, cujo relacionamento podia ser tolerado e internalizado, de uma maneira que tinha sido claramente impossível quando o menino Simon enfrentara essa situação.

Muitos outros sonhos levaram a este último, cada um deles representando, de diferentes maneiras, uma saída da identificação projetiva, e, no processo, indicando a aquisição de uma noção muito mais completa de si mesmo. Ele descreveu sentir que não mais estava "desempenhando um papel", e que podia sentir que tinha qualidades internas que estavam começando a corresponder às suas realizações externas. Ele não mais apenas parecia ser, e começava a sentir que estava se tornando um bom aluno. Outro de seus sonhos finais parecia indicar uma "decisão" de abandonar seu *self* projetivo e apoiar uma alternativa muito mais genuína:

> *(...) ele partia pela estrada pela qual originalmente saíra de sua pequena cidade natal para a cidade grande. (No caminho, ele teve uma série de experiências significa-*

250 ADOLESCÊNCIA MÉDIA: UM EXEMPLO CLÍNICO

tivas que, no trabalho do sonho, desfizeram, por assim dizer, o estado mental em que estivera na viagem original, alguns anos antes.) Passou por uma loja de sapatos – "Hush Puppies", ele pensou, o tipo de coisa que professores podem usar. Naquele momento, houve um apagão, e ocorreu a Simon que ele poderia roubar um par de sapatos e colocá-los, e ninguém saberia. Ele decidiu não fazê-lo, contudo, e no mesmo momento as luzes se acenderam novamente, e ele percebeu que sua avaliação dos sapatos havia sido bastante errônea; eles não eram de forma alguma tão atraentes quanto ele havia pensado. Pareciam totalmente diferentes agora, bastante "bregas" e pretensiosos. A próxima loja era um porão que vendia discos, cassetes e CDs (um mundo de cultura popular que ele frequentara muito em sonhos e na realidade, e que veio a representar um modo projetivo pelo qual ele tornou-se identificado com grupos bastante estúpidos, desprovidos de qualquer individualidade ou qualidades duradouras). Ele novamente deixou a loja para trás. Em seguida, deparou-se com seu irmão menor em uma banheira com um dos colegas de Simon (que Simon acreditava ser homossexual). Gentilmente retirou seu irmão da banheira.

Esse *self* irmãozinho aparecera com destaque em situações fantasiosas em que desejos homossexuais tinham confundido e atormentado Simon. O sonho expressou a possibilidade de abandonar essas várias confusões, possibilidades projetivas e tentações, mas em favor do que ainda não estava claro. Em outro sonho, na mesma semana, sentindo-se perturbado com a perspectiva de deixar seu posto de pesquisa e de terminar a terapia em um futuro próximo,

> *ele se viu como um menino de quatro anos de idade, sentado na mesa da cozinha. Um de seus professores entrou, de uma forma papai-acabou-de-chegar-do-trabalho, e cumprimentou com o calor brincalhão e próximo de um tipo amoroso, paternal e não-erótico.*

Este sonho colocou Simon mais intimamente em contato com uma profunda tristeza, uma sensação tanto de perda como de responsabilidade pela qualidade de seus relacionamentos passados (em vez de culpar seus pais, como em tempos passados). Ele também começou a pensar sobre a capacidade paterna muito real de seu pai, de gentileza, atenção e carinho, que ele tinha até então tão resolutamente negado. Ele tendia, como vimos, a identificar-se com figuras masculinas tirânicas, frias e ocasionalmente erotizadas, com os consequentes problemas de identidade que tinham caracterizado sua adolescência essencialmente sem alegria. Os · professores superiores, verbalmente sádicos, tornaram-se reconhecíveis como aspectos dele mesmo, o tipo de personalidade com que ele se identificava quando se sentia ameaçado e ignorante. Na medida em que ele adquiriu mais confiança, o poder de sua relação de amor/ódio com esse lado de si mesmo começou a diminuir.

Um fator importante nesse processo de saída-da-identificação--projetiva parecia ser o luto genuíno que ele foi capaz de sofrer em relação ao final de sua terapia e à conclusão de sua pesquisa. No passado, em momentos de separação, ele procurava se proteger da ansiedade de diversas formas: por uma espécie de onipotência mental defensiva e negação da dor, por exemplo, ou por fantasias homossexuais, ou pela separação rígida de suas figuras internas masculinas e femininas. Ele agora descrevia dor intensa, a dor de deixar relacionamentos reais e ternos, a experiência de "sentir falta" e de saudades. Tinha um desejo de dar generosamente e calorosamente aos outros. Descreveu ambicionar tornar-se uma pessoa verdadeiramente útil, e não meramente bem-sucedida. "Deixar" não mais significava "usar e seguir em frente", mas envolvia um forte sentimento de perda, com traços de expectativa. Parece que sua maneira de conhecer tinha deixado de constituir uma defesa contra a dor depressiva e o conflito edípico, e que sua mente poderia agora ser empregada não tanto para dominar seus sentimentos como para vivê-los. Em termos edípicos, parece ter ocorrido uma mudança, que era particularmente clara no seu relacionamento com sua terapeuta. As características de homem/mulher, masculinas/femininas daqueles de quem ele era próximo já não estavam confusas, como nos sonhos do caracol e da aranha, nem tinham que ser mantidas fora de contato. Em vez disso, era possível permitir que elas se reunissem na ideia de um casal atencioso e dedicado em um relacionamento íntimo.

Qualidades como amor, preocupação, gratidão, dependência e cooperação começaram a aparecer na vida cotidiana dele e, com elas, sonhos que eram com frequência cada vez menos sobre ser um psicanalista famoso, como no passado, e mais propensos a focar em atividades como visitar sua avó no hospital, ou comprar plantas para sua mãe. Ele exibia certa humildade, leveza, um prazer em coisas simples, e, em consonância com isso, seu corpo parecia corresponder, finalmente parecendo mais proporcional à sua cabeça. Com uma confiança recentemente conquistada no sentido de totalidade e integração de sua personalidade, começou, pela primeira vez, a expressar um interesse genuíno na formação de um relacionamento íntimo. Em uma ocasião, sem nenhum indício de ostentação, mas com surpresa desconcertante, ele disse sentir que às vezes tinha um impacto positivo sobre as outras pessoas. Começou a perceber que era amável; que poderia ser experienciado como cordial "sem tentar"; que estava deixando de "ser um patinho feio", não sem medo, mas certamente mais determinado. Com muita dificuldade, ele estava se tornando ciente das mudanças em si mesmo. Sua identidade adquiria novas fronteiras, novas, mas também, é claro, ainda não experimentadas. Ele comentou, em certo momento, que passou a acreditar em finais felizes. Estava intimidado, no entanto, pelo início do resto de sua vida, e tinha medo de que a parte realmente interessante da história não fosse o que aconteceria depois, mas sim a complexidade e incerteza que o tinha levado até aquele ponto.

Simon teve a coragem de se envolver na luta dolorosa para se tornar "real", e nesse momento, deixou a terapia, prestes a embarcar em sua vida futura. Para ele, isso implicou uma diminuição de seus poderosos impulsos agressivos, mais evidentes na forma como ele usava sua mente, e uma capacidade, como consequência, para juntar vários elementos cindidos, tanto na transferência com a terapeuta como na vida. A rigidez de suas tendências projetivas, que haviam sido reforçadas por lhe convirem muito bem no mundo acadêmico para o qual ele fora atraído, pôde, então, dar lugar a um tipo diferente de identificação, agora com funções verdadeiras e diferenciadas das figuras materna e paterna, tanto separadamente como em relação um com o outro. A mudança foi fundamental. Ele tornou-se muito mais capaz de formar relacionamentos genuínos com os outros e com as diferentes partes de si mesmo. A mudança marcou a transformação da "semelhança para a identidade". Finalmente parecia que ele poderia ser capaz de emergir de seus turbulentos anos da adolescência em um *self* adulto mais genuíno e amoroso. Ernest Jones (1922) comentou que,

254 ADOLESCÊNCIA MÉDIA: UM EXEMPLO CLÍNICO

no decorrer da adolescência, será descoberto que "a capacidade de amar tornou-se mais forte em detrimento do desejo de ser amado" (p. 39). Isso parecia muito verdadeiro na mudança de Simon.

Ao descrever esses aspectos da terapia de Simon, foi possível traçar uma série de congruências entre a evolução de um tratamento terapêutico específico e a capacidade de uma pessoa para desenvolver-se, a capacidade de crescer internamente, bem como cronologicamente. Tendo tido um desenvolvimento emocional tardio, Simon achara muito difícil mover-se da confusão do início da adolescência para um estado mental em que ele poderia estar preparado para progredir com confiança para a vida adulta. Seus eventuais passos hesitantes em direção a esse estado relacionavam-se de forma importante com o que ele era capaz de elaborar na relação com sua terapeuta, e também com ter que suportar términos no mundo externo. Foi algo embutido em sua experiência desses eventos que lhe permitiu, internamente, começar a abandonar estados mentais desgastados e restritivos e tornar-se mais receptivo às qualidades que poderiam realmente incentivar seu desenvolvimento, em vez de impedi-lo. As mudanças na relação entre Simon e sua terapeuta foram particularmente interessantes. Essas mudanças chamam atenção para a necessidade, especialmente no que diz respeito a adolescentes, de uma flexibilidade contínua por parte do continente, seja pai ou terapeuta, a fim de oferecer ao jovem a liberdade de ser ele mesmo.

Por sentimentos de necessidade e incerteza, Simon tendera a viver de um modo insistentemente projetivo, à custa do seu verdadeiro *self*. Mas, lentamente, como vimos, ele tornou-se menos inclinado a repudiar aspectos de sua personalidade, bons e ruins. Atribuía, à sua versão dos outros, aquelas características que ele ainda não estava pronto para possuir como pertencentes a si próprio. Em vez disso, começou a ser capaz de colocar para dentro e beneficiar-se internamente das qualidades reais daqueles a quem ele era emocionalmente próximo. Ao fazer isso, ele pôde, ao menos, começar a imaginar formar uma relação verdadeiramente íntima, embora talvez, na prática, não em algum momento próximo. Ao encontrar um sentido mais autêntico de si mesmo, Simon começou a descobrir uma avaliação mais fiel de si-mesmo-no-mundo – um processo descrito por Keats (1818):

> *A diferença entre ter altas sensações com e sem conhecimento parece-me isso – no último caso, estamos caindo continuamente dez mil braças de profundidade e sendo elevados novamente sem asas e com todo (o) horror de uma criatura de ombros descobertos; no caso anterior, nossos ombros criam asas, e seguimos pelo mesmo ar e espaço sem medo. (p. 92)*

Notas

1. *Language of Achievement.* (N. do T.)

2. Bion (1970) utilizou a noção de Capacidade Negativa (pp. 125-129). É possível que existisse uma razão especial para o interesse de Keats, além do pedido de abertura e receptividade que as próprias palavras implicam. Stephen Coote (1995) escreve: "a escolha da palavra 'negativo' quase certamente deriva de palestras de Keats sobre química, onde a negatividade implicava não uma rejeição, um sinal de menos ou uma ausência, mas sim uma intensidade receptiva simpática. Assim como, para Bailey, Keats havia comparado a ação de grandes mentes com catalisadores, ele poderia sugerir para seus irmãos que a 'capacidade negativa' do verdadeiro poeta seria como um negativo elétrico: passivo, mas, em seu poder receptivo, bastante igual à corrente positiva" (p. 115). Keats também sabia que o "influente bispo Butler" considerava que um homem pode ter crença

256 ADOLESCÊNCIA MÉDIA: UM EXEMPLO CLÍNICO

religiosa mesmo que sua mente continue "com grandes dúvidas e incertezas sobre sua evidência e natureza" (ibid).

3. Klein (1929) descreveu a percepção da sexualidade parental, em um estado mental esquizoparanoide, como sendo a de uma figura combinada assustadora, mesmo terrorífica. Tal figura é formada na fantasia inconsciente pela projeção dos desejos orais, anais e genitais da criança em uma ideia da relação sexual destrutiva dos pais, que é considerada contínua e bestial – o monstro "de duas costas" de Shakespeare (p. 213). Esse "objeto combinado" primitivo é muito diferente de uma percepção, possível no estado mental depressivo posterior, do relacionamento dos pais como sendo de relações criativas. Esse "objeto combinado" benigno é aquele com que Simon tornou-se cada vez mais capaz de se relacionar e apreciar como envolvendo figuras criativas em seu próprio mundo interno.

11. Adolescência final: vidas fictícias

*Certos livros, como certas obras de arte, geram senti-
mentos poderosos, e estimulam o crescimento quer se
queira ou não.*

—W. R. Bion

Durante a adolescência, como vimos, há uma probabilidade
de que as tendências projetivas predominem sobre as introjetivas,
para bem e para mal. A ansiedade envolvida nas tentativas de um
jovem para descobrir quem ele é, ou quem ela é, e para definir mais
claramente seu sentido-de-si-mesmo-no-mundo, muitas vezes
desperta extremos de cisão e projeção defensivas. Mas no decorrer dessa busca por autodefinição, também se desenrolam outras
maneiras, mais moderadas e exploratórias, de estabelecer melhor
compreensão deles mesmos. Essas outras maneiras envolvem graus
menos intensos e extremos de projeção, e incluem a capacidade de
valorizar e colocar para dentro as qualidades mentais e emocionais

que podem ajudar a apoiar seus *selves* em desenvolvimento. Na avaliação de um aspecto tão crucial do crescimento como a transição da adolescência para a idade adulta, deve ser dada ênfase mais detalhada à natureza dos processos introjetivos – aqueles que eram tão essenciais para Simon ser capaz de mudar.

É intrínseca ao processo introjetivo a capacidade de abrir mão de figuras externas de dependência e apego e instalar uma versão interna dessas figuras, como recursos que inspiram e encorajam o desenvolvimento independente da personalidade. Esse processo, como vimos, envolve a capacidade de enlutar-se pelo que está sendo deixado para trás, ou que é sentido como tendo sido perdido. Fortalecido por essa tarefa, o indivíduo pode sentir que é viável seguir em frente. O processo ocorre ao longo do tempo. As alterações podem ser semelhantes às mudanças internas em Dorothea, descritas tão sutilmente por George Eliot em *Middlemarch*:

> *Esse novo futuro, real, que estava substituindo o imaginário, construiu seu material de minúcias sem fim, pelas quais sua visão estava gradualmente mudando, com o movimento secreto do relógio, em relação ao que tinha sido em seu sonho de solteira. (1872, p. 226)*

Estamos familiarizados com a visão de Freud de que é essencial para o sucesso da adolescência o cumprimento satisfatório da tarefa de cristalizar a identidade sexual, encontrar um parceiro sexual e reunir os dois principais ramos da sexualidade, o sensual e o afetivo (ver Capítulo 9). Em aspectos importantes, a construção de uma capacidade interna de intimidade é a principal tarefa da adolescência. O desenvolvimento de tal capacidade pode, para alguns, levar muito mais tempo e, possivelmente, várias tentativas diferentes. E, de fato, é possível que os relacionamentos que ocorrem nesse momento em que se é um jovem adulto, apesar das aparências, tenham pouco a ver com uma verdadeira transição de estados mentais adolescentes para adultos. Podem ter pouca relação real com a capacidade interna que está agora sendo descrita. Na verdade, tais uniões podem constituir precisamente o oposto: uma ligação defensiva em face da ansiedade sobre o que entrar na idade adulta pode realmente acarretar.

Como já mencionado, uma das principais tarefas da adolescência é a criação de uma mente própria, uma mente enraizada nas fontes e modelos de identificação que são visíveis dentro do ambiente de uma família, ou no ambiente mais amplo da escola e comunidade, mas ainda assim distinta deles. No final da adolescência, a luta pela separação, que é fundamental para a capacidade de ser a própria pessoa, tende a assumir certas características que diferem dos primeiros anos da adolescência. Normalmente, o jovem estará, a essa altura, emergindo das complexidades muitas vezes viciantes da vida em grupo, e das relações polivalentes e mutáveis que, até então, fizeram parte do processo de separação dos pais e familiares. Ele ou ela estará diante de uma separação diferente e mais extrema: a de sair da escola e de casa, de ter que ser independente como nunca antes. É um momento de esperança e expectativa, mas para muitos, também de extrema tristeza e angústia, e mesmo de ruptura, para os poucos que se encontram aquém da tarefa.

O sucesso ou fracasso desse desafio, como vimos nos grupos etários sucessivos, dependerá muito de como as experiências de amor e perda foram encaradas no passado, na verdade desde o início. A forma de lidar com tais situações, como afirmado repetidamente, é profundamente afetada por quanto o pai ou pais podem suportar renunciar aos seus filhos e ajudá-los em seu caminho.

A dor de fazê-lo muitas vezes traz consigo uma intensidade e uma pungência que testa o mais bravo dos corações. É intrínseca a essa fase do processo de separação a busca de uma parceria íntima fora da família. A capacidade de estabelecer uma relação profunda e duradoura depende do resultado de uma série de processos internos complexos que, quase sempre, terão sido problemáticos e gratificantes durante a adolescência. No cerne da questão está a capacidade da pessoa de experimentar a perda, uma perda especialmente gritante quando a infância é definitivamente deixada para trás e envolver-se com o mundo adulto se torna uma necessidade.

A tarefa de transformar-se em si mesmo, nesse momento e em todos os outros, envolve abrir mão das versões denegridas e idealizadas do *self*, de outras pessoas e de relacionamentos, em favor das versões reais. Envolve renegociar sonhos, escolhas e esperanças, que tenham sido gerados pela própria pessoa ou impostos de fora. Envolve tolerar oportunidades perdidas e estradas não tomadas. São despertados conflitos dolorosos quando o jovem tem que seguir em frente e, simultaneamente, deixar para trás. Tais dificuldades confrontam o indivíduo em todas as fases da vida, mas elas são, talvez, mais exigentes e intransigentes nos principais pontos de transição, seja ir à escola pela primeira vez, finalmente aposentar-se do trabalho ou, como nesse caso, iniciar o resto da vida. Esses tipos de perdas testam a capacidade de lamentar, sentir remorso, assumir responsabilidade, sentir culpa e também gratidão. Todas essas capacidades são profundamente envolvidas na possibilidade de uma pessoa ser capaz de amar, e todas estão intimamente ligadas ao equilíbrio entre os processos projetivos e introjetivos que foram estabelecidos desde o início.

Seria preciso um livro inteiro sobre a vida de um paciente para descrever os processos introjetivos que ocorrem no curso de uma análise. Na verdade, o relato do desenvolvimento de um personagem em um livro *abrange* a extensa cronologia da capacidade de crescer. A série de romances do século XIX se presta particularmente para tal tarefa, pois, no decorrer da narrativa, o que muitas vezes ocorre é precisamente o processo de término da adolescência em discussão: o desenvolvimento gradual da capacidade interna para a intimidade do personagem. O evento externo do "casamento" funciona como uma representação simbólica do ponto de emergência para a idade adulta, do culminar das lutas do final da adolescência no sentido de estabelecer um lugar próprio, em contraste com o que lhes é convencionalmente atribuído. Assim, o casamento marca a obtenção de capacidades internas desenvolvidas no curso da narrativa, promovidas pelo impacto de um no outro dos personagens em questão. Em muitos romances do século XIX, observa-se a ocorrência de uma mudança da *ideia* inicial do casamento, muitas vezes cultural e contratualmente delineada, e a *capacidade* final para o casamento. A mudança ocorre pela gradual transição entre, de um lado, a tentação para dividir e projetar e, de outro, maior capacidade introjetiva, ou, talvez, um reequilíbrio gradual das duas tendências, com todos os problemas que esse reequilíbrio implica.

A natureza desses desenvolvimentos internos será explorada em *Emma*, de Jane Austen, e, muito brevemente, em *Jane Eyre*, de Charlotte Brontë. Os desenvolvimentos são característicos do final da adolescência, mas de nenhuma maneira exclusivos desse período. Nesses romances, a instituição do casamento é, naturalmente, em termos de ambiente social e cultural, muito diferente do casamento hoje. Mas há um impulso compartilhado de desenvolvimento que ainda orienta o processo do final da adolescência, embora muitas vezes de formas menos obviamente convencionais. Esse impulso é no sentido de encontrar, ou reconhecer, um verdadeiro parceiro, e desenvolver as capacidades para comprometer-se com um relacionamento para toda a vida.

A capacidade para o casamento não deve ser confundida com a relação contratual do casamento. Nos romances do século XIX, como na vida, as pessoas continuam a casar-se umas com as outras. Mas nem todos o fazem com base no que está sendo descrito aqui como uma "capacidade interna para o casamento". Nem, aliás, eles têm a capacidade de *não* se casar. O casamento contratual, como já foi sugerido, muitas vezes funciona como uma defesa contra a separação, perda e intimidade, ou como uma perpetuação de um problema edípico não resolvido. Os romances de Jane Austen, em particular, espirituosa e dolorosamente retratam diversos maus casamentos. Essas uniões são totalmente distintas dos progressos no desenvolvimento que ocorrem quando os protagonistas se envolvem cada vez mais profundamente com suas vidas e amores.

Um aspecto interessante de cada livro é a natureza da odisseia interna em que se embarca. Os personagens centrais sofrem e suportam o autoengano e, talvez mais importante, encaram a experiência de perda e sobrevivem a ela. Em um momento, Emma exclama: "Eu pareço ter sido condenada à cegueira, fui uma tola". De onde Emma retira a capacidade de aprender com seus erros e suas percepções errôneas? Como uma pessoa abraça e outra foge da possibilidade de crescimento, acomodando-se, ao invés, em uma conformidade menos perturbadora, ou reforçando as fortalezas defensivas? Essas narrativas são explorações de como uma jovem mulher se liga ao mundo adulto, não só o mundo restrito da juventude do escritor, mas o mundo contemporâneo do esforço de qualquer jovem para atingir a maturidade. Quer os textos originais sejam familiares ao leitor ou não, os impasses psíquicos descritos "falam" por si mesmos.

Emma Woodhouse é descrita, no parágrafo de abertura do livro, da seguinte forma:

> *bela, inteligente e rica, com um lar cômodo e um bom caráter, [ela] parecia reunir em sua pessoa os melhores dons da existência; e tinha vivido perto de vinte e um anos sem que quase nada a afligisse ou a zangasse. (1816, p. 37)*

Nas poucas densas páginas do primeiro capítulo, o assunto do casamento é imediatamente introduzido. De fato, o início, meio e fim do livro são marcadas por casamentos. O papel de Emma nessas diferentes uniões marca sua transição da onipotência infantil, através da manipulação defensiva (típica do modo projetivo), para a conquista de certo grau de autoconhecimento e uma noção mais madura tanto de gratidão como de demérito, característica do modo introjetivo. O fator chave nessa transição é a relação mutável entre Emma e o Sr. Knightley – uma figura em quem Emma, a forjadora de casais, finalmente encontra seu par e seu "forjador".[1] É o progresso oscilante de uma capacidade de reconhecer o Sr. Knightley como seu "parceiro", como a personificação de qualidades que foram tornando-se internas para ela mesma, que proporciona uma fonte sustentável de fascínio e instrução no decorrer do livro. Desde o início, o leitor não tem dúvidas de que o Sr. Knightley (um fazendeiro local e a figura mais cavalheiresca e elegível na comunidade) é o homem para Emma. Mas Emma está cega, somente lentamente e com grande dificuldade abre mão de suas defesas projetivas e narcísicas contra "ver" o que para os outros era tão claro.

Na primeira página do livro, o casamento se realiza entre o Sr. Weston e Miss Taylor, governanta de Emma desde a morte de

264 ADOLESCÊNCIA FINAL: VIDAS FICTÍCIAS

sua mãe, 16 anos antes. "Perder a senhorita Taylor foi a primeira de suas insipidezes. E foi no dia das bodas de sua querida amiga que Emma começou a alimentar sombrios pensamentos de certa importância" (p. 37). Mas a disposição de Emma logo a salva de qualquer continuação prolongada de tristezas. Experimentar-se como arquiteta do que poderia ter sido sentido como uma espécie de Édipo reverso a protege de uma dor muito duradoura ou grave.

> "E esquece você" – disse Emma – "outro motivo de alegria para mim, e não pequeno: que fui eu quem fez as bodas. Eu fui quem fez as bodas, sabe você?, faz quatro anos; e ver que agora se realiza e que se demonstre que acertei quando eram tantos os que diziam que o senhor Weston não voltaria a casar-se, me compensa de todo o resto".
>
> O senhor Knightley inclinou a cabeça ante ela. Seu pai se apressou a replicar: "Oh, querida! Espero que não vá fazer mais bodas nem mais predições, porque tudo o que você diz sempre termina ocorrendo. Por favor, não faça nenhuma boda mais". [O Sr. Woodhouse, "doentio durante toda sua vida" (p. 38), é o desmancha-prazeres arquetípico, opondo-se a qualquer coisa relacionada à vida ou a relacionamentos e, portanto, especialmente ao casamento.]
>
> "Papai, prometo-te que para mim não vou fazer nenhuma; mas me parece que devo fazê-lo por outros. É a coisa mais divertida do mundo! Imagine, depois desse êxito!" ..".Não entendo o que quer você dizer com isso de 'êxito'" – disse o senhor Knightley – "Êxito supõe um esforço... onde está o mérito? De que está você orgulhosa? Teve uma intuição afortunada, isso é tudo". (pp. 43-44)

Esta troca relativamente leve é muito sugestiva. Entendemos imediatamente que juntar pares constitui para Emma um processo de defesa contra a consciência de qualquer desejo de intimidade de sua parte, bem como uma forma de experimentar como é a intimidade. Protegida pelo dever autoimposto de ficar em casa para cuidar de seu pai infantil, ela pode perpetuar o papel pseudoadulto ("desde muito jovem tinha tido que ser dona de casa") e manter sob controle qualquer risco de realmente sentir-se ela própria dependente. Estava acostumada a "fazer sempre o que queria; tendo em grande estima o critério da senhorita Taylor, mas regendo-se fundamentalmente pelo seu próprio" (p. 37).

Nem um pouco preocupada, conscientemente, em encontrar um homem de quem *ela* pudesse gostar, Emma se interessa por essas questões em relação a outros, seja em fantasia ou na realidade, principalmente por sua amiga Harriet Smith, através de quem ela pode ceder às suas ideias de formar casais sem qualquer risco de envolver seus próprios sentimentos. Há uma espécie de entusiasmo e energia em relação à Emma. Ela gera interesse. Como o senhor Knightley diz: "O que sinto pela Emma é como uma ansiedade, uma curiosidade. Preocupa-me o que possa ser dela". O leitor fica preso ao que irá ocorrer a seguir ("Nesse momento, uma suspeita engenhosa e animada estava entrando no cérebro de Emma"). Grande parte do romance relaciona-se com Emma formando casais, ou presumindo a existência de casais, apenas fugazmente incluindo-se em qualquer uma das equações complexas. Uma leitura possível seria entender a sua devoção a formar casais como uma maneira de proteger-se de ficar vulnerável às experiências de amor e perda, e que sua incapacidade de abrir mão da lealdade em relação aos cuidados com seu pai relaciona-se a uma ansiedade em expor-se às turbulências emocionais de um tipo diferente de relacionamento íntimo. O movimento central do romance descreve o entrelaçamento e desarticulação extremamente elaborados de possibilidades projetivas de intimidade, uma intimidade que não pode, inicialmente, ser trabalhada de qualquer maneira mais direta ou imediata. A principal questão passa a ser: o que permite a Emma finalmente começar a ser capaz de receber e apreciar as qualidades e funções representadas pelo Sr. Knightley? O que a encoraja a arriscar se envolver com seus próprios sentimentos sinceros em vez de "gerir" os de outras pessoas?

Inicialmente, Harriet Smith atendia perfeitamente às necessidades defensivas de Emma – tanto como uma companheira muito necessária quanto como um veículo para seus esquemas projetivos. A incapacidade de Emma de compreender a quem realmente interessavam suas ligações imaginárias atesta a medida da negação inconsciente da sua necessidade adolescente comum de fantasiar e experimentar, antes de poder reconhecer ou desenvolver qualquer possibilidade de ter ela própria um parceiro duradouro. A descrição de seus talentos artísticos oferece um encapsulamento maravilhoso da mudança de gostos e entusiasmos adolescentes, e dos investimentos narcísicos de Emma em admiração.

> *Mostrou-lhes seus numerosos esboços. Miniaturas, retratos de meio corpo, de corpo inteiro, desenhos a lápis e carvão, aquarelas, tudo o que tinha ido ensaiando. Emma sempre tinha querido fazer tudo... Tocava algum instrumento e cantava; e desenhava em quase todos os estilos; mas sempre tinha faltado perseverança... Não se fazia muitas ilusões de suas habilidades musicais ou pictóricas, mas não lhe desgostava deslumbrar a outros, e não lhe importava saber que tinha fama frequentemente maior que a que mereciam seus méritos... O parecido*

*agrada a todo mundo, e neste aspecto os acertos da se-
nhorita Woodhouse eram muito notáveis. [p. 72]*

No entanto, seu retrato de John Knightley não agrada. "E
como já hei dito, então jurei que nunca mais voltaria a desenhar a
ninguém" (p. 73).

Essa passagem descreve um aspecto mais positivo do modo
projetivo, o processo já familiar pelo qual, durante a adolescência,
em particular, os indivíduos podem investigar quem são, projetando aspectos de si mesmos em outros e relacionando-se com eles
lá, seja com aceitação ou rejeição. Com Emma, a questão é mais
complicada, pois, em vez de experimentar com as possibilidades
ela própria, Harriet é pedida em casamento e promovida, com
confusões intermináveis, autoenganos e percepções equivocadas, e
com a imposição constante de uma grande dose de decepção e sofrimento desnecessário. Para começar, Harriet é tão maleável que
Emma pode provocar nela mais ou menos o que quiser. Emma é
um projetor completo, mas ela também é, como vimos, reconhecidamente e não de má vontade, o objeto das projeções de outras
pessoas – por vezes muito além de seus méritos. É o Sr. Knightley
que continua a ser a pedra de toque da relação entre as capacidades
ilusória e real de Emma. Ele mantém todo o tempo capacidade de
julgamento, dever, valores morais, abnegação e correção – realmente um homem honrado, um verdadeiro cavaleiro. "Efetivamente, o
senhor Knightley era uma das poucas pessoas que podiam ver defeitos em Emma Woodhouse, e o único que lhe falava deles" (p. 42).
Ele reconhece que ela nunca iria submeter-se a qualquer coisa que
exigisse esforço, paciência e uma sujeição da fantasia à compreensão. Ele possui, somos informados, modos requintados, e as boas
maneiras em Jane Austen tendem, em geral, a ser um indício autêntico de qualidades morais das pessoas.

Quando o Sr. Knightley questiona as reivindicações de sucesso de Emma por levar a cabo o casamento de Miss Taylor, ele está sendo honesto e, como o leitor logo descobre, com profunda preocupação, tentando incentivar Emma a pensar sobre o significado e as consequências de suas ações. Um dos problemas que ele percebe claramente é a dificuldade de Emma em perceber que há algo a aprender: "Como pode Emma imaginar que tem algo que aprender enquanto Harriet oferece inferioridades tão agradáveis?". (É melhor, ele diz em outro trecho, "não ter inteligência que empregá-la mal como você faz".) O fácil acesso do Sr. Knightley à casa de Emma, fora das horas formais, transmite a sensação de que ele está de alguma forma continuamente em sua casa/mente. Ronald Blythe descreve a dicotomia inteligente pela qual o leitor "vê tudo pelos olhos de Emma, mas tem que julgar pelos padrões do Sr. Knightley" (1966, p. 14). É essa dicotomia que permite que o leitor trace a evolução do relacionamento entre o *self* e o outro em Emma, siga a transição gradual do seu modo projetivo narcísico em favor de maior capacidade de percepção realista de si mesma e do mundo exterior. O relacionamento entre o Sr. Knightley e Emma tem muito em comum com o "continente/contido" de Bion. Como vimos, o protótipo é a relação entre a mãe e o bebê, análoga em aspectos importantes à relação entre o analista e o analisando. Os pré-requisitos para pensar e aprender residem na disponibilidade de uma mente capaz de introjetar as comunicações e evacuações projetivas do bebê, sejam elas de amor ou ódio. Assim, uma pessoa pode investigar seus próprios sentimentos em outra personalidade, considerada resiliente o suficiente para contê-los. No final da adolescência, o que se torna particularmente evidente é a maneira como o desenvolvimento normal depende de o mecanismo para satisfazer a curiosidade sobre o *self* (que é a identificação projetiva) ser introjetado de forma a promover um aumento no pensamento e na compreensão. Se isso pode acontecer em relação a figuras do mundo externo, pode também, como resultado, acontecer gradualmente com figuras do mundo interno.

Como consequência da disponibilidade do Sr. Knightley como um objeto continente, o modo insistentemente projetivo de Emma começa a assumir proporções mais "normais", e suas capacidades introjetivas começam a aumentar. A observação da influência crescente do Sr. Knightley em Emma envolve o leitor em uma experiência do processo de crescimento da mente, sob a influência de uma figura interna benigna. No início, Emma tende a negar qualquer peso às admoestações do Sr. Knightley. Ela se abriga de sua inquietação na afirmação de que são brincadeiras: "O Sr. Knightley adora encontrar falhas em mim – de brincadeira – é tudo uma brincadeira. Nós sempre falamos o que queremos um para o outro" (p. 42). Mas apesar de suas racionalizações e justificativas, ela está perturbada: "Emma não replicou, e se esforçou para adotar um ar de alegre despreocupação, mas o certo é que sentia-se cada vez mais incômoda, e desejava com toda sua alma que seu interlocutor partisse".

A cegueira emocional de Emma é tão absoluta, e suas deturpações tão insistentes, que é apenas muito mais tarde que ela pode, com horror, reconhecer a extensão de seu autoengano. No entanto, o reconhecimento traz consigo uma sensação de que algo estava trabalhando nela por um longo tempo – algo de que ela estava pouco consciente e que, finalmente, em face do medo de ter perdido o centro absoluto de suas afeições, ameaça entrar em colapso interno. O ponto de virada decisivo é o remorso intenso de Emma e o desejo de reparação por seu desprezo cruel à idosa senhorita Bates, durante um piquenique em Box Hill. O Sr. Knightley acusa Emma. Ela busca mentalmente seu pai para conforto, e tem que reconhecer sua inadequação emocional (como figura interna), e a dependência que ele tinha *dela* (como figura

270 ADOLESCÊNCIA FINAL: VIDAS FICTÍCIAS

externa). Sua cegueira, até então, às limitações de seu pai permitiu que ela perpetuasse uma percepção pseudomadura de si mesma, que oferecia gratificação artificial por ser fundada apenas em idealização e negação. O leitor agora observa Emma começando a reconhecer a mudança que vem lentamente ocorrendo dentro dela, uma mudança da qual nós, os leitores, há muito estamos cientes. Ela descobre a verdade sobre seus próprios sentimentos. Não há nada de indulgente nessa angustiada descrição de autorreconhecimento. Ela carrega consigo o agudo sentimento de vergonha e a ponta cortante do remorso e da responsabilidade – a incerteza da turbulência da mudança catastrófica.

> *O resto do dia e a noite seguinte não bastaram a seus... achava-se turvada pela confusão de tudo o que tinha irrompido em sua vida naquelas últimas horas... Cada momento tinha contribuído a uma nova surpresa; e cada surpresa era um motivo a mais de humilhação para ela... Como podia compreender tudo? Como podia compreender que tivesse estado enganando-se a si mesma daquele modo até então, vivendo naquele engano? Aqueles enganos, aquela cegueira de sua mente e de seu coração!... Ficou sentada, passeou, andou de uma a outra habitação, tentou o plantio... Em todos os lugares, em todas as posições não podia deixar de pensar que tinha agido de um modo insensato; que se tinha deixado·enganar por outros de um modo mortificante; que se tinha estado enganando a si mesma de um modo mais mortificante ainda; que se sentia desgraçada e que provavelmente aquele dia não era mais que o princípio de suas desgraças.*

No momento, o primeiro que devia fazer era ver claro, ver totalmente claro em seu próprio coração. Para este objetivo tenderam todos os momentos de ócio que suas obrigações para com seu pai permitiam-lhe ter, e todos os momentos de involuntário ensimesmamento...

Com imperdoável vaidade, acreditou-se possuidora do segredo dos sentimentos de todo mundo; com uma indesculpável arrogância, propôs-se arrumar o destino de todo mundo. E estava demonstrado que se equivocou em tudo; e nem sequer tinha feito nada... porque tinha provocado desgraças... Havia trazido desgraça a Harriet, a ela própria e, temia muito, também ao senhor Knightley. (pp. 401-402)

Há também, contudo, um sentimento de que, quer seus piores medos se concretizem ou não na perda do Sr. Knightley para Harriet, Emma tem a força emocional para sobreviver.

Quando suas reflexões chegavam a esse ponto extremo (de que tudo teria sido obra dela), não podia evitar estremecer-se, emitir um profundo suspiro e inclusive passear pela habitação durante uns breves segundos... e o único pensamento de que podia extrair algo parecido a um consolo, a uma resignação, era sua decisão de que a partir de então ia corrigir-se, e a esperança de que, embora o próximo inverno e todos outros invernos que viessem não pudessem comparar-se aos passados em animação e em alegria, iriam encontrá-la mais sensata, conhecendo-se mais a si mesma, e terminariam lhe deixando menos coisas de que arrepender-se. (p. 411)

272 ADOLESCÊNCIA FINAL: VIDAS FICTÍCIAS

A relação que permite que Emma esteja "conhecendo-se mais a si mesma" é uma em que outra mudança também vem ocorrendo de forma imperceptível. É profundamente verdade que quando uma pessoa é capaz de crescer por ter aprendido com as capacidades internas de outra, essa outra também é profundamente afetada. "Aqueles que podem confiar em nós nos educam".[2] Assim como o analista aprende com o paciente e os pais com a criança, também o Sr. Knightley aprendeu com Emma, e ele também se desenvolveu. A mudança aqui é sutil, mas importante. Desde cedo ele observa, em relação a Emma, que, "em sua mãe, ela perdeu a única pessoa capaz de lidar com ela". Claramente, o Sr. Knightley assume o manto parental. É sua convicção invejosa, mas, como sempre, altruísta da afeição de Emma por um rival temido, Frank Churchill, que o desperta para a percepção de que seu amor por Emma não é apenas parental, mas está enraizado no desejo de que ela venha a ser sua esposa. Ele também, em outras palavras, encontra uma capacidade interna para o casamento, que faltava no início do livro. Ele se depara com a verdade sobre si mesmo; não tanto na expressão precoce de seu interesse desinteressado nas declarações de Emma de que ela nunca vai se casar ("Me pergunto o que será dela"), mas em seu anseio apaixonado por ela – finalmente, e de modo tão comovente e discreto: "Se a amasse menos, talvez pudesse falar mais sobre isso" (p. 417).

Emma acreditava ter perdido o Sr. Knightley para outra. Essa crença revelou a ela a natureza de seus verdadeiros sentimentos por ele. Quando seu ciúme foi inflamado, ela descobriu que começara lentamente a atribuir ao Sr. Knightley não apenas qualidades parentais, embora profundamente significativas, mas também, sem saber, qualidades aspiracionais de esperança e renovação, agora representadas pela ideia de casamento. "Uma convicção passou com a celeridade de uma flecha no ânimo da Emma: o senhor Knightley só podia casar-se com ela!" (p. 398). Além disso, foi o desenvolvimento interno que imperceptivelmente ocorria que, apesar de sua convicção de que o objeto de seu amor estava agora perdido, permitiu-lhe tolerar a ideia de um possível futuro sozinha. Assim, o leitor tem uma noção de como o desenvolvimento de Emma é iniciado e apoiado pela qualidade de mudança interna da pessoa a quem ela está profundamente ligada, antes que ela mesma tenha qualquer consciência do que está acontecendo. Emma move-se gradualmente das fantasias de desejo para o início de uma capacidade de crescimento e mudança.

A descrição final de seu estado interno define o significado de mudança na personalidade. O tom principal passou a ser de autoconhecimento e sinceridade, qualidades em que a capacidade interna para o casamento é baseada – no reconhecimento de uma presença interna que combina capacidades, padrões e aspirações parentais com desejo sexual. A mudança que acompanhamos em Emma, de uma adolescente vaidosa e egocêntrica, embora encantadora, para uma jovem mulher que está começando a ser capaz de ocupar uma identidade mais adulta, depende do reconhecimento do significado, para ela, de alguém que tem tais qualidades. Esse estado mental adulto é caracterizado por sentimentos de humildade, de gratidão e de preocupação com os outros, sentimentos que fazem com que a intimidade madura seja uma possibilidade; embora, no caso de Emma, ainda longe de ser realizada.

> *Que mais podia desejar? Nada, exceto fazer-se cada dia mais digna dele, cujas intenções e cujo critério tinham sido sempre tão superiores aos dela. Nada, a não ser esperar que as lições de suas loucuras passadas lhe ensinassem humildade e prudência para o futuro. (p. 456)*

Outras possibilidades de desenvolvimento para Emma e o Sr. Knightley e para a relação entre eles permanecem, contudo, desco-

274 ADOLESCÊNCIA FINAL: VIDAS FICTÍCIAS

nhecidas, e, ao final do romance, a questão quanto à sua capacidade de genuinamente se separar permanece no ar. Pelo menos por enquanto, ela não deixa a casa da família para estabelecer outra em outro lugar com o marido. Uma condição do casamento é que ela permaneça com o pai, e que o Sr. Knightley se una a eles. Ainda resta muito a ser resolvido.

A ausência, no romance, de uma resolução interna convincente desse problema central nos personagens principais, tanto da separação física como da capacidade de separação psíquica, também ocorre em *Jane Eyre*. O romance de Charlotte Brontë oferece uma representação maravilhosa e intensamente poética de uma corajosa sede por um "conhecimento real da vida". É uma extraordinária investigação moral e psicológica da infância de Jane Eyre, o início de sua adolescência e sua emergência da adolescência para a maturidade. Charlotte Brontë descreve o processo de prolongada busca pela verdade na sua forma mais dolorosa e mais resoluta. O Sr. Rochester (o outro protagonista central e o homem que ela ama) foi muitas vezes comparado ao Sr. Knightley, tanto pela sua combinação de ternura e força como pelas nuances edípicas de seu papel na relação central. Este aspecto edípico é especialmente pronunciado na ligação muito mais explicitamente sexual e apaixonada entre Jane e seu "mestre" um tanto Byrônico, e se relaciona de forma importante à natureza do casamento final.

Jane foi muito criticada por deixar Rochester e Thornfield Hall após a descoberta devastadora, no dia de seu casamento proposto por ele, de que ele já tinha uma esposa – a mulher louca trancada no terceiro andar, Bertha. O sofrimento de Jane e sua devastação mental são descritos com uma profundidade e uma pungência dificilmente suportáveis. Quando ela cai em sono profundo na noite de sua partida, sonha com uma de suas primeiras experiências traumáticas, de ser fechada na "sala vermelha" em Gateshead, sua casa de então. Aqui, como criança, seu terror, seu sentimento de abandono e perda de qualquer resquício de bondade permanente em sua vida a levaram quase à loucura. Fica claro a partir do texto que esse episódio primitivo teve conotações significativamente edípicas. A voz que ela ouve agora, em seu sonho acordada, quando uma forma humana branca emerge misteriosamente da lua, diz, "Minha filha, fuja à tentação!". "Mãe, eu vou", ela responde. O que essa passagem implica, assim como a parte final do livro, é que, para conseguir uma verdadeira capacidade de intimidade (neste caso com Rochester), Jane ainda tem que resolver algumas ligações internas. Ela tem que abandonar os ideais do romance infantil/adolescente. Tanto ela mesma quanto aquele a quem ela dedica sua atenção têm ainda mais a aprender sobre eles mesmos. Jane tem que experimentar o impacto da perda através da renúncia, e reconhecer a natureza de sua própria tendência a subjugar-se às necessidades do outro (São John Rivers), em vez de ser capaz de estabelecer uma relação de igualdade e de reciprocidade.

O acidente de Rochester no fogo simboliza sua transformação em um homem mudado, com a visão perdida e a mão aleijada. Nas chamas, ele perdeu a parte "sinistra" (mão "esquerda") de si mesmo e, como resultado, passou a ser capaz de possuir suas necessidades e dependência, abandonando sua onipotência orgulhosa. Até agora, como diz Jane, ele havia desdenhado todos os papéis, exceto o de doador e protetor. Agora ele reconhece como "pode começar a sentir remorso, arrependimento, o desejo de reconciliar-me com meu Criador" (1847, 2006, p. 495). Como consequência de sua perda, angústia e tristeza, os pensamentos de Rochester direcionam-se para dentro, e os olhos da sua *mente* veem muito mais claramente

276 ADOLESCÊNCIA FINAL: VIDAS FICTÍCIAS

do que ele era capaz antes de se tornar cego. Ele experimenta a humildade, a indignidade, a gratidão e, agora, profunda alegria.

Charlotte Brontë procura estabelecer, nessa última parte do livro, a base para a capacidade interna para o casamento que Jane e Rochester, através de seus respectivos sofrimentos, podem finalmente alcançar. Tal como acontece com Emma, essa capacidade parece estar essencialmente enraizada na presença interna do ente querido, uma presença interna que é capaz de sustentar a falha, ausência ou falibilidade do externo. No entanto, o casamento de Jane e Rochester possui uma natureza singular. O cenário é profundamente solitário. Ferndeane, sua casa, é à primeira vista dificilmente distinguível das árvores, "tão úmidas e escuras eram suas paredes decadentes... Estava silencioso como uma igreja em dia de semana; a chuva, matraqueando nas folhas da floresta, era o único som que se ouvia em suas vizinhanças. 'Será que alguém vive aqui?' perguntei" (p. 479). O relacionamento deles é descrito como quase simbiótico:

> *Nenhuma mulher jamais foi tão ligada ao seu marido quanto eu; cada vez mais absolutamente sangue de seu sangue e carne de sua carne. Não conheço cansaço da companhia de meu Edward; ele não conhece nenhum na minha, não mais do que cada um de nós sente da pulsação que bate em nossos peitos distintos; consequentemente, estamos sempre juntos. Estarmos juntos é, para nós, sermos ao mesmo tempo tão livres como na solidão, e tão alegres como em companhia. Conversamos, creio, o dia todo; falar um ao outro é apenas uma forma de pensar mais animada e audível. Dou toda a minha confiança a ele, e todas as dele me são dedicadas; combinamos perfeitamente em caráter – e a perfeita concórdia é o resultado.[3] (p. 500)*

No final de *Jane Eyre* e *Emma*, como acontece com muitos romances do século XIX, em particular os de George Eliot, o leitor é deixado aflito. As dimensões da viagem interna para a verdadeira idade adulta parecem muito mais extensas do que o potencial sugerido pelos estados casados em que as histórias encontram resolução. Quando George Eliot, no final de sua vida, disse que nunca tinha ficado satisfeita com o final dos seus livros, ela talvez estivesse refletindo sobre uma crise de gênero. O romance pode observar e descrever um processo de transformação que requer formalmente um fim, mas não pode realmente ter um. No entanto, possivelmente ela também estivesse reconhecendo um tipo diferente de problema – que a conquista de uma parceria comprometida representa apenas uma porta de reembarque. Marca simultaneamente a distância já percorrida e a distância ainda a percorrer. Então, é possível considerar que a própria imperfeição dessas uniões represente não tanto um ponto de chegada como o potencial de desenvolvimento. O mal-estar no final desses e de outros romances levanta questões relativas a se, e como, as pessoas podem continuar crescendo dentro de um relacionamento; como podem atingir ou alcançar independência da mente; como podem vir a perceber e tolerar o parceiro escolhido como ele realmente é, e não como se desejavam que fosse. Este último processo, muito provavelmente, continuará a envolver seus próprios tipos de perdas, sejam conscientes ou inconscientes, bem como ganhos inquestionáveis. Mas essa é uma história diferente, cuja natureza é profundamente afetada pela distinção em discussão: aquela entre o fato externo do casamento ou do relacionamento, e a "capacidade" interna para isso; isso é, pela base sobre a qual a relação original foi fundada.

Os dois romances discutidos descrevem o desenvolvimento como sendo enraizado em um delicado equilíbrio entre os processos introjetivos e projetivos. A maturidade é lentamente adquirida

278 ADOLESCÊNCIA FINAL: VIDAS FICTÍCIAS

através da experiência de ter as projeções mais infantis e insistentes recebidas e transformadas em suportáveis e significativas. Quando esse for o caso, o conteúdo das próprias projeções pode tornar-se parte da personalidade, assim como a capacidade de processá-las. Um afastamento da identificação projetiva torna-se então possível, sendo a fundação, como vimos, para a identidade adulta e para a intimidade.

O desenvolvimento emocional central que ocorre nessas narrativas representa um processo muito encontrado no drama e na ficção, que é sintetizado, talvez, nos grandes romances do século XIX.[4] Esse desenvolvimento, como argumentado neste capítulo, esclarece uma maneira específica de se relacionar, que mais tarde ficou conhecida como modo introjetivo, ou como identificação introjetiva. Mas o que, exatamente, esse "algo" realmente é, com frequência não é claro, ou perde-se nas várias exposições teóricas do processo. A ideia de Bion de aprendizagem como sendo uma capacidade baseada na introjeção sugere um processo mais complexo do que a noção de Klein de internalização de uma experiência boa "que apoia e protege o *self*". A aprendizagem, no sentido de Bion, e no sentido realizado pelos personagens fictícios aqui descritos, é baseada na capacidade de *ter* experiências emocionais que possam ser sentidas como significativas. Essas tornam-se, então, as bases para novas ideias e níveis mais altos de abstração. Essas experiências tendem a ser as do momento, não tendo sofrido interferências excessivas de outras considerações: por exemplo, "pensar no futuro"; ou por uma "ligação sentimental com o passado"; ou por ter uma "consciência das consequências" excessivamente imediata; ou por ter um "vínculo familiar" muito nostálgico.

Meltzer (1978, 1994) sugere que a recomendação de Bion, ao clínico, de uma suspensão temporária de "memória e desejo" relaciona-se a essa situação interna, à noção de Bion sobre a forma como ter em mente o passado ou uma esperança em relação ao futuro podem perturbar, ou cooptar, a experiência do presente (p. 463). Ser capaz de genuinamente envolver-se com uma experiência emocional presente torna-se, então, uma conquista – uma que é essencial para o conflito e turbulência do crescimento e desenvolvimento, e à qual, por isso mesmo, com tanta frequência se resiste.

Em cada um dos romances discutidos aqui, as evoluções decisivas para o desenvolvimento são resultados de experiências emocionais intensas que forçam os personagens que têm a capacidade de passar por elas a "pensar"; pensar no sentido fundamental de permitir-se "ter" sua experiência. Essas evoluções ocorrem em relação a um parceiro em potencial, que também é impelido a "pensar", a sofrer e a aprender de maneira semelhante. É a capacidade dos personagens de genuinamente se envolver com a experiência emocional, de aprender com ela e mudar como consequência, que transforma essas pessoas normalmente limitadas e imperfeitas em "heróis" ou "heroínas". Não é porque eles são idealmente bonitos ou virtuosos que alcançam *status* de herói, mas porque, ao contrário de outros personagens, estão dispostos a lutar para tornarem-se eles próprios no imediatismo da angústia de seus compromissos emocionais.

Meltzer (1978, 1994) chama a atenção para como é evidente, na história de nossos pacientes,

> *que muitas vezes em seu desenvolvimento eles foram quebrados por experiências ruins, dolorosas – desmame, nascimento do próximo irmão, a cena primária, a morte de um objeto de amor. Mas é igualmente evidente a partir das histórias de grandes homens – Keats, por exemplo – que eles foram "feitos" pela aceitação e assimilação*

280 ADOLESCÊNCIA FINAL: VIDAS FICTÍCIAS

> *desses mesmos eventos. Igualmente, vemos pacientes que foram quebrados por "boas" experiências, em que [essas experiências] inflamaram a sua megalomania, ou, inversamente, estimularam sentimentos intoleráveis de gratidão e endividamento. "Alguns tipos de caráter encontrados no trabalho psicanalítico" de Freud poderiam enquadrar-se nesta categoria. (pp. 466-467)*

Recentes visões psicanalíticas baseadas na obra de Bion correspondem mais de perto a esse quadro de desenvolvimento do que as de Freud ou Klein. Essa descrição de "caráter" refere-se à capacidade de uma pessoa de começar a aprender a assumir responsabilidade por si mesma e construir sua personalidade, eventualmente adquirindo a capacidade de aprender tanto das experiências boas como das ruins.

Esses romances descrevem as condições em que esse crescimento da personalidade pode ocorrer, em contraste implícito com todas aquelas em que ocorre pouco ou nenhum desenvolvimento. No centro do processo encontram-se os principais desafios da posição depressiva: a avaliação realista das qualidades reais do outro e uma aceitação do qu e é encontrado lá; a capacidade de suportar a perda da presença externa, mas, mesmo assim, manter aquela presença internamente em face da ausência, da dúvida e da incerteza, da perda de confiança, e até mesmo do medo de traição pela pessoa amada. O elemento definidor não reside no fato "bom" e "ruim" como tal, mas nas diferentes capacidades de relacionar-se com a experiência e dar sentido a ela, seja ela em si mesma boa ou ruim.

Emma e *Jane Eyre* englobam alguns dos principais temas deste livro como um todo, e algumas das questões próprias do final da adolescência em particular. A personalidade pode crescer na medida em que seja capaz de sobreviver psiquicamente à experiência perturbadora da mudança e das perdas decorrentes. Ela também tem que ser capaz de estabelecer uma identificação com uma figura de pensamento interno, um foco de amor e apego, que pode, eventualmente, funcionar de forma independente da sua origem e representação externa. A mudança e a sobrevivência psíquica dependem do *self* incipiente ser contido e orientado, seja no decurso das suas próprias relações íntimas na família e na vida, ou pela forma simbólica dada ao mundo interno do artista para o leitor, ou por um processo similar na relação terapeuta/paciente. Cada uma dessas experiências reevoca as primeiras experiências da criança. O indivíduo no final da adolescência está lutando com seu *self* psiquicamente emergente. Ele pode buscar ou agarrar-se a um relacionamento íntimo para amenizar as ansiedades de separação e a passagem para a vida adulta. Dependendo da capacidade interna de intimidade, esse relacionamento pode tanto vincular ainda mais a personalidade ao seu *self* inseparável ou pode libertá-la para prosseguir com a descoberta do seu próprio potencial. É incerto como as vidas subsequentes de Emma e Jane se desdobrarão. Suas escolhas e compromissos não têm nenhuma garantia. Mas essas escolhas e compromissos foram feitos com uma espécie de honestidade e integridade que deixa o leitor com um pouco de esperança.

Notas

1. Tony Tanner (1986). *Jane Austen*. London: Macmillan, p. 176. A ênfase de Tanner é na identidade: "Emma é uma 'forjadora de casais' (*matchmaker*) que encontra seu par (*match*) e, em certo sentido, seu 'forjador' (maker): as palavras unidas têm que ser devidamente separadas (e moralmente monitoradas) para que Emma possa se tornar mais propriamente – Emma".

282 ADOLESCÊNCIA FINAL: VIDAS FICTÍCIAS

2. É assim que George Eliot (1876) descreve o impacto de Gwendolen em Daniel Deronda. *Daniel Deronda*. London: Blackwood (reimpressão Harmondsworth: Penguin, 1967), p. 485.

3. Para uma discussão mais ampla sobre pontos semelhantes, ver Blum, M. (1995). *Uma exploração do mundo interior como expresso em dois romances*. Dissertação M.A. não publicada.

4. O desenvolvimento de Dorothea em *Middlemarch*, de George Eliot e de Gwendolen em *Daniel Deronda* são exemplos particularmente bons desse mesmo processo.

12. O mundo adulto

A presença de uma natureza nobre, generosa em seus desejos, ardente em sua caridade, muda nossa perspectiva: começamos a ver novamente as coisas como um todo mais silencioso, e a acreditar que também podemos ser vistos e julgados na inteireza do nosso caráter.

—*George Eliot*

"Quando eu crescer quero ser um 'dulto'", foi como um pequeno menino de seis anos de idade descreveu a ambição da sua vida. Na mente da criança na latência, existe um "mundo" diferente e centralmente importante em relação ao qual ele define e organiza o seu próprio: o de "gente grande". Aos sete anos, ou mesmo aos onze, é impossível imaginar que os "adultos" estão eles próprios ainda lutando com o que significa ser um "dulto"; que ao longo de suas vidas, muitos deles permanecem significativamente envolvidos com o processo de "crescer". E que o engajamento con-

284 O MUNDO ADULTO

tinuado ainda é necessário, pois a crença de que a maturidade foi atingida pode ser uma séria ilusão infantil. O que é uma identidade adulta? Como podemos definir a maturidade? Bion (1961) sugeriu que não deveríamos "presumir com muita facilidade que o rótulo na embalagem é uma boa descrição do conteúdo" (p. 37). O fato de que alguém superficialmente pareça adulto (seja por chegar aos vinte e um anos, assumir uma hipoteca, vestir um jaleco branco ou um terno risca de giz ou criar filhos) pode ter pouco a ver com os estados pueris ou infantis subjacentes ao exterior socialmente definido. O ônus da inautenticidade é frequentemente imenso. Muitos poderiam compartilhar a sensação de Margaret Atwood, de que ela estava "disfarçada" de adulta.

Ao longo dos anos, os psicanalistas definiram a maturidade de diversas maneiras. Freud pensava nela em termos de ser capaz de trabalhar e amar; Klein, como uma capacidade aumentada de viver na posição depressiva; Bion, como ser capaz de continuar a desenvolver-se. Assim como muito da poesia romântica inquietava-se quanto a como tornar-se um poeta, também Bion (1970) via seus muitos anos como psicanalista como um processo de aprender como tornar-se um. Seu interesse era em como impulsionar o esforço de um indivíduo para evoluir desde o saber sobre a realidade para tornar-se real (pp. 26-40).

No que diz respeito às noções de idade adulta e maturidade, faz mais sentido do que nunca pensar em termos de estados mentais, e não estágios de desenvolvimento. Confrontamos-nos novamente com a necessidade de fazer distinções, semelhantes àquelas discutidas em relação à infância, e de fato a todas as fases e etapas subsequentes. A diferença entre maturidade e imaturidade não depende da idade cronológica, mas da capacidade da pessoa de suportar estados emocionais intensos; do quanto é possível pensar e refletir sobre a dor psíquica como consequência de ter encontrado, e mantido, uma relação com figuras externas e internas que são capazes de fazê-lo.

A resposta contrastante é adotar todos os tipos de meios para evitar se envolver com assuntos dolorosos. Esses meios muitas vezes parecem mais excitantes e atraentes do que suas alternativas. E, em muitos aspectos, é mais fácil definir a maturidade em termos do que ela não é, do que encontrar uma maneira de expressar a complexidade contrapontística de angústia e alegria, ação e pensamento, fogo e calma que estão subjacentes à capacidade de se envolver totalmente com a experiência. A sabedoria pareceria ter mais relação com viver e sentir do que com a aquisição de conhecimento. Não é o caso de considerar ter evoluído dos impulsos e anseios infantis, mas sim de conhecer e compreender os aspectos não desenvolvidos do *self* e, como consequência, estar alerta para seus efeitos potenciais, em particular sua destrutividade. A ênfase "forjadora de almas" de Keats na experiência da vida pertence à capacidade de tolerar a percepção de que "o mundo está cheio de miséria e desgosto, dor, doença e opressão" (1987, p. 95). Encontra-se na capacidade de se envolver com conflitos internos, começando com as explorações e tateios da vida fetal. Em um mundo de Circunstâncias, ele escreve a seu irmão e cunhada, é o coração que é "a teta da qual a mente ou inteligência suga sua identidade" (1987, p. 250). A distinção entre aprender sobre as coisas e aprender com a experiência jamais foi colocada de forma mais clara.

Embora os fios que atravessam essas páginas tenham sido, por uma questão de clareza, amplamente cronológicos, formaram, entre eles, uma imagem de diferentes estados mentais, sejam infantis, da latência, adolescentes ou adultos, estados que constantemente mudam e oscilam em relação um ao outro, seja qual for a idade em discussão. Na idade adulta, todos esses vários fios não estão

286 O MUNDO ADULTO

menos presentes, embora alguns possam estar mais bem escondidos, e outros possam ter se tornado parte da personalidade de tal forma que começam a ser descritos como "como alguém é". Klein escreve com muita clareza sobre a maneira como o chamado "mundo adulto" é permeado pelo infantil. A questão não é tanto como se livrar desses estados, mas sim a forma de acomodá-los dentro da personalidade e reduzir seus efeitos potencialmente destrutivos, tanto no *self* como nos outros. É central para o estado adulto a capacidade de reconhecer e integrar os outros aspectos do *self*, sem interrupção excessiva do equilíbrio psíquico; integrá-los em vez de buscar renegá-los, livrando o *self* deles e os projetando para outro lugar. Conforme Klein (1959) afirmou: "estamos [em certos estados mentais] inclinados a atribuir a outras pessoas – em certo sentido, colocar nelas – algumas das nossas próprias emoções e pensamentos; e é óbvio que a natureza amigável ou hostil dessa projeção dependerá do quão equilibrados ou atormentados nós somos" (p. 252).

Uma sensação de vida adulta madura pode ser alcançada, pelo menos em parte do tempo, não afirmando, ignorando ou atuando qualquer impulso infantil que surja, mas reconhecendo tais impulsos pelo que eles são e os gerenciando de forma adequada; não eliminando as partes aventureiras e brincalhonas, ou mesmo tempestuosas do *self*, mas encontrando alguma medida de equilíbrio e integração para elas. Essa foi, durante todo o percurso, a tarefa da personalidade em crescimento, mas, como em cada fase anterior, a idade adulta tem sua própria particularidade, uma parte central da qual é o envolvimento com o mundo externo do trabalho, da comunidade e da sociedade em geral; com responsabilidades e liberdades até então mal experimentadas ou testadas. É nesse momento da vida que se torna particularmente tentador confundir uma noção de *status* com uma noção de identidade, ainda que o perigo possa ter ameaçado por muito tempo. O adulto pensante ainda estará lutando com o conhecido imperativo adolescente de tentar transformar "semelhança em identidade", mas o Mundo das Circunstâncias não torna essa tarefa fácil para qualquer pessoa com a idade que analisamos agora. Em uma sociedade organizada em torno de *status* e hierarquia, em que "se sabe o preço de tudo e o valor de nada" (Wilde, 1891), há uma pressão cruel e insistente para conformar-se com o ethos dominante. Tal conformidade pode ocorrer, no entanto, à custa do indivíduo. Se assim for, a conquista de ter um sentido da própria personalidade é prontamente desacreditada. A cultura de "personalidades" é a sua rival e inimiga.

Martha Harris estava particularmente cônscia da complexidade do relacionamento entre os agrupamentos individuais e institucionais e sociais. De modo aforístico, ela escreveu, "É suficientemente difícil tornar-se a pessoa que se é sem o incentivo positivo das instituições para a conformidade e o engano" (1981, p. 327). Ela descreveu a tensão entre "o homem como um animal social, dependente da sociedade e com obrigações para com ela; e o homem como um indivíduo em desenvolvimento, com uma mente que cresce através da introjeção de experiências de si mesmo no mundo, impelido a pensar, a fim de manter, internamente, as relações com objetos necessários e valorizados, na sua ausência" (p. 322).

A natureza do esforço envolvido nessa fase adulta dependerá dos padrões de envolvimento, ou defesa, que se desenvolveram desde o início. Esses padrões são agora testados com particular rigor, e a extensão em que eles se enraizaram torna a possibilidade de funcionar em um modo diferente ainda mais difícil, especialmente se houve traumas precoces e retrocessos. Para alguns, as dificuldades iniciais podem ser constantemente reexperimentadas e repetidas de uma forma ou de outra. Para outros, elas podem ser

288 O MUNDO ADULTO

negadas. E, para alguns, pode ter sido possível compreender essas dificuldades, integrá-las na personalidade e seguir em frente.

Os problemas e armadilhas de todo o projeto de crescimento são muito bem descritos na história de Carol, de sete anos de idade, ditada para sua mãe que, quando perguntada "como faço para crescer, mamãe?", convidou a filha a descrever seus próprios pensamentos sobre o assunto:

> *Era uma vez uma menininha e ela queria crescer, mas não sabia como. Ela tentou colocar salto alto, mas não funcionou. Só tropeçou descendo as escadas. Tentou comer, mas não funcionou. Isso só fez com que ela tivesse dor de barriga. Tentou colocar maquiagem, mas isso também não funcionou.*
>
> *E então ela viu sua avó e disse:*
>
> *"Como faço para crescer?"*
>
> *"Já experimentou esperar?", perguntou a avó.*
>
> *"Não", disse a menininha.*
>
> *Ela esperou e esperou e esperou. E quando ela cresceu, queria ser pequena novamente, porque quando se é pequena se tem todas as coisas agradáveis.*

Em seus termos deliciosamente simples, a história de Carol é sugestiva de uma série de compreensões importantes e complexas. Ela sabia, consciente ou inconscientemente, que imitar o mundo adulto não constituía "crescer". Pode ser que ela já estivesse familiarizada com alguns "crescidos" que sofriam precisamente essa ilusão. Eles pensavam que parecer adulto era equivalente a ser um. Ela descreveu tanto uma identificação do tipo projetiva (usar os sapatos de outra pessoa) e uma do tipo adesivo ou segunda pele: o desejo de sentir-se psiquicamente sustentada por segurar ou unir-se fisicamente a alguma coisa (talvez a maquiagem). Carol tinha uma noção de que o crescimento não pode ser forçado "comendo mais", por exemplo. O desenvolvimento ocorre da sua própria maneira, em relação às suas próprias condições, certamente de forma irregular. Permitir que a criança se desenvolva em relação ao que está propriamente dentro de suas capacidades, e não ao que é requerido pelas exigências das expectativas dos outros, é muitas vezes um teste desconfortável das aspirações e capacidades de contenção dos adultos. Envolve espera, tanto por parte dos pais como do filho. É necessário tempo, diferentes níveis de tempo, como Carol acertadamente salientou, para descobrir como fazer seu próprio caminho e incentivar outras pessoas a fazer o delas.

Carol também tinha percebido que o impulso para evitar as dores da responsabilidade adulta sempre ameaça. Ela tinha uma ideia de que ser adulto é difícil, e de que a atração por "coisas agradáveis" permanece grande. Era, talvez, "agradável" ser pseudoadulto e, "vestindo-se", imitar o mundo adulto. Era "agradável" ser capaz de dividir o mundo entre bonzinhos e malvados; acreditar que seus pais sabiam todas as respostas ou, quando os pais não estavam à altura, que você era um órfão, e que era realmente o filho ou filha perdido há muito tempo do rei e rainha do mundo; ou que pensando em algo você poderia fazê-lo; ou que más ações não precisam ter más consequências, porque há sempre alguém para fazer tudo ficar bem. Coisas "agradáveis" não envolviam somente doces e festas de aniversário, mas ser festejado, ser perdoado. Carol sabia intuitivamente que essas coisas "infantis" eram muito diferentes da dificuldade para adquirir um senso de autoestima e a capacidade de embarcar no caminho difícil de genuinamente perdoar-se: bem diferente de continuamente ter que se envolver com "o sonho sombrio da realidade".[1]

290   O MUNDO ADULTO

O "vestir-se", o devaneio, as fantasias ou prazeres todos pertencem a uma parte desejável, mesmo necessária, do mundo das crianças – são formas de negociar algum tipo de lugar na sua cultura temporária e na que está por vir. Eles são uma parte essencial do teste contínuo da realidade interna e externa, que precisa seguir durante a infância. Carol estava, de fato, falando sobre a distinção entre o momento em que tais envolvimentos expressam essas relações (fantasiadas e reais) que apropriadamente pertencem ao mundo infantil, e aquele que, de forma menos adequada, podem continuar a ser vividos no que é supostamente o mundo adulto.

Talvez poucas crianças tenham compartilhado a boa sorte de Carol de ter disponível uma mãe pensante que pôde capacitar sua filha também a pensar, ou uma avó gentil que ofereceu sua sabedoria de anos. Tornar-se propriamente um adulto será ainda mais difícil para aqueles que têm poucas oportunidades na infância de compreender e carregar, pelo menos um pouco, a experiência de ser um dos "pequenos" e não ainda um dos "grandes". Ter um senso adulto de identidade envolve a capacidade de diferenciar papel e função. Somente "desempenhar o papel" de adulto é produzido pelos modos de funcionamento projetivos e imitativos que Carol descreveu – pertencentes à visão da vida adulta "felizes para sempre", que inspira fantasias românticas em qualquer idade. Mas Carol sabia intuitivamente que não é assim que as coisas funcionam. Há na sua história uma sugestão da noção de que permitir-se tempo para crescer, sem pular prematuramente para o que superficialmente *parece* crescido, pode ter alguma relação com uma qualidade particular de aprendizagem: a noção de que a aprendizagem refere-se à internalização de funções adultas; o conhecimento de que essas funções podem ser onerosas, assim como desejáveis. A veracidade dessa percepção carrega em si certa beleza.

Desconsiderando a cronologia e pensando metapsicologicamente, ou seja, em termos de estados mentais difusos, é possível reconhecer as estruturas infantis que estão presentes no adulto, e as estruturas adultas que estão presentes na criança, mesmo que apenas momentaneamente. Diferenciações genéricas entre os dois casos serão semelhantes à diferenciação entre as posições esquizoparanoide e depressiva. Ao designar a maturidade como uma capacidade aumentada de viver na posição depressiva, Klein ressaltava a importância das estruturas infantis cederem espaço a um conjunto mais generoso e integrado de atitudes mentais. Os estados infantis são impulsionados principalmente pela necessidade vital de proteção contra o colapso psíquico, em face de forças internas poderosamente conflitantes.

Por outro lado, a posição depressiva, como vimos, envolve a capacidade de experimentar o outro como genuinamente outro: isso é, como um "outro" que tem necessidades e prioridades independentes; e a capacidade de sofrer dor e preocupação pelos danos que sente ter infligido nesse outro por exigências tirânicas e pela ganância acionadas pela ansiedade. Envolve carregar os fardos de ser adulto, assim como reivindicar os direitos e privilégios. Envolve ser capaz de sentir gratidão pela atenção recebida, ser capaz de ter consideração, de reparar. Em última análise, talvez, envolve a capacidade de se identificar com a preocupação dos pais, uma preocupação que incluirá uma disposição de assumir a responsabilidade específica decorrente, seja em relação a bebês de fato ou não. Envolve uma transição de um quadro mental narcisista para um em que é possível levar adequadamente os outros em consideração. Tal mudança está relacionada com a capacidade e a oportunidade de, pelo menos parte do tempo, colocar para dentro figuras que podem funcionar como recursos internos benignos.

* * *

292 O MUNDO ADULTO

O seguinte relato de uma jovem mãe oferece uma vívida descrição de uma situação em que é particularmente claro o relacionamento sempre mutável entre estados infantis e capacidades adultas:

> *Eu estava dirigindo para casa com Carl (dois anos de idade) e Lucy (quatorze meses). Havíamos passado o dia com amigos em Luton. Quinze minutos antes de chegar em casa eles começaram a discutir, e em poucos segundos a discussão se transformou em guerra generalizada. Eles batiam, gritavam, me chamavam para me envolver. Eu podia sentir minha exaustão crescendo e minha raiva surgindo. Perdi completamente o controle. Afundei o pé no freio e comecei a bater no volante e a gritar para eles sumirem, calarem a boca, me deixarem em paz. Seguiu-se um terrível e chocado silêncio. Então alguém começou a me acariciar, e Carl disse, "Está tudo bem, mamãe, está tudo certo". Isso me levou diretamente de volta à vida adulta e à maternidade. Eu me sinto tão culpada nos momentos em que me torno a criança e os forço a serem meus pais.*[2]

As capacidades internas que Carl, em uma crise, foi capaz de utilizar são observáveis até mesmo em crianças ainda menores. Um bebê pode esperar pela alimentação, poupando a mãe estressada, outro pode gritar, primeiro com frustração e, em seguida, talvez, com medo. Outro, ainda, vai retirar-se para seu próprio mundo, tentando encontrar conforto em suas sensações corporais, ou talvez em apegos sensuais a objetos materiais. Mas, nesse exemplo, pode-se ver com particular clareza como o pequeno Carl conseguiu, temporariamente, encorajar sua mãe atormentada com precisamente os mesmos reasseguramentos alentadores com as quais ele próprio tinha claramente sido apoiado em tantas ocasiões anteriores.

Peter, de dezoito meses de idade, exibia uma capacidade igualmente madura de cuidado e preocupação com sua mãe; uma prontidão para poupá-la de sua própria carência ao perceber sua angústia, e para oferecer-lhe sua atenção reflexiva. Nessa ocasião específica, Peter tinha estado aos cuidados de sua tia durante todo o dia, enquanto sua mãe estava no trabalho. Sua mãe atrasara-se mais do que de costume para chegar casa e, durante a última hora, Peter virava-se ansiosamente e com expectativa a qualquer som que pudesse sinalizar seu retorno. Quando ela entrou, estava claramente chateada e em um estado de emoção. O que ocorrera é que ela acabara de ter uma briga com um vizinho que a tinha tratado muito mal.

Normalmente, Peter era bastante pegajoso quando sua mãe voltava para casa, mas dessa vez, apesar de correr atrás dela para mantê-la à vista enquanto ela pendurava o casaco, ele sentou-se calmamente no chão e ouviu enquanto ela relatava o incidente para a irmã. Sua mãe notou a tranquilidade de Peter e pegou um livro, como se fosse ler para ele. Mas ela foi imediatamente distraída com o que tinha acontecido e continuou animadamente conversando. Ela disse à sua irmã que deveria ter ficado em casa naquele dia, já que ainda estava muito gripada. Nesse momento, Peter levantou-se. Ele foi buscar seu kit *médico e o entregou à sua mãe. Enquanto ela segurava o pequeno recipiente de plástico, ele pegou o estetoscópio e o colocou em seus próprios ouvidos. Então, fez um gesto para sua mãe usar o estetoscópio. Ela o colocou e gesticu-*

lou como se fosse ouvir o peito de Peter. Mas ele balançou
a cabeça com firmeza e apontou para o peito dela. Perce-
bendo que se tratava de uma tentativa de cuidar dela, sua
mãe sorriu e amorosamente o envolveu em seus braços.

Esta identificação por parte de Peter e Carl com uma capacidade de suportar a frustração e se importar, torcer e incentivar em face de dificuldades vai ao âmago do sentido adulto de identidade. Deriva da forma de identificação introjetiva, já descrita, com figuras parentais internas, benignas e suportivas. Essa era certamente a visão de Freud, e foi extensivamente elaborada desde então. O trabalho do processo de Édipo, qualquer que seja a idade em que se inicie, relaciona-se, como vimos, a abrir mão do apego libidinal aos pais externos, seja de amor ou ódio, levando-os para o mundo interno, e identificando-se com eles lá, onde serão experimentados como figuras ambíguas, tanto amorosas e estimulantes como censoras e punitivas. Qual das duas será depende do grau de perseguição com que os pais já tenham sido experienciados pela criança, bem como de suas qualidades reais. Deve ser notado novamente que, no coração da constelação edípica, reside a capacidade de permitir o crescimento através da renúncia. A noção de separação, tão intrínseca a um estado mental adulto, é construída sobre a experiência de perda, ou medo da perda, sendo sentida como suportável, dolorosa mas não catastrófica. Se essa experiência acaba por ser dolorosa ou catastrófica depende de como a separação e a perda foram experimentadas e suportadas desde o início; do quão seguros, ou frágeis, os recursos internos são considerados.

A distinção entre diferentes tipos de identificação na determinação dos estados mentais predominantes, e a importância das possíveis razões para essas identificações, é bem capturada em alguns trechos curtos de uma observação de bebês:

Charlie (dezesseis meses) caminhou firmemente pela sala. Encontrou uma pequena figura de plástico de um homem vestindo um chapéu de três pontas. Ele tirou o chapéu e colocou de volta novamente. Olhando para mim (o observador), ele colocou na boca o chapéu que tinha tirado. Logo o tomou novamente, com uma expressão séria no rosto. Largou o chapéu e pegou a régua de sua mãe da mesa (a mãe é professora de matemática em uma escola secundária). Segurando a régua, ele entrou na sala de estar, onde seu irmão Frank (de três anos) estava assistindo televisão. Frank murmurou "bebê chato" em um tom ligeiramente superior, e continuou assistindo seu programa. Charlie procurou sua mãe na cozinha. "Cuidado com essa régua", ela disse, "você se acidentará". Ela sugeriu que ele a colocasse de volta em segurança sobre a mesa; o que ele fez.

Mais tarde, os dois rapazes estavam brigando no colo de sua mãe, lutando por espaço. Quando Charlie definitivamente ganhou terreno conseguindo colocar seu braço em torno do pescoço da mãe e expulsar seu irmão, Frank desceu, anunciando corajosamente que estava indo em busca de seu chapéu. Enquanto ele estava fora, Charlie e sua mãe aproveitaram alguns momentos íntimos, brincando e cantando "Reme, reme, reme seu barco" em perfeita harmonia e bem ao alcance do ouvido de Frank.

Frank voltou com um chapéu de bombeiro na cabeça. Com um ar de importância, ele subiu em sua bicicleta de plástico. Sua mãe disse com admiração, "Ah, muito bom. Precisaremos de um bombeiro, porque podemos ter uma inundação. A máquina de lavar roupa está cheia e não consigo abrir a porta. Se houver uma enchente eu definitivamente terei que chamar um bombeiro". (Estava implícito que a máquina estava emperrada porque Charlie tinha brincado com os botões.) Frank parecia satisfeito e importante.

Sem querer inferir muito a partir desses detalhes, poderia ser sugerido que, quando Charlie colocou o pequeno chapéu em sua boca, o removeu e imediatamente pegou a régua de sua mãe, ele estava indicando que tinha colocado para dentro parte da autoridade de sua mãe e sua preocupada função de salvaguardá-lo de engolir algo que poderia prejudicá-lo. Ele imediatamente pegou um objeto que pode ser considerado como representando essa autoridade, da qual, nessa sequência, ele parecia não apenas estar ciente, mas também, momentaneamente, ser capaz de exercer em seu próprio nome. (Isso contrasta fortemente com uma criança bastante mais velha e muito perturbada que, em suas sessões de terapia, caracteristicamente brandia uma régua acima de sua cabeça gritando "Eu que mando", aparentemente acreditando verdadeiramente fazê-lo.)

Frank, já predisposto a desaprovar seu irmão mais novo ("bebê chato"), lidou com seu próprio sentimento de exclusão da relação mãe/bebê tornando-se o menino-grande-para-a-mamãe (talvez até mesmo papai-para-a-mamãe) útil, salvador; de prontidão em caso de perigo. Sensivelmente, sua mãe percebeu que o *self* menino-grande de Frank precisava de afirmação, e apoiou sua demanda por *status*. Pode-se ver como, se o *self* menininho de Frank tivesse que ceder muito às demandas de bebê do seu irmão, essa versão Frank-o-salvador de uniforme, um pouco grandiosa, poderia tornar-se um papel fixo e defensivo, que poderia proteger seu *self* mais carente da exclusão ou marginalização, mas a um custo. Também seria possível que uma confirmação suficiente do seu *self* menino-

-grande lhe permitisse adquirir uma noção de autorrespeito, e não de superioridade. No caso de Frank, se sua noção de *self* demandasse muitas vezes que ele fosse grande, quando, na verdade, ele precisava ser pequeno, pode-se ver o perigo de que sua experiência real e frágil de quem ele é se tornasse submetida às armadilhas exteriores de *status* e superioridade. Aqui podemos ver claramente as mudanças sutis, momento a momento, nas formas dos irmãos de lidar com seus *selves* infantis/adultos em resposta à experiência constantemente mutável de intimidade e exclusão.

A diferença entre, de um lado, características ou papéis e, de outro, funções, é a diferença entre uma busca infantil pelos "segredos" de ser "gente grande", em relação às categorias ou características externas descritivas, e o misterioso processo de identificação com funções internas. Este último processo pertence ao reino da realidade psíquica. Estabelece a base da personalidade. A relação entre "segredos" e "mistérios" e seus significados associados há muito, intriga artistas e escritores criativos. O desejo de descobrir segredos em vez de procurar, explorar e suportar os mistérios é um aspecto fundamental da natureza humana, como uma forma de negar a ansiedade e evitar experiências dolorosas.[3]

Tais questões tornam-se mais insistentes do que nunca na vida adulta. Agora que o indivíduo é tecnicamente "gente grande", a questão quanto ao que realmente significa ser um "homem" ou "mulher" tem que ser confrontada. É uma questão tão premente para adultos como o problema da identidade sexual é para adolescentes. Pode haver, por exemplo, identificações pseudomaduras com traços masculinos ou femininos, sem qualquer noção de como é ou do que significa virilidade ou feminilidade genuína; ou, de fato, sem qualquer noção do que poderiam significar todas as posições possíveis entre os dois, ou que combinam os dois.

298 O MUNDO ADULTO

O aspecto de gênero do senso de identidade é particularmente difícil de determinar com precisão, uma vez que é muitas vezes obscurecido pelas várias armaduras do código social e estereótipos que denotam a diferença de gênero, de acordo com as distinções fisiológicas óbvias. Outra confusão ocorre quando os termos "masculinidade" ou "feminilidade" são invocados com qualquer certeza. Freud (1933) não tinha dúvida sobre os perigos de tal abordagem. Sua visão era de que "o que constitui masculinidade e feminilidade é uma característica desconhecida que foge ao alcance da anatomia" (p. 114).

Qualquer estereótipo é claramente contrário aos esforços de uma pessoa para ser ela mesma. Embora os estereótipos convencionais estejam lentamente sendo desmontados ao ponto em que é possível falar de "pais que alimentam" ou "mães com carreira", raramente está distante um ar de julgamento de uma fonte ou outra, seja por ignorância, insegurança ou, talvez, inveja. Elaborações contemporâneas das teorias de Klein de cisão e identificação projetiva, juntamente com a noção de funcionamento de segunda pele de Bick, nos permitem uma compreensão considerável das formas como alguém pode ficar trancado dentro de uma personalidade que se baseia na identificação pseudomadura com padrões de vida adultos, à custa da coragem de suportar emoções simuladas e sobreviver à diferença entre imitação e realidade, entre parecer e ser. Isso é assim particularmente em situações em que existem preocupações sobre a identidade de gênero.

Como vimos (Capítulo 4), o tipo de identificação adesiva que dá origem à forma de funcionamento de segunda pele, ou "como se", tende a selecionar a aparência social das coisas como foco de coesão e integração. Uma pessoa é atraída por atitudes que são baseadas na imitação de atributos superficiais e comportamento. Ela corre o risco de se tornar escrava da moda em vez de uma serva dos princípios. Essas identificações são adquiridas com preocupações principalmente narcisistas. Elas são muito diferentes, como vimos, do tipo de identificação em que as capacidades funcionais do ser amado são colocadas para dentro e assimiladas como recursos valiosos e confiáveis, que podem ser aproveitados pela personalidade em crescimento. Na idade adulta, uma noção clara e não confusa de identidade de gênero pode ser considerada a base de uma capacidade devidamente separada para amar e trabalhar. É essa ligação entre um senso coerente de um *self* sexual e a natureza dos processos introjetivos que deve agora ser considerada em alguma medida.[4]

É impossível separar os resultados da investigação psicanalítica na mente individual do contexto cultural em que surge a estrutura da personalidade. Quando falamos de masculinidade e feminilidade, estamos usando termos que são, em grande medida, de interesse sociológico. Ao descrever algo como tipicamente "masculino" ou "feminino", estamos adotando a linguagem dos estereótipos culturais, de qualidades visíveis externamente – uma espécie de armadura de convenção, associada principalmente com a formação defensiva do caráter.

Quando se trata dos conceitos macho/fêmea, ou masculino/feminino, é necessário, como Meltzer (1973) sugere, limpar o campo de um certo tipo de detrito semântico:

> *Precisamos pôr de lado todos os preconceitos históricos, culturais e pessoais que tenderiam a apropriar-se de traços específicos de caráter ou de qualidades mentais e a prendê-los de preferência a um ou outro lado dessa dicotomia. Masculinidade e feminilidade são conceitos altamente complexos, diferentemente facetados em seu*

300 O MUNDO ADULTO

> *significado para diferentes indivíduos, e que não devem*
> *ser presos a ideias estatísticas de normalidade, acultura-*
> *ção ou adaptação. O significado na mente de cada indi-*
> *víduo é muito mais pessoal... (p. 115)*

Conceitos individuais de masculinidade e feminilidade serão inevitavelmente flexionados pela experiência social. No entanto, continua a haver uma distinção fundamental entre traços externos e funções internas. Um sentido adulto de identidade se manifesta na capacidade de uma pessoa de compreender e executar essas funções internas. Um forte senso de identidade emerge de tal capacidade, ao passo que uma identificação narcísica com papéis, e não com qualidades genuínas, gera uma noção falsa ou confusa. A incerteza não está relacionada a questões quanto a se algo parece ser predominantemente masculino ou feminino. Não se trata de bissexualidade ou ambissexualidade. Decorre, ao contrário, do perigo de ter de recorrer a um comportamento simulado, baseado apenas nos atributos superficiais de, por exemplo, maternidade e feminilidade, ou paternidade e masculinidade; nos segredos a serem espoliados; o romance de príncipes e princesas; o mito "felizes para sempre". Esse tipo de comportamento, orientado para o mundo externo, contrasta com o esforço de uma pessoa para desenvolver o que pode ser chamado de capacidades de gênero. Essas capacidades desenvolvem-se através do complicado processo de um determinado aspecto da identificação introjetiva, que tem seus fundamentos na relação da criança com as figuras internas que realizam verdadeiras funções parentais para ela.

Um exemplo detalhado pode ajudar a esclarecer os complexos relacionamentos entre esses diferentes tipos de identificação que portam a distinção entre papel e função no caso de uma jovem mulher, Laura. Começar terapia foi uma decisão particularmente corajosa para ela. Era algo incomum para alguém de seu meio social, e ela tinha que lutar constantemente contra a sedução da conformidade social e familiar, que era sentida como oferecendo uma vida muito mais calma. Quando encaminhada para tratamento pela primeira vez, Laura tinha trinta e quatro anos, e era professora de crianças com graves dificuldades de aprendizagem. Ela veio de uma família da classe operária, imigrante da Escócia. Buscara ajuda pelos seus estados de confusão, incapacidade de pensar, depressão e infelicidade geral. Estava casada com seu segundo marido fazia seis anos e ansiava por um bebê, mas era incapaz de conceber. Estava angustiada e preocupada com esse fato, porém esse não foi seu principal motivo para procurar ajuda.

Laura era a primogênita de pais trabalhadores e ambiciosos. Eles haviam aberto uma loja, trabalhando noite e dia, enquanto Laura era bebê. Ao que parece, eles haviam tido pouco tempo para seu bebê. Laura tinha memórias, como ela descreveu, de ser colocada em uma caixa abaixo do balcão. Ela se sentia uma criança negligenciada e infeliz. Lembrou-se de ser muitas vezes cuidada por vizinhos; sentir-se infeliz na escola; sofrendo uma sensação de perseguição por medo de sua própria maldade. Odiava seus professores, e sempre ficava entre os últimos da classe. Um ano ela teve um professor de quem ela gostava e por quem ela se sentia compreendida. Ela ficou entre as primeiras da classe. Longe do louvor pelo qual ela tão sinceramente esperava, foi cruelmente repreendida: por que ela nem sempre conseguia, já que era claramente tão capaz?

Laura descreveu sua mãe como elegante e vaidosa, mas fria e distante; seu pai como temperamental e errático, carinhoso, mas propenso a intrusividade sexual. Os sonhos de Laura eram geralmente persecutórios, muitas vezes tomando a forma de animais, demônios ou espíritos malignos invadindo seu apartamento/casa/quarto e a aterrorizando. Seu principal demônio era uma figura chamada Sr. Negócios. Ele tinha surgido na infância e continuou a "visitá-la" como uma espécie de presença aterrorizante. O segundo filho de sua mãe, um menino, nasceu quando Laura tinha cinco anos. Ele era uma criança asmática e brônquica que "recebia todos os cuidados". Laura lembrou-se de uma ocasião, nesse período, quando cortou todas as imagens de si mesma das fotografias da família. Ela não podia suportar ser "vista" nas imagens projetadas de agrupamentos de "família feliz", quando ela nunca tinha se sentido "vista" como um indivíduo na experiência vivida de sua família real.

Logo após o nascimento do terceiro filho de sua mãe, Laura, então com quinze anos de idade, ficou grávida. Ela foi enviada para Londres, sozinha, para fazer um aborto. Quando tinha dezoito anos, saiu de casa para trabalhar no exterior por vários anos. Ao retornar, estudou para virar professora e se casou com um colega. O casamento fracassou depois de poucos meses. Vários anos depois, ela casou-se novamente, dessa vez com um jovem, John, que ela conhecia desde criança. O relacionamento era, como um todo, harmonioso, mas Laura muitas vezes o criticava, sentindo que ele "não era muito adulto". Ela pensava em si mesma como excessivamente "pegajosa", consciente de que as sutis capacidades adultas dos dois tendiam a entrar em colapso sob a pressão mais infantil entre eles de competir por ser o bebê – particularmente na área da incompetência financeira. O potencial de Laura e de John para quaisquer capacidades conjuntas de executar corretamente as funções e responsabilidades parentais permanecia uma área delicada e não comprovada.

No contexto da terapia, rapidamente se tornou claro que, quando ficava ansiosa, Laura perdia sua capacidade de pensar, lembrar ou sonhar. Ela tendia a desenvolver sintomas psicossomáticos floridos – eczema, bronquite, problemas gástricos. Sofria pequenos acidentes de carro. Sua bolsa era roubada. Ela se via presa em uma variedade de atos autodestrutivos que causavam estragos em sua vida emocional, em seu mundo profissional e em sua economia prática. Discrepâncias impressionantes surgiam entre seu papel como uma competente "profissional" e um *self* bebê que muitas vezes se sentia perdido em um turbilhão de confusões e necessidades não atendidas. Foram essas discrepâncias que a levaram à terapia. Ela buscava abandonar sua tendência a tentar "desempenhar o papel" de uma mulher adulta, desejando realmente se tornar uma. No decorrer da terapia, começou a ocorrer uma mudança no seu apego às categorias externas, descritivas de feminilidade e maternidade, para uma compreensão do significado interno de ser mulher e ser mãe.

Embora diferente em muitos aspectos, Laura lembrou a seu terapeuta da Dorothea no início de *Middlemarch* – dedicada às boas obras, infantil em sua atitude perante a vida, "quando eu crescer quero ser boa", e encontrando, em suas relações íntimas, principalmente "extensões vagas e labirínticas de si mesma". As mudanças que lentamente ocorreram não eram totalmente diferentes do eixo central de desenvolvimento do romance. Laura, como Dorothea, começou a reconhecer e suportar a dor da separação genuína. Era necessária uma mudança interna de sua identificação narcísica com um aspecto interno idealizado de si mesma para uma forma mais separada e relacionada ao outro de experimentar a intimidade, com toda a angústia que isso implicava.

O relato a seguir baseia-se em apenas um segmento do tecido de múltiplas camadas do trabalho terapêutico com Laura – um segmento que oferece muita compreensão sobre a complexa área em discussão. Um sonho inicial revelou um mundo interno profundamente danificado, e forneceu uma pista para os problemas pessoais e profissionais de identidade de Laura, para seu impulso a "desempenhar o papel" de cuidar das partes mutiladas e

304 O MUNDO ADULTO

desintegradas de si mesma, um papel que parecia, naquele momento, propiciar pouca esperança para capacidades criativas das quais poderia surgir algo mais autêntico e vívido.

Laura descreveu este sonho inicial:

> *entrando em um túnel escuro em um hospital local, cujas paredes eram vermelhas e úmidas. Ela estava levando pela mão uma criança mental e fisicamente deficiente. Elas entraram na câmara mais interna, que estava cheia de corpos mutilados – principalmente de bebês e crianças; partes de corpos, empilhados em montes inespecíficos.*

As imagens a lembraram do Holocausto. O sonho representava para Laura uma câmara de sua própria mente em que houvera dano incalculável, deixando um legado de culpa sobre os danos causados e uma certeza de que seria infligido dano recíproco a ela e ao interior de seu corpo, em particular. Esse estado mental parecia, por associação, ligar-se estreitamente à realidade psíquica do aborto, quase vinte anos antes. Também estava ligado aos determinantes emocionais daquela primeira gravidez, fundados, como parecem ter sido, em raiva invejosa pela fertilidade continuada de sua mãe, em ciúmes pela chegada de um irmão bebê, e em um desejo de competir e triunfar.

Nos meses que se seguiram a esse sonho inicial, houve uma série de outros que confirmaram essa imagem de um espaço interno pútrido, apodrecido, sonhos em que uma gravidez era simulada – o inchaço abdominal sendo fezes, em vez de um feto. Em um sonho, *vermes foram rompendo a membrana de sua pele, se contorcendo por orifícios diminutos em seus ombros ou no peito.*

Em outro,

maçãs estavam sendo dissecadas revelando uma massa de sementes podres, das quais saiu o Ceifador da Morte.

Apareciam imagens bidimensionais de fantoches ameaçadores e caricaturais.

O senso comum nos diz que um aborto precoce pode ser seguido de infertilidade, e que essa infertilidade não parece ter uma base orgânica ou fisiológica. O que esses sonhos parecem ilustrar é o possível significado interno do aborto para Laura, e por que, como consequência, ela pode não ter sido mais capaz de conceber. Ela certamente sentia-se responsável por ser "estéril", um senso de responsabilidade baseado em ansiedades muito iniciais sobre pecado e sobre sua própria "maldade" intrínseca. O que interessa aqui é o significado emocional desse sentimento de maldade e seu impacto sobre ela, tanto física como psiquicamente.

O sonho fezes/feto foi associado, em conteúdo, com um casal de amigos de Laura e John, nos quais a fertilidade abundante parecia ligada à capacidade de alimentar e proporcionar, tanto financeiramente como emocionalmente. Ela considerava que esse casal era capaz de oferecer recursos parentais que Laura ainda se sentia incapaz de encontrar em si mesma ou em seu relacionamento com John. Ela se sentia infantil e inadequada quando estava com eles, tendendo a escorregar para o que ela descreveu como uma atitude "infantil" sempre que eles estavam por perto. Essa sensação de incapacidade foi novamente sugerida em um sonho que se seguiu algumas semanas mais tarde, no qual, pela primeira vez,

> *Laura realmente deu à luz um bebê. Mas o bebê não tinha olhos, apenas órbitas amarelas com longos cílios cinzentos. Ela mostrou o bebê para a mãe, insistindo em ser autorizada a mantê-lo dessa vez, apesar da deformidade. Ela, então, passou por um doloroso processo de parto da placenta. Esta consistia de uma série de dispositivos contraceptivos e, finalmente, do fígado e dos rins do bebê, que Laura embrulhou em uma película aderente e jogou fora.*

Era clara a evidência do despreparo contínuo de Laura, em seu mundo interior, para carregar e amamentar um bebê. Internamente, a estrutura adulta de sua personalidade era ainda muito instável. Mas havia uma indicação notável do potencial de mudança. No final dessa sessão específica, Laura percebeu que os cílios do bebê no sonho eram idênticos aos do seu marido. Pela primeira vez, a existência de um parceiro/pai foi introduzida em seu mundo de sonhos. Em resposta, ela também se sentiu capaz de contar ao seu terapeuta de dois bebês que ela havia perdido logo após seu aborto. Ela, portanto, transmitiu a uma pessoa agora confiável evidências de um comportamento promíscuo que ela nunca tinha revelado antes. Ao fazê-lo, ela avançou na possibilidade de depender de uma mãe/terapeuta que podia compreender e tolerar esses aspectos profundamente contraditórios e destrutivos dela mesma. Havia ainda "dispositivos contraceptivos" internos que se opunham ao seu desejo mais consciente pela maternidade.

Muitos sonhos posteriores, e muito da relação de transferência, focaram na importância central da tentativa de Laura para encontrar maneiras de ser uma senhora "crescida", de sua busca pelos segredos. O sentimento parecia ser "Talvez seja a roupa? A maquiagem? As unhas? Os olhos?". Quando ela, em suas sessões, insistia em sua autoconcepção aborrecida, triste e entorpecida, era possível observar, repetidamente, como essas projeções e imitações a decepcionavam e enganavam; como o romance se dissolvia na monotonia de suas lutas diárias, na dor de suas decepções mensais.

Como sua noção de ser uma mulher adulta dependia desses tipos de identificação, Laura estava presa. A terapia também parecia presa. Dois acontecimentos externos dolorosos combinaram-se para alterar as coisas. Em parte como consequência de uma mudança no seu relacionamento com John, Laura tinha, de fato, engravidado. Mas ela perdeu o bebê depois de algumas semanas. O médico informou-a que o feto era terrivelmente deformado e não poderia ter sobrevivido (a horrível confirmação de seus piores medos). O segundo evento foi que ela teve que se mudar para o exterior por causa do trabalho de John. Como consequência, ela teve que encerrar sua terapia prematuramente.

O aborto trouxe em seu rastro uma série de sonhos bastante diferentes dos anteriores. Eram sonhos que centravam em uma variedade de relações sexuais com homens e mulheres. Os sonhos pareciam representar um novo tipo de luta, que envolvia um esforço para tentar explorar as qualidades internas das diferentes figuras com quem ela se identificava, em vez de se contentar com seus atributos superficiais. O gênero tornou-se não tanto uma questão de masculino/feminino, passivo/ativo, forte/fraco, duro/macio, intelectual/intuitivo, como das capacidades de sentir o que essas várias identificações carregavam, e das maneiras como elas genuinamente serviam a Laura naqueles dias amargos.

308   O MUNDO ADULTO

As últimas semanas de terapia foram caracterizadas por um salto de *insight* e um esforço heroico para mudar no meio da turbulência da perda. Elas demonstraram o tipo de impulso para o desenvolvimento que pode muitas vezes ocorrer no contexto de separação dolorosa. Indícios de uma crescente capacidade de manter preocupações paternais genuínas e compartilhadas já haviam começado a aparecer. Na penúltima semana, Laura descreveu um sonho que parecia recapitular as mudanças de um estado mental para outro, que haviam ocorrido no curso de sua terapia. Era como se o sonho oferecesse uma espécie de visita guiada às diferentes câmaras da sua mente, na medida em que ela lentamente se desenvolvia e mudava. Nesse sonho "Progresso do Peregrino" não havia nenhuma confusão ou ansiedade persecutória, mas sim a representação de uma viagem única e distinta de uma parte porão destrutivo dela própria para a luz do sol e ar puro de um *self* pensante – um *self* que podia refletir sobre como ela *realmente* era, seus pontos fortes e suas limitações, e sobre como ela ainda poderia ser.

> *Laura estava em um porão, que ela sentia que estava, de alguma forma, ligado à sua mãe. O cômodo inundou. Pedaços mutilados de corpo flutuaram à superfície. Ela escapou para o casco de um antiquado veleiro e foi submetida a uma viagem tempestuosa e perigosa através de ondas estourando e valas profundas, bravamente mapeando um mar perigoso. O mar fundiu-se com uma paisagem congelada, branca, pela qual ela velejou. Eventualmente chegou a uma faixa de grama que a levou a cruzar por casas, em um lugar por onde as pessoas passavam e conduziam seus assuntos cotidianos, e daí para uma paisagem ensolarada com campos de ambos os lados. Aqui ela encontrou um cavalo bonito, aparentemente precisando de um cavaleiro.*

A última parte desse sonho longo e detalhado descreveu o cavalo e o cavaleiro sendo unidos e uma sugestão de potencial fertilidade. O sofrimento de Laura pela separação iminente de seu terapeuta não só reevocou a viagem tempestuosa da terapia e de sua vida passada, mas também pareceu evocar nela alguma esperança de ser capaz de ser parte de um casal parental (cavalo e cavaleiro), com capacidade tanto de cuidar como de ser cuidada.

Essa é a essência da mudança de Laura, a ser expressa novamente em novos sonhos na mesma semana. Parecia que ela havia se dado conta, em algum nível, de que para realmente "alimentar" um bebê era preciso estar consciente das partes infantis dela mesma, saber que, às vezes, esse *self* bebê é mais poderoso do que qualquer outra coisa. Tornar-se mãe, ou pai, no verdadeiro sentido da palavra, começa com a possibilidade de ser um *self* independente, apesar de reconhecer a dependência continuada de recursos internos amados e respeitados.

Uma justaposição particularmente clara do relacionamento não resolvido, mas ainda esperançoso, entre as diferentes partes dela mesma ocorreu em um fragmento de um sonho lembrado da noite anterior à última sessão de Laura.

> *Havia dois aspectos dela mesma, que eram separados, mas definitivamente partes do todo. Uma linha de três verrugas posicionava-se verticalmente sobre seu peito esquerdo. Essas se transformaram em cogumelos – um fenômeno de mau gosto, nojento. Mas, ao mesmo tempo, havia diversos anéis em seus dedos – belas safiras pálidas, de matiz quase marinha, azul como o céu e verde como o mar.*

310 O MUNDO ADULTO

Não surpreendentemente, a mãe de Laura possuía um belo anel de safira, que deixara para sua filha em seu testamento. Esse foi um legado que, em linguagem onírica, parecia representar a crescente capacidade de Laura para internalizar e tomar para si algumas qualidades, embora ainda pálidas, de beleza e criatividade genuínas. Pode-se dizer que a presença dessas qualidades indicava o início de uma identificação benigna com sua mãe/terapeuta, baseada em uma avaliação mais positiva de suas forças reais, e menos em suas versões distorcidas delas. No decorrer da terapia, tornou-se possível reconhecer que o desejo de Laura para ser como a mãe, um desejo que tinha sido representado em seus primeiros sonhos com mulheres fortes, belas, realizadas, férteis, não era de forma alguma baseado no simples desejo invejoso de se apropriar das qualidades que ela sentia que sua mãe tinha. Também não era baseado apenas no desejo de "ser" seu terapeuta. O desejo de Laura também era baseado no amor, e a culpa que ela sentia era derivada dos ataques que ela se vira fazendo à sua mãe, a quem ela muitas vezes odiava, mas a quem, ela descobriu, ela também amava. O que ela idealizara em sua mãe eram características que, com toda a probabilidade, não pertenciam à pessoa real. Mas foi através dessa idealização (indissociavelmente ligada ao ódio e à destrutividade) que Laura reduziu as qualidades boas que a mãe realmente possa ter tido a oferecer a qualidades bastante superficiais, das quais Laura tinha então buscado se apropriar em sua forma reduzida. No fim de sua terapia, ela foi capaz de começar a admirar a mãe e percebê-la como alguém em relação a quem ela podia sentir aspiração genuína, em vez de mera emulação de seus traços e características superficiais.

Essa nova experiência era fortemente contrastante com as preocupações anteriores, com o que ela tinha percebido como aspectos cruéis, elegantes e distantes da sua mãe. Era contrastante também com a presença das três verrugas. Essas verrugas tinha uma conotação dupla. O lado entrar-e-espiar-os-segredos intrusivo de Laura ainda estava presente. Acima do peito esquerdo ficavam as partes venenosas e não resolvidas de si mesma, que ela desejava ter deixado com seu terapeuta. Mas ela também se sentia deixada com essas partes – os cogumelos negros que ainda ameaçavam envenenar e estragar qualquer beleza ou procriação futura. Esses medos de Laura, como o sonho mostrou claramente, ainda não estavam totalmente dissipados.

Mas agora havia um claro reconhecimento desses aspectos prejudiciais dela mesma, que se tornaram mais fáceis de ver, podendo, portanto, ser mais bem pensados. Os anéis, longe de serem objetos de adorno superficial, como haviam sido no passado, carregavam consigo uma qualidade diferente de identificação materna, recolhida da angústia da perda e da separação prematura. Essas experiências feriram Laura profundamente, mas também a ajudaram a ter uma capacidade adulta de enlutar-se, em contraste com a dependência infantil anterior. Durante o período da terapia, ela tornou-se capaz de absorver e se identificar com as qualidades de amor genuíno e dependência. Laura estava descobrindo em si mesma força real, e foi capaz de se tornar menos dependente da capacidade de resistência frágil e falsa que deriva de identificações narcisistas mais projetivas ou imitativas.

A abordagem psicanalítica da vida adulta e esse seu aspecto central, a identidade de gênero, reside essencialmente no modo de desenvolvimento de "explorar o mistério". As muitas tentativas de Laura de "resolver o enigma", ou "desenterrar os segredos", simplesmente produziram mais e mais objetos de identificação, os quais, em última instância, a decepcionaram ou enganaram. No curso de seus esforços dolorosos na terapia, sua busca infantil por segredos deu lugar a um sentido mais adulto do misterioso processo de identificação introjetiva. O sonho "Progresso do Peregrino" resumiu a maneira como sua pseudomaturidade, operante

312 O MUNDO ADULTO

desde seus primeiros anos, tinha cedido lugar a uma capacidade de experimentar seu *self* "tempestuoso" como o *self*, também, de uma criança carente. Esse desenvolvimento congelado da Laura criança, na medida em que ela "navegou", ou talvez patinou, pela superfície da vida, acabou por ser capaz de começar a derreter e, na dor de sua ansiedade depressiva, emergir para a luz e brilho do sol de um possível crescimento futuro.

Notas

1. Coleridge, Dejection: An Ode.

2. Roszika Parker, *Torn in Two*, op. cit.

3. Estou me baseando no trabalho de Meg Harris Williams, que elabora esta distinção no contexto de escritores criativos. Knowing the mystery: against reductionism, *Encounter*, (1), junho de 1986.

4. O material que segue é, em grande parte, retirado de um artigo de minha autoria publicado pela primeira vez em 1989. Gender identity fifty years on from Freud, *British Journal of Psychotherapy*, 5, 3, 381-389.

13. Os anos posteriores

Nunca é tarde para se tornar a pessoa que você poderia ter sido.

—*George Eliot*

As palavras otimistas de George Eliot parecem particularmente adequadas para a faixa etária em questão. "Nunca é tarde demais..". Este capítulo final irá ecoar e reiterar os principais temas do livro. O tom é essencialmente o mesmo; apenas a clave é diferente. Desenvolvimento, em qualquer idade, é fundado na capacidade de continuar interagindo com o significado da experiência com imaginação, coragem e integridade. A exortação de Freud de que "deve-se tentar aprender algo com cada experiência" permanece tão verdadeira na última parte da vida como sempre foi.[1]

Estas páginas traçaram o emaranhado extraordinariamente complexo de fios ou forças, internos e externos, que atuam sobre

314 OS ANOS POSTERIORES

a capacidade da própria pessoa para se desenvolver e crescer psicologicamente, ou atuam sobre outra pessoa, colocando o desenvolvimento em suspenso, seja inibindo o potencial criativo ou o desviando para fins que serão contrários aos melhores interesses da personalidade como um todo. Passando agora para os últimos anos, quero pegar os mesmos fios, desfiá-los um pouco mais e, em seguida, tecê-los em um quadro mais completo, que assumirá sua própria forma e coloração distintiva.

Em torno dos cinquenta anos de idade, uma pessoa pode ser considerada "crescida", e ser capaz de considerar-se como tal. No entanto, é muitas vezes durante as últimas décadas da vida que a capacidade de manter um estado mental maduro é mais severamente testada. A questão quanto a se é ou não possível continuar a desenvolver-se permanece tão desafiadora como sempre. Mas há uma diferença essencial entre esse período e as fases anteriores da vida; pois as preocupações mentais e emocionais relacionadas com o declínio físico, e com o fato de que a própria morte está mais iminente, agora têm seu próprio peso. O quanto essas considerações adicionais, e importantes, estimulam, ameaçam ou obstaculizam o crescimento emocional dependerá muito de quão seguramente um estado mental adulto foi estabelecido nas décadas anteriores. Dependerá do relativo sucesso ou fracasso das lutas anteriores com separação e perda, em relação ao luto, à ausência, à culpa ou decepção. Dependerá, em outras palavras, da experiência da pessoa de suportar a dor desde o início (ver Capítulo 4), e do grau de integração já estabelecido entre diferentes partes do *self*.

Nesse momento da vida, pode haver muitas perdas externas a serem enfrentadas: pais idosos podem estar doentes ou morrendo, e talvez também amigos. As crianças estarão saindo de casa, ou podem já ter saído. Para alguns, o desemprego pode ameaçar. Para outros, a aposentadoria estará à vista. Mas uma mudança psíquica fundamental, ao mesmo tempo interna e também relacionada às circunstâncias externas, está começando a ocorrer: a contemplação da própria morte. Metaforicamente, e também literalmente, a perspectiva da morte é o teste derradeiro de todos os esforços para lidar com perdas e se submeter à dor da experiência – sofrer a experiência, em vez de evitá-la por medidas defensivas de conduta ou de caráter. Aqui, somos levados de volta ao círculo completo da experiência precoce da criança. O seio bom, "pensante", pode modular o medo primário do bebê de estar morrendo. Isso ocorre se o bebê se sentir suficientemente compreendido na relação com sua mãe/pais e, como consequência, puder levar de volta para dentro de si uma parte da personalidade tolerável e, como Bion colocou, "estimulante do crescimento" (1962b, p. 96). É o aspecto da experiência "estimulante do crescimento" que, se for vivenciado de forma suficientemente frequente, incute no bebê o sentimento de um *self*-que-pode-suportar-contratempos-e-perdas. Esse é alguém que não tem medo de avançar psiquicamente, de deixar que partes redundantes do *self* se vão, de ser separado, bem como dependente, e de ter a coragem de ser diferente e de ser honestamente ele próprio ou ela própria.

Uma experiência inicial gratificante com a mãe deixa o bebê em boa posição para lidar com o primeiro grande obstáculo ao desenvolvimento, descrito por Klein (1935, 1945) como a posição depressiva. Como vimos (Capítulos 1 e 5), Klein sugeriu que, nesse estado mental, a criança bem assistida, apesar de sentir abandono e raiva, é capaz de começar a integrar sua visão até então dividida e polarizada do mundo. Os excessos de amor e ódio podem ser modificados. A capacidade de ambivalência pode ser alcançada. A pessoa para quem os sentimentos amorosos são dirigidos e a pessoa para quem os sentimentos odiosos são dirigidos, não são mais experienciadas em termos extremos como duas pessoas diferentes, como a bruxa malvada e a fada madrinha, mas como a mesma pessoa, alguém que às vezes atende e às vezes frustra. Essa pessoa pode ser vista como um pouco mais comum. Ela pode ser sentida como proporcional. Posteriormente, esse conjunto de relacionamentos, ansiedades e defesas é encontrado em uma infinidade de maneiras. Todos colocam a mesma questão fundamental: é possível envolver-se com a experiência emocional ou ela tem que ser evitada?

Klein (1940, 1955) viu essa alternativa como uma questão de vida psíquica ou morte psíquica. Elliott Jaques (1965) resume sua posição:

> (...) em condições de prevalência de amor, os objetos bons e maus podem ser, em alguma medida, sintetizados, o ego se torna mais integrado e experimenta-se a esperança do restabelecimento do objeto bom; a superação do luto e recuperação da segurança que acompanham são os equivalentes infantis de ter uma noção de vida. Em condições de prevalência de perseguição, no entanto, o trabalho através da posição depressiva será, em maior ou menor grau, inibido; a reparação e a síntese falham; e o mundo interior é inconscientemente considerado como contendo o seio mau devorado e destruído, persecutório e aniquilador, o próprio ego sentindo-se em pedaços. A situação interna caótica vivida é o equivalente infantil da noção de morte. (p. 507)

A capacidade de desenvolver-se é muito dependente, como vimos, dos diferentes graus em que é possível tolerar a frustração e ausência. A pessoa será capaz de enfrentar e passar pela meia-

-idade e velhice na medida em que tenha sido possível, desde o início, aceitar a complexidade da sua experiência e integrar o doloroso ao agradável, em vez de procurar evitar ou negar as partes difíceis e agarrar-se ao "direito de ser feliz". "O direito de ser feliz" ecoa, vagamente, a Declaração de Independência Americana, mas também expressa algo muito específico às pressões da cultura contemporânea. Tais pressões tendem a militar contra a resistência e incentivar a indulgência em seu lugar, tornando ainda mais difícil a luta com os desafios desse período da vida.

Se uma pessoa não tem um continente interno de sentimentos suficientemente resistente para suportar os novos ou renovados desafios à sua paz de espírito e senso de si, ela pode ter que recorrer a padrões anteriores de funcionamento, mobilizados a serviço de evitar a dor. A dor pode ser agora a de luto e solidão reais, ou pode estar associada às muitas perdas que, nessa fase posterior, toldam a vida normal: perda de oportunidades, por exemplo, ou de saúde e vigor, de ideais políticos e profissionais, da possibilidade de procriar, de potência sexual, casamento, destreza física e aparência, presença e apoio dos pais, presença e apoio dos filhos.

Diante dessas dificuldades, é de se esperar que as pessoas busquem formas de proteger-se do imediatismo do impacto. Elas tomarão medidas defensivas a fim de diminuir seu desconforto psíquico e físico. Algumas reverterão para comportamentos que parecem tipicamente infantis ou adolescentes, alterando suas atitudes e atividades a fim de tentar aliviar as tensões e conflitos internos que são sentidos como intoleráveis. Outros adotarão modos de retraimento cauteloso, ou cairão em tendências obsessivas, aparentemente recostando-se em um estado mental mais característico dos anos de latência do que da vida adulta, na tentativa de evitar esforços adicionais. Sob as novas pressões dos problemas específicos dessa fase da vida, uma pessoa pode voltar e adotar residência permanente em um desses estados anteriores. Da mesma forma, ela pode mover-se entre tal estado e o estado que é mais apropriado para sua idade. Mas há outra possibilidade. Ela pode ser capaz de resistir ao apelo desses modos anteriores de funcionamento e encontrar-se capaz de suportar a carga emocional e, assim, evoluir para um novo estado mental adulto, talvez ainda pouco experienciado.

Nesta fase, como em anos anteriores, há uma relação íntima entre as tarefas práticas e emocionais específicas que as pessoas enfrentam e os estados mentais em que as tarefas são realizadas. Embora, até mesmo nesse momento, o desenvolvimento da personalidade não esteja, de qualquer forma simples, ligado à cronologia, provavelmente existem determinadas áreas de responsabilidade que pertencem especificamente a esses anos e que requerem uma capacidade continuada para manter uma visão adulta do mundo, apesar das pressões em combate. Aos cuidados de outros, pais idosos podem ter começado a tomar o lugar de crianças pequenas. Mas as crianças pequenas podem simplesmente ter se tornado "crianças" mais velhas, e ainda precisar de cuidados, especialmente quando for difícil encontrar emprego e a habitação for limitada. Ou essas crianças podem agora ter seus próprios filhos e pedir apoio aos avós. Ao mesmo tempo, as responsabilidades do trabalho nesses últimos anos provavelmente estejam especialmente difíceis. Essas exigências podem até mesmo elevar-se a deveres sociais e familiares, tornando os laços mais exigentes. Tudo isso está sendo realizado quando a energia está começando a reduzir-se, o entusiasmo possivelmente a diminuir, ou a doença a ameaçar.

Não obstante, agora, como sempre, para aqueles que têm a capacidade de aprender, o passar dos anos certamente concede ainda mais tempo para integrar as experiências de vida. Para aqueles para quem não foi fácil deixar-se aprender com a experiência, as muitas possibilidades regressivas podem acenar. O poema de Wordsworth (1984), "We Are Seven", contrasta a "sabedoria" da criança pequena com a perplexidade do adulto:

> *Uma criança simples, querido irmão Jim,*
> *Que respira com leveza,*
> *E sente sua vida em cada membro,*
> *O que saberá da morte? (ll. 1-4)*

A fonte de sabedoria da menina camponesa de oito anos é expressa com uma simplicidade comovente de linguagem e rima nas poucas estrofes da narrativa. Ela é completamente diferente de seu interlocutor de pouca imaginação, que não consegue compreender como essa criança pode afirmar que ainda é uma de sete irmãos, apesar das mortes de seus outros seis irmãos e irmãs. Ele não consegue compreender sua capacidade de manter esses amiguinhos vivos em sua mente, como presenças internas para quem ela canta e com quem ela conversa. Ela mantém as figuras perdidas vivas internamente como fontes continuadas de força e conforto:

> *"Mas eles estão mortos; aqueles dois estão mortos!*
> *Seus espíritos estão no céu!"*
> *Eram palavras jogadas fora; pois ainda*
> *A pequena menina teria sua vontade,*
> *E disse, "Não, nós somos sete!" (ll. 65-69)*

O personagem de Wordsworth, preso em um estado mental pedante, quantificador, não era capaz de compreender a natureza da realidade psíquica, nem de abrir-se à natureza desconhecida da experiência interna do outro: nesse caso, o que, para ele, poderia ter sido a dor inimaginável das perdas que essa menininha já havia sofrido. E, ainda, o próprio ato de escrever o poema é uma expressão de um reconhecimento de intimações e aspirações a um modo de ser e compreender tornando-se disponíveis para o poeta/*self*.

Nessa fase, as várias formas individuais de evitar a dor que foram adotadas no passado terão, com o passar do tempo, assumido a aparência da personalidade. Pode ser tentador descrever uma pessoa em termos amplos como alguém, por exemplo, superficial, ou que desiste, ou que se entrega; como tentando evitar o processo de envelhecimento, ou mesmo negá-lo. Cada uma dessas respostas pode dar um triste testemunho o quanto mais foi aprendido com as forças que impedem o desenvolvimento do que com aquelas que o promovem. Podem apontar para uma atitude predominantemente passiva e deprimida em algumas pessoas, de sentir que a vida as decepcionou ou desapontou; que as circunstâncias as derrotaram. No entanto, essas mesmas respostas podem também descrever outra coisa, algo que é claro nos exemplos que seguem: que as experiências precoces de perda não resolvidas podem ter lançado uma longa sombra no desenvolvimento da personalidade. A sensação de fracasso, ou o medo do fracasso, podem se estender muito ao longo dos anos, mas as ansiedades e inibições subjacentes ainda podem, com coragem, tornarem-se disponíveis para serem pensadas. O medo do sofrimento pode ser pior do que o próprio sofrimento. Se a tristeza e a perda oprimem, a personalidade mais velha encontra suas próprias maneiras de lidar com isso. Essas maneiras podem ser, talvez, diferentes das de anos anteriores, mas ainda assim estar relacionadas com a mesma escolha psíquica, ou seja, entre evitar a dor e modificá-la ou modulá-la; se o impulso principal é tentar se livrar da dor e evitar se envolver com ela, ou sustentá-la mentalmente e tentar processá-la internamente.

MARGOT WADDELL 321

* * *

Dois breves exemplos esclarecem as ligações entre as dificuldades iniciais e as diversas formas de como é possível relacionar-se com elas muitos anos depois. O Sr. Smith e a Sra. Crawford iniciaram psicoterapia aos sessenta anos. Os motivos do encaminhamento eram superficialmente muito diferentes, mas existiam algumas importantes características em comum ligadas ao luto precoce. O Sr. Smith sentia-se culpado e desmoralizado. Ao aproximar-se da aposentadoria, ele estava estranhamente irascível, indeciso, ansioso e, o que mais lhe preocupava, sexualmente interessado em mulheres mais jovens. Pela primeira vez, ele se preocupava com sua própria forma e aparência física. Ele havia tido uma vida profissional não muito bem sucedida na gestão intermediária, e sempre se sentira "um pouco fracassado". Havia deixado a escola com poucas qualificações, sempre tendo achado difícil, como disse, "absorver qualquer coisa". Juntou-se a uma gangue de *"bad boys"*, foi levado a atividades delinquentes (principalmente pequenos incêndios criminosos e roubos de carro) e perdeu muitas horas de estudo em galerias de caça-níqueis. Sua vida profissional também envolvera uma série de pequenas fraudes e "embustes", mas ele conseguiu não ser descoberto.

Não é incomum a aposentadoria trazer certa ansiedade depressiva, e, com ela, um risco de deterioração do caráter, como se, sem a rotina de trabalho para fornecer algum tipo de estrutura de sustentação externa, a integração interna fosse ameaçada. Para aqueles que não têm suas próprias fontes internas de atividade criativa e imaginativa, o padrão do mundo do trabalho pode ter fornecido, por muito tempo, uma carapaça útil. Mas quando hábitos bem estabelecidos têm de ser quebrados, e a companhia de colegas de trabalho não está mais disponível, a ausência de

322 OS ANOS POSTERIORES

qualquer outra direção ou significado pode tornar-se dolorosamente evidente.

As medidas tomadas para evitar os sentimentos indesejados, seja de desmoralização, fracasso, vazio, inveja ou falta de sentido ou de objetivo, também são familiares. Em uma cultura onde os jovens e belos são tão altamente valorizados e é concedido aos velhos tão pouco interesse ou respeito, muitos, como o Sr. Smith, sucumbem ao impulso de participar da corrida contra o tempo, buscando vencer o envelhecimento do corpo, tentando manter-se jovens e vigorosos.

Mas a particularidade de qualquer experiência única corre o risco de se perder nessas generalizações. No caso do Sr. Smith, por exemplo, parecia haver uma área de dor além daquelas reconhecíveis do envelhecimento, uma dor que era muito difícil de alcançar. Seu terapeuta às vezes vislumbrava uma qualidade de intensidade e paixão que se afastava da sua apresentação mais comum, rasa e um tanto clichê, de si mesmo e de sua vida. Havia um sentimento, que começou a ser evidenciado especialmente em seus sonhos, que de alguma forma sua personalidade tinha "se dizimado", como se, no início da vida, ele tivesse se conformado a uma forma de ser segura e bastante aborrecida, talvez a fim de evitar algo que pode ter sido experimentado como demasiadamente perturbador, algo que não poderia ser integrado em sua personalidade como ele a conhecia.

Quando o Sr. Smith era criança, seu pai tinha morrido em um acidente, e ele, o filho, lembrava-se muito pouco dele. No entanto, ele transmitiu ao seu terapeuta um sentimento de algo semelhante a uma perda irreparável. Conforme o tempo passava e o Sr. Smith estabelecia uma relação cada vez mais confiante com seu terapeuta, começou a lembrar-se de mais detalhes de sua infância. Seu pai tinha sido mecânico e, quando tinha sete ou oito anos, o Sr. Smith costumava ir vê-lo consertar carros. Ele também falou sobre um velho barracão no jardim da casa de seus pais, um galpão cheio de ferramentas e pedaços velhos de motor, onde ele e seu pai costumavam passar o tempo juntos, nos finais de semana, por horas a fio. Havia duas outras alegrias intensamente compartilhadas: fazer e atiçar fogueiras e jogar nas velhas máquinas caça-níqueis guardadas no sótão de seu pai. À medida que mais detalhes surgiam e os relatos adquiriam textura, cor e especificidade, o sentido da paixão dessa intimidade compartilhada entre pai e filho tornou-se muito palpável. O comportamento do Sr. Smith mudou, e sua linguagem tomou vida e vigor ao lembrar-se mais e mais desses momentos felizes, uma espécie de Jardim do Éden, de onde ele tinha sido para sempre banido.

Um dia, um equipamento de levantamento de peso falhara e seu pai fora esmagado. Poucas semanas depois, sua mãe se casou com o sócio de seu pai na oficina, e, alguns meses depois disso, nasceu uma irmãzinha. Passaram-se muitos anos até que o Sr. Smith se permitisse assumir a possibilidade de que sua mãe poderia estar tendo um caso com o sócio de seu pai antes da morte. Com aquele casamento, tudo mudou. O barracão do jardim foi trancado e declarado "fora dos limites", assim como o sótão. O local da fogueira foi coberto com grama. O Sr. Smith não foi levado ao funeral, e não lhe foi permitido falar sobre seu pai depois disso. Não surpreendentemente, foi então que começaram seus problemas na escola. Sua principal memória de sua mãe, na época, era de ser importunado sobre seu mau desempenho, de ouvir que ele era um menino tão brilhante, entre os primeiros da classe; por que ele não tentava mais? Por que ele tinha ficado tão burro?

Apesar de extremo, o sofrimento do Sr. Smith é similar àquele de muitas crianças cujas experiências de perda ou luto, quer sejam

324 OS ANOS POSTERIORES

aparentemente triviais ou obviamente catastróficas, não foram devidamente registradas ou, pior ainda, foram negadas ou ignoradas. A incapacidade da mãe do Sr. Smith de atender à dor de seu filho pode muito bem ter sido enraizada em sua própria infelicidade não declarada. Mas também sugere que ele pode ter tido poucas oportunidades, mesmo antes do acidente, de compartilhar a realidade da sua própria vida emocional, e, no processo, compreendê-la, pelo menos em relação à sua mãe.

Parece que a intensidade da dor pela morte de seu pai e a raiva da sua mãe e da nova família tinham requerido seu afastamento da vida, suspendendo seu *self* com sentimentos e receptivo, e abrindo mão do menino robusto e cheio de vida. Ele lembrava-se de ouvir sua mãe dizendo a um vizinho que seu filho tinha "superado a morte muito bem". As únicas pistas óbvias e eloquentes em contrário manifestavam-se na especificidade de suas empreitadas delinquentes: incêndio criminoso, roubo de carro e quase-vício em máquinas caça-níquel. Mais tarde, ele havia se conformado com uma rotina desinteressante e monótona, que se passava por uma vida: passar pelos anos sem qualquer intimidade, alegria ou interesse especial; sem relacionar-se como um todo. Ele tinha uma esposa e filhos, mas eles pareciam ter-lhe proporcionado pouco prazer real. Era uma "vida" em família apenas no sentido mais vazio e convencional.

O que agora começara a surgir era a extensão de sua culpa: tanto culpa irracional pela morte real de seu pai ("Eu costumava pensar: 'Se eu estivesse lá, poderia tê-lo salvo'"), e também intenso remorso por ter permitido que a memória do seu pai fosse extirpada de forma tão rápida e abrangente da narrativa da família, e, embora mais lentamente, da sua própria mente e coração. Por que ele foi conivente com a mentira e a negação em que o novo casamento parecia baseado? Ele começou até mesmo a se perguntar se o "acidente" fora mais sinistro do que parecera. Outra fonte de culpa também surgiu: de que sua ânsia pelo tempo de seu pai poderia ter separado seus pais, levando, assim, ao que ele estava convencido que havia sido o "caso extraconjugal".

Tornou-se claro que a perspectiva da aposentadoria, e todas as perdas que a acompanhavam, estava novamente mexendo nessas velhas questões não resolvidas. Estava confrontando o Sr. Smith não só com a realidade da sua própria morte, mas também com alguns dos sentimentos destrutivos e de ódio que, até então, ele mal tinha reconhecido em si mesmo. Essa crise exigia capacidades emocionais que ele nunca havia tido a oportunidade de desenvolver. Tinha passado a vida buscando evitar sua raiva, desespero e caos internos. Mental e emocionalmente, ele mal tinha se desenvolvido para além do menino na latência que era quando seu pai morreu. Na medida em que a "amnésia" lentamente desaparecia e ele podia, nas sessões, pensar sobre alguns desses sentimentos e se envolver com eles, o Sr. Smith, com enorme dor, embarcou em uma tarefa grandiosa, adiada por muito tempo.

Jaques (1965) descreveu tal tarefa como "Elaborar novamente a experiência infantil de perda e de dor, [que] aumenta a confiança na própria capacidade de amar e enlutar-se pelo que foi perdido e que é passado, em vez de odiar e sentir-se perseguido por isso. Podemos começar a enlutar-nos por nossa própria morte eventual" (p. 512). Ao fazê-lo, pode-se realmente estabelecer uma capacidade de tolerar os próprios defeitos e destrutividade. No início da infância da Sra. Crawford, houve uma tragédia não muito diferente, embora ela tivesse encontrado maneiras muito diferentes de lidar com ela. Ela sempre soube que sua vida tinha sido fundamentalmente afetada pela morte de seu irmão mais velho, quando ela tinha oito anos. Esse irmão tinha, aparentemente, sido um menino de

326 OS ANOS POSTERIORES

ouro, o tipo de criança que Wordsworth (1984) descreve no poema "Michael" como aquela que,

> *mais do que outros presentes,*
> *Traz esperança com ela, e pensamentos sobre o futuro.*
> *(ll. 54-55)*

Essa criança morreu em uma pequena operação, pela anestesia. A aflição de seus pais era irrecuperável. O pai se tornou alcoólatra e a mãe maníaca e frágil, sempre preocupada com doenças leves e imaginárias, sofrendo enxaquecas constantes e enchendo sua vida com tarefas sem sentido. A Sra. Crawford, única filha remanescente, sentiu que apesar de estar condenada a falhar, ela deveria de alguma forma tentar honrar a memória de seu irmão. Os pais haviam removido todos os vestígios da existência do seu filho de casa, e nunca falavam dele. A experiência tinha sido, literalmente, insuportável.

Como ocorre tantas vezes em famílias onde uma criança morreu, a resposta da Sra. Crawford ao sofrimento dos seus pais, quando era uma menininha, foi tentar realizar o que ela considerava serem os desejos deles. Sempre ciente do "fantasma" do seu irmão, em vão procurou estar à altura do que imaginava que ele era na mente de seus pais. Posteriormente, quando adulta, ela tinha se tornado tão bem sucedida como possivelmente poderia ser. Apoiava o marido e gerenciava "uma casa muito boa e eficiente", como ela dizia. Havia criado quatro filhos enquanto trabalhava como enfermeira em uma ala de um hospital local muito movimentado. Levava uma vida extremamente completa e comprometida, sempre "ativa", e absorta com uma série de pessoas "problemáticas", bem como obras de caridade que se estendiam para muito além de sua função profissional. Ela tinha pouco tempo para reflexão e nenhum para qualquer preocupação mais desafiadora sobre sua situação de vida. Foi sua hipocondria que finalmente levou seu médico a sugerir que ela procurasse ajuda psicoterapêutica. Os episódios recorrentes de medo agudo de doenças com risco de vida (geralmente câncer) ocorriam havia muitos anos. Aos sessenta anos, ela se encontrava infeliz no casamento, cada vez mais ansiosa e sofrendo diversos sintomas muito preocupantes, nenhum dos quais revelara qualquer fundamento orgânico. Ela agora estava mais ocupada do que nunca, e era difícil para ela considerar a busca de tempo para as sessões de psicoterapia que lhe foram sugeridas.

No início, nas sessões de terapia, seus modos eram muito práticos, bruscos, um pouco duros e um tanto superficiais. Mas como o passar do tempo, o que emergiu, com ferocidade inesperada, foi a extensão da sua raiva por uma mãe que não tinha sido capaz de lidar com a morte de seu filho. Com a tragédia, a Sra. Crawford sentia que ela mesma tinha perdido não só seu irmão, mas também seus pais. Descreveu a forma insidiosa como a incapacidade da sua mãe para recuperar-se da morte também tinha infectado a ela quando menina, e como na verdade havia arruinado sua vida inteira. A hipocondria tornou-se também seu problema. Sem a oportunidade de se envolver, na época, com o que essa morte real significava, ela tinha se ocupado "lidando" com doença e morte em outro lugar, defensivamente, a fim de evitar envolver-se com a tarefa impossível que precisava ser realizada no seu interior.

Em uma sessão, contou um medo de infância que ela costumava ter pelos oito anos de idade, quando tinha visto o filme *King Kong*. Por muito tempo ela permaneceu com medo de que o King Kong viesse, a tomasse em suas garras e a levasse embora. Em um nível, essa memória pareceria descrever ansiedades, não modificadas pela compreensão dos pais, de ser "levada embora"

328 OS ANOS POSTERIORES

como seu irmão. Mas na sessão, essa memória imediatamente evocou um sonho recente:

> *ela era empregada do hospital, não como enfermeira, mas como uma espécie de engenheira cujo trabalho era gerenciar os vazamentos de gás. Um dia, pareceu haver o risco de ocorrer uma terrível explosão. Ela estava muito preocupada que tal explosão arruinasse a pintura.*

Na discussão sobre o sonho, tornou-se claro que a Sra. Crawford sentia que seu "trabalho de vida" tinha sido "gerenciar vazamentos", mantendo uma tampa sobre tudo, para que nenhuma emoção real (ou seja, potencialmente destrutiva) escapasse, ou fosse reconhecida por aquilo que realmente era. Era como se uma parte dela bastante tirânica e controladora tivesse agarrado seu *self* "vítima" mais vulnerável (donzela do King Kong, talvez) e fugido com ele, deixando sua personalidade desprovida de qualquer capacidade de colocar para dentro o luto, terror e raiva, e de compreender sua magnitude e suas fontes. No sonho, ela não registrou o perigo real de caos nem da mutilação dos outros. Estava absorta, em sua preocupação, com superficialidades – "a pintura". A consequência era que o impacto real da catástrofe, em termos de perda de vida (sonhada ou real), não podia ser metabolizado. Em vez disso, prevalecera a atenção e preocupação com as superfícies – "progredir", ser respeitável, fazer boas ações.

Quando ela começou a admitir o quanto, ao ocupar o papel de esposa, profissional e mãe perfeita, ela havia se afastado de realmente se envolver com o mundo, a Sra. Crawford começou a sofrer profundamente, tanto em relação à sua própria vida como em relação à de sua mãe. Ela se permitiu ser mais compreensiva com as dificuldades iniciais de sua mãe, e começar a perceber que podia amá-la assim como odiá-la; que podia apreciar sua mãe pelo que ela tinha conseguido fazer, em vez de sentir-se constantemente lesada pelo que ela não tinha conseguido fazer. O que ela não tinha sido capaz de tolerar em sua mãe, não surpreendentemente, eram precisamente os aspectos de si mesma que ela tinha tentado tanto não reconhecer: constantes reclamações somáticas, ocupações desnecessárias, filantropia e a fuga em geral do contato emocional genuíno. Ao reconhecer algumas dessas características como sendo parte da sua própria personalidade, a Sra. Crawford foi capaz de desenvolver sentimentos de simpatia e afeto por sua mãe, e um desejo intenso de reparar seu relacionamento, um desejo que ela disse nunca ter imaginado anteriormente que poderia ser possível.

Em cada um desses dois casos, um luto real ocorrera, e não tendo sido emocionalmente digerido na época, havia deixado um legado obscuro, estendendo-se por muito tempo nas vidas das pessoas envolvidas. A sugestão não é que seria sempre necessariamente requerida uma terapia para reunir tais pensamentos e sentimentos escondidos e sem solução; mas, sim, que esses casos exemplificam a possibilidade de continuar o desenvolvimento da personalidade, ou mesmo de começá-lo, em um ambiente de continência emocional, embora em um momento tardio na vida. Os endurecimentos e abrandamentos da idade podem tornar-se nítidos, mas, como esses exemplos mostram, eles não são necessariamente irreversíveis.

Um terceiro caso, baseado em uma única sessão da análise de um homem de sessenta anos de idade, oferece um relato mais detalhado de como, mesmo em anos posteriores, pode ser possível para alguém ser capaz de começar a experimentar a si mesmo e à sua vida de forma mais significativa e imaginativa. O Sr. Williamson tinha iniciado análise tarde na vida, após uma longa e bem sucedida carreira jurídica. Ele tinha um ar circunspecto e, para

330 OS ANOS POSTERIORES

começar, um pensamento e conduta um tanto formais. Sempre tivera dificuldade em saber o que sentia e descreveu uma infância emocionalmente privada. Parecia ter havido pouco contato ou afeto familiar genuíno, mas, no lugar disso, uma série de babás, seguidas por colégio interno aos sete anos. Havia apenas memórias esparsas dessa época infeliz. A percepção do Sr. Williamson de sua mãe era muito vaga. Havia poucas lembranças de sua relação com ela na infância, ou de seu declínio precoce e morte. "Acho que ela só desapareceu". Nada parecia conectar-se. Pensamentos não abriam as portas habituais. Interpretações não levavam a lugar algum. Linhas de investigação tendiam a ser truncadas. Tudo, nesse momento, parecia um pouco preso.

No início da análise, o Sr. Williamson esforçou-se para encontrar algum ponto de contato. Por muito tempo, ele não conseguia lembrar-se dos seus sonhos. Mas, eventualmente, trouxe o primeiro do que vieram a ser referidos como "fragmentos" de sonhos. Constituíam imagens simples, visualmente vívidas e às vezes com um "sentimento" ou "tom" claro vinculado. No entanto, eles eram intrigantes e frustrantes, pois rendiam poucas associações ou reflexões.

Depois de muitos desses sonhos, ele trouxe um "fragmento" específico, que caracteristicamente constituía uma declaração visual muito simples.

> *Havia uma série de pilares de tijolos, cada um com cerca de quatro metros de altura e muito bem empilhados.*

A precisão do empilhamento era o único ponto de foco ou ênfase do sonho. Os tijolos não tinham qualquer *utilidade* especial daquela forma, ao que parecia, mas assim era – eles foram dispostos em pilhas separadas, muito *metodicamente*; cuidadosa e perfeitamente empilhadas. Ele mencionou o fato de que algum paisagismo estava em andamento em sua casa no momento, e que havia tijolos jogados pelo jardim para construir paredes que haviam sido projetadas para "emoldurar" a casa. O objetivo, segundo ele, era estético, e não prático.

Esses detalhes associativos, embora muito leves, possibilitaram a reflexão sobre o "fragmento" de sonho da seguinte maneira. As pilhas de tijolos podiam ser pensadas como aspectos excessivamente rígidos dos processos mentais que não estavam, daquela maneira, disponíveis para qualquer finalidade emocional ou prática vívida. Da forma como estava, o arranjo era de uma precisão aparentemente inútil. O afastamento dos tijolos de qualquer função útil ou estética reproduzia-se no afastamento do sonho de qualquer ligação com pensamentos significativos. Algo estava faltando – os tijolos não poderiam, na forma e posição atuais, ser empregados a serviço da construção: a construção de sentido.

A situação do sonho descreveu perfeitamente a situação pessoal do Sr. Williamson na época. Os tijolos/pensamentos precisavam ser trazidos para o analista em sua forma isolada e fragmentada, para que ocorresse alguma modelagem preliminar e eles pudessem ser utilizados para sua tarefa apropriada: um emolduramento da casa/mente, para que ela pudesse ser mais bem "vista". A sensação era que os aspectos estéticos e funcionais da construção dessas paredes precisavam ser estabelecidos como um *tipo* diferente de processo criativo, antes que a própria casa pudesse ser enquadrada, observada e, portanto, analiticamente pensada.

A própria fragmentação do sonho descrevia o processo do qual fazia parte. Ela iniciou o desmantelamento dos pensamentos/pilares bastante rígidos e "apropriados" que até então tinham sido inúteis para qualquer ligação criativa entre as partes cindidas da

OS ANOS POSTERIORES

personalidade do Sr. Williamson. Este tipo de desmantelamento tornava as dificuldades reais mais disponíveis para o pensamento. A fim de se envolver com o significado das representações simbólicas (da casa/mente), um processo anterior tinha que ter ocorrido. Ou seja, uma ordenação muito mais rudimentar era necessária por parte de uma mente (a do seu analista) que era capaz de reunir os pedaços fragmentados, sustentá-los e pensar sobre eles de tal forma que os tijolos não mais ficassem estaticamente fixos em suas estruturas existentes. Como resultado de serem processados internamente dessa forma, os tijolos poderiam começar a ser usados para a construção de alguma coisa útil, que poderia tornar-se um continente de significado; algo que poderia então tornar-se *incorporado* na estrutura da sua personalidade em desenvolvimento.

A qualidade de continência que o processo analítico disponibilizou ao Sr. Williamson surgiu dos processos inconscientes subjacentes à capacidade do analista para entender suas comunicações bastante fragmentárias e formais. É difícil descrever tais processos em linguagem conceitual, mas uma maneira de colocá-lo seria que o sonho e a sua interpretação do mesmo ocorreram no contexto de uma relação terapêutica em que aspectos até então impensáveis da experiência do Sr. Williamson começaram a ser moldados. Nessa sessão, com sua experiência inconsciente tendo sido trabalhada na mente do analista, ele foi equipado com os recursos para "pensar sobre" essa experiência, inicialmente nos símbolos inconscientes dos pensamentos oníricos, e, em seguida, na verbalização mais consciente desses pensamentos. Com o passar do tempo, começou a suavizar sua formalidade, a abrandar suas superfícies emocionais duras, e começaram a entrar nas sessões e em sua vida interesse, humor e afeto genuínos.

Dessa mesma forma, o bebê que teve uma experiência, por tempo suficiente, de ter uma mãe com os recursos internos para conter de maneira ativa seus sentimentos, não só tem a sensação de ser integrado e compreendido, mas aos poucos adquire essa própria capacidade de sustentar, ainda que temporariamente no início, seu próprio estado mental. A troca entre o Sr. Williamson e seu analista oferece uma descrição do que Bion chama de "continente/contido" ocorrendo dentro do espaço analítico. É um exemplo do misterioso processo de formação de símbolos, ou função alfa, como ele ocorre entre o paciente e o analista, e a maneira como esse processo pode ser reevocado, qualquer que seja a idade cronológica. Tais processos são os mesmos descritos nos encontros iniciais mãe/bebê.

Na medida em que uma pessoa se dirige para os últimos anos da sua vida, ela pode tornar-se mais suave, mais tolerante, menos invejosa, mais sensível, mais capaz de aceitar a vida, os filhos, o trabalho, pelo que ele é, ou eles são, mais do que pelo que eles "deveriam ser" ou "eram capazes de ser", ou mesmo "poderiam ter sido". "E se...". pode ser deixado para trás. Mas ela pode, ao contrário, tornar-se cada vez mais exigente, pomposa, cruel, ofendida, intelectualmente desonesta. Essas características todas podem começar como medidas defensivas, possivelmente contra pontadas de inveja ou contra o medo da perda. Mas também podem apresentar-se como hábitos cada vez mais imodificáveis e profundamente arraigados da mente, que circunscrevem ou limitam a probabilidade de qualquer crescimento emocional adicional. Os mecanismos que sustentam esses estados mentais respectivos continuam sendo aqueles que foram discutidos desde o início, projeção e introjeção. Dependendo do equilíbrio, em qualquer pessoa, entre essas duas tendências, das suas força e intensidade respectivas em anos anteriores, e da natureza das pressões passadas e atuais, cada indivíduo irá passar por essa última parte de vida equipado de forma muito diferente para encontrar os inevitáveis prejuízos envolvidos,

334 OS ANOS POSTERIORES

e uma concepção da vida a ser vivida no contexto da aproximação da morte. Alguns tenderão a fechar-se a formas desconhecidas de ver as coisas, outros irão abraçar novas experiências com uma vontade de continuar aprendendo.

Depois de uma longa conversa sobre a importância para as crianças de serem ajudadas a prantear a perda de um irmão, uma avó, falando em nome de sua recentemente enlutada netinha, disse, "Bem, ainda acho que ela não deveria ser envolvida no funeral". A outra avó respondeu, "É isso que você pensa que é o melhor? Fale mais sobre isso". Por mais simples que esta última observação possa ser, ela representa uma curiosidade continuada, uma busca contínua por conhecimento e compreensão. Tais qualidades são poderosamente consubstanciadas na poesia de W. B. Yeats em sua meia-idade e seus anos finais. "A espora", um poema de sua última coleção, *A Escada em Caracol*, revela a fonte da energia duradoura de sua escrita.

> *Parece-te horrível que luxúria e ira*
> *Cortejem a minha velhice;*
> *Quando jovem não me flagelavam assim;*
> *Que mais tenho eu que me esporeie até cantar?*

Para alguns, a "luxúria e ira" da juventude ficam em repouso, como se tivesse se estabelecido uma espécie de período de "latência" de meia-idade. Mas para outros, como para Yeats, a vitalidade contínua da personalidade parece residir em ser capaz de continuar, com honestidade e com entusiasmo, a reconhecer e lidar com paixões mais básicas, ainda que em uma escala diferente. Para alguns, quer seja considerado infantil ou adulto, necessário ou inconveniente, o potencial para o envolvimento com tais emoções e impulsos permanece disponível e contribui ainda mais para um sentido de *self* ainda em desenvolvimento.

Ao escrever sobre o relacionamento entre a poesia e o poeta na velhice, T. S. Eliot (1957) cita "A espora" e descreve com grande clareza a distinção mais geral entre o "homem que é capaz de experienciar" e o homem que não tem a "honestidade e coragem" excepcional de ser ou de tornar-se assim. Ele observa as consequências dessa distinção como determinantes para a capacidade ou incapacidade de uma pessoa para levar uma velhice criativa. Salienta a importância da continuidade entre a juventude e a velhice: se for para o crescimento continuar, experiências da juventude devem permanecer vivas. Sobre certos outros poemas em *A Escada em Caracol*, Eliot escreve que, neles,

> *sente que as emoções mais animadas e desejáveis de juventude foram preservadas para receber sua expressão plena e devida em retrospecto. Pois os sentimentos interessantes da idade não são apenas sentimentos diferentes; eles são sentimentos nos quais os sentimentos da juventude estão integrados. (pp. 258-259)*

Eliot tem uma percepção muito aguda dos perigos, para o indivíduo criativo, de envelhecer. Seu quadro é gritante. Mas os perigos que ele descreve – de escapar da sinceridade para mera respeitabilidade, ou pior, desonestidade – são reconhecíveis para muitos, na verdade para qualquer um que esteja lutando para preservar seu *self* usualmente criativo:

> *Porque um homem que é capaz de experienciar descobre-se num mundo diferente em cada década da sua vida; como o vê com outros olhos, o material da sua arte renova-se continuamente. Todavia, poucos poetas têm mostrado de fato essa capacidade de adaptação aos*

336 OS ANOS POSTERIORES

anos. Ela exige, realmente, uma honestidade e coragem excepcionais para enfrentar a mudança. A maioria dos homens agarra-se às experiências da juventude, de modo que sua escrita se torna um mimetismo insincero de seu trabalho anterior, ou deixa sua paixão para trás, e escreve apenas com a cabeça, com um virtuosismo vazio e perdido. Há outra tentação ainda pior: a de tornar-se digno, de tornar-se uma figura pública com uma existência apenas pública – um cabide com condecorações e distinções penduradas, fazendo, dizendo e mesmo pensando e sentindo o que acredita que o público espera. Yeats não era esse tipo de poeta... Pois os jovens podem vê-lo como um poeta que em sua obra permaneceu no melhor sentido sempre jovem, que, em certo sentido, até mesmo tornou-se jovem à medida que envelhecia. Mas os velhos, a menos que sejam agitados com algo da honestidade com eles mesmos expressa na poesia, ficarão chocados com a revelação do que o homem realmente é e continua sendo. Eles se recusarão a acreditar que eles são assim. (p. 257)

Aqui, como em todo este livro, a ênfase é na capacidade, e na oportunidade, de ser honesto consigo mesmo. Ao pensar sobre os últimos anos, o foco foi sobre se uma pessoa é ou não capaz de enfrentar a morte como um fato externo e a destrutividade como um fato interno. A realidade da morte real põe em perspectiva acentuada as diferentes formas como alguém pode ter "realmente" crescido, ou pode apenas parecer como se o tivesse feito. Pois a morte também se destaca como metáfora para todas as outras perdas na vida, que podem ter sido temidas como parecendo demasiadamente finais ou catastróficas e, como consequência, ter sido insistentemente evitadas. (Freud falou sobre a perda do interesse pela vida, "quando a mais alta aposta em jogo, a própria vida, não pode ser arriscada".)[2] Se envolver propriamente com a vida envolve uma disposição de enfrentar não apenas a própria mortalidade, mas a realidade dos golpes mortíferos, tanto aqueles internos ao *self* como aqueles que ameaçam a partir do "Mundo das Circunstâncias" externo, "a Miséria e desgosto, dor, doença e opressão", que Keats descreveu (1987, p. 95). O tipo de pensamento que contribui para alguém tornar-se uma pessoa que é "capaz de experienciar" é formador da mente. O processo envolve uma luta entre as forças no *self* que promovem vida e esperança, que capacitam a personalidade a encontrar sua própria forma e se desenvolver e crescer, e as forças que puxam o *self* para trás, por medo da dor e do desconhecido. Mesmo no final da vida alguns ainda estarão tentando abrir ainda mais as portas para novas experiências; outros estarão facilitando o fechamento dessas portas.

A maravilha e a complexidade infinitas do entrelaçamento das vidas interna e externa de uma pessoa são capturadas por Keats na imagem da teia de aranha, e na simplicidade requintada da fiação da aranha:

> *Agora, parece-me que quase qualquer homem, à semelhança da aranha, tece a partir de seu próprio interior sua própria cidadela aérea – as pontas de folhas e galhos de onde a aranha começa seu trabalho são poucas, mas ela enche o ar com um belo circuito: os homens deveriam contentar-se com esses poucos pontos onde apoiar a bela Rede da sua Alma e, assim, tecer uma empírea tapeçaria. (1987, p. 66)*

338 OS ANOS POSTERIORES

A imagem de Keats empresta expressão metafórica a uma série de pensamentos – aqueles subjacentes às ideias que traçaram seu caminho através destas páginas. A imagem evoca a sensação de liberdade e abertura de espírito, a capacidade de não ficar vinculado aos "pontos belos" das coisas, mas desenvolvê-los a partir de recursos internos. Cada pessoa carrega dentro de si o potencial de desenvolver uma personalidade de riqueza e profundidade, o potencial de retirar da sua própria experiência os elementos essenciais para um maior crescimento. Qualquer pessoa pode se distrair de seu *self* autêntico. Qualquer pessoa, também, pode construir uma estrutura pessoal única de grande beleza.

Este livro foi sobre as recompensas de compreender o significado da experiência de uma pessoa e sobre as dificuldades de fazê-lo; as dificuldades de desenvolver uma mente própria, de tornar-se quem se é. O processo de encontrar o seu próprio lugar no mundo de uma geração para a próxima requer constante trabalho mental e emocional, desde as primeiras lutas do nascituro até aquelas dos últimos anos de vida. Trata-se de aprender com os outros sem meramente tornar-se como eles, e dar aos outros sem buscar amarrá-los. Envolve conflito, mas também abre possibilidades ilimitadas. Pois a vida não precisa ser um vale de lágrimas, mas é, ao contrário, um vale forjador de almas, processo em que se funda o crescimento da mente, o desenvolvimento da personalidade.

Notas

1. Tão pouco foi publicado de um ponto de vista psicanalítico sobre esses anos posteriores, que parece importante destacar alguns textos significativos:

    Cohen, N. A. (1982). On loneliness and the ageing process, *International Journal of Psychoanalysis*, 63, 149-155.

Davenhill, R. (1989). Working psychotherapeutically with older people. In *Clinical Psychology Forum*, 27-30.

Hildebrand, P. (1982). Psychotherapy with older patients, *British Journal of Medical Psychology*, 55, 19-28.

King, P. H. M. (1980). The life cycle as indicated by the nature of the transference in the psychoanalysis of the middle-aged and elderly, *International Journal of Psychoanalysis*, 61, 153-160.

Limentani, A. (1995). Creativity and the third age, *International Journal of Psychoanalysis*, 76 (4), 825-883.

Murray-Parkes, C. (1972). *Bereavement*. London: Tavistock.

Segal, H. (1986) *Delusion and Artistic Creativity and Other Psychoanalytic Essays*. London: Free Association Books.

Settlage, C. (1996). Transcending old age: Creativity, development and psychoanalysis in the life of a centenarian, *International Journal of Psychoanalysis*, 77 (3), 549-564.

2.   Citado por Elliott Jaques (1965), p. 512.

14. Os últimos anos

Não devemos parar de explorar
E o fim de toda nossa exploração
Será chegar onde começamos
E conhecer o lugar pela primeira vez.

—*T. S. Eliot*

A última cena,
Remate desta história aventurosa,
É mero olvido, uma segunda infância,
Falha de vista, dentes, gosto e tudo.

—*Shakespeare (1991, II, vii, pp. 163-166)*

Essas são as palavras finais do tratado de Jaques sobre as Sete Idades do Homem em *Como lhe Aprouver*. Suas reflexões são instigadas por um encontro (fora do palco) com Touchstone (o bobo da corte do duque Senior), um encontro que é descrito no início da

342 OS ÚLTIMOS ANOS

mesma cena. Jaques é excessivamente tocado por Touchstone. Ele relata com deleite ao duque Senior e ao tribunal proscrito o "pronunciamento de um bobo variegado sobre como anda o mundo".

> *Desta arte, de hora em hora amadurecemos,*
> *E então, de hora em hora apodrecemos:*
> *nisto se encerra um conto.*
>
> *(II, vii, 26-28)*

O "conto" é o mais importante de todos os contos – o da condição humana. Um tema central nessa peça, como em muitas das comédias, relaciona-se com a necessidade de incorporar a realidade dos términos (isto é, da perda, abandono e, finalmente, da morte) no espírito dos inícios, e de início potencial no sentido de um final.

O "conto" que Shakespeare tantas vezes reconta, explícita e implicitamente, é, na sua forma mais básica, o da importância de incorporar debilidade e morte em toda história de recomeço. A declaração direta é que "mero olvido e segunda infância" são fatos da vida que, em cada fase e idade, devem ser reconhecidos e compreendidos, não separados e negados, se for para ocorrer um verdadeiro desenvolvimento ou entendimento.

Traçarei em termos bastante literais a relação indissolúvel entre começos e fins, de forma a relacionar as maneiras como as teorias psicanalíticas, a experiência clínica e o trabalho de observação do início da "infância" podem contribuir muito imediatamente, mesmo de forma prática, tanto para uma compreensão da "segunda infância" como para a forma de lidar com estados mentais prejudicados e enfraquecidos. Como fica tão claro em *Como Lhe Aprouver*, amadurecer e apodrecer é, em certo sentido, uma simples questão de tempo, de tempo cronológico, e embora o tempo seja absoluto – a próxima hora segue a anterior (a afirmação de Touchstone com a qual Jaques ficou tão tocado) –, como revela a vida na floresta de Ardenas, a questão importante é o que é *feito* com essas horas. Em termos de desenvolvimento, como os capítulos anteriores mostraram, precisamos sempre estar cientes de que, em todas as idades, o significado principal é o que as horas *significam*, e como elas são gastas, em relação à possibilidade de promover e prolongar o crescimento psíquico ou de limitá-lo e impedi-lo. Nesse sentido, o tempo *não* é absoluto, pois o quanto "amadurecemos" apenas para "apodrecer" depende da relação indissolúvel entre fatores fisiológicos/neurológicos e psicológicos – entre corpo/cérebro e mente. Quando uma pessoa se deteriora fisicamente, constelações psicológicas problemáticas iniciais, se não resolvidas, podem voltar a ser encenadas; defesas infantis podem ser reerguidas, se ansiedades subjacentes permanecerem inalteradas; necessidades infantis podem ressurgir, se não atendidas. Essas dificuldades tendem a ocorrer quanto mais as habilidades definhem e a dependência crua, mesmo abjeta, se afirme.

Já passou um século inteiro desde que Freud determinou que uma pessoa pode adoecer mentalmente, ou mesmo fisicamente, por questões emocionais, e não apenas orgânicas – ideia que provocou uma resposta furiosa da classe médica –, consagrada pela famosa frase de Freud, "A partir de então percebi que eu perturbaria o sono do mundo".

Cem anos depois, estamos longe de ter avançado tanto como deveríamos na compreensão do componente emocional do que são considerados as origens orgânicas de distúrbios psiquiátricos, do desenvolvimento e do comportamento. Em muitas áreas, a ação da explicação biológica/médica desses estados ainda continua forte, e, é claro, nas pessoas muito idosas a deterioração é de fato real,

344 OS ÚLTIMOS ANOS

e tem que ser levada em conta centralmente. Mas, recentemente, a neurociência está descobrindo evidências que apoiam fortemente a pesquisa e as intuições dos chamados "psicólogos populares", aqueles de nós que há muito tempo reconheceram a complexa intimidade das relações entre déficit cognitivo e emocional, entre disfunção orgânica e desordens afetivas, entre o funcionamento do cérebro e da mente. A questão não é apenas que o cérebro afeta a mente, mas que a mente afeta o cérebro.

Com algumas exceções importantes, pouco trabalho psicanalítico tem sido feito para uma maior compreensão da situação dos muitos idosos – trabalho do tipo capaz de abranger as percepções dos mais qualificados para compreender a capacidade da mente de crescer e se desenvolver, ou sua propensão a ficar presa, deformada ou fragmentada. Os médicos envolvidos com pacientes adultos severamente perturbados, ou com o desenvolvimento desordenado e inibido de crianças pequenas, podem utilizar habilidades clínicas e observacionais centralmente relevantes para os problemas em questão.

O retrato psicanalítico do meio e do fim de vida ressalta como a capacidade da pessoa para enfrentar perdas de todos os tipos, e em última análise a morte, está enraizada em capacidades muito iniciais de suportar a realidade psíquica (ver Capítulo 13). Nessa fase, ainda há a esperança, como George Eliot disse, de que "nunca é tarde demais para se tornar a pessoa que você poderia ter sido". O presente capítulo aborda o momento na vida quando já é tarde *demais*, em qualquer sentido óbvio, mas quando a qualidade de vida mental e emocional pode ainda, mesmo que apenas muito temporariamente, ser tornada mais suportável, significativa e até mesmo agradável do que geralmente se pensa. Os mesmos modos de pensar sobre estados infantis que contribuíram para a compreensão dos "anos posteriores" são particularmente pertinentes para os últimos anos, os da "segunda infância" – especialmente em relação às junções e fraturas relacionados a disfunções orgânicas, seja como resultado de um acidente vascular cerebral (AVC) ou da doença de Alzheimer, ou de estados mais gerais de confusão senil (sendo muito difícil fazer uma distinção entre um ou todos desses diferentes estados).

No Capítulo 1, relatei uma troca entre a Sra. Brown, de oitenta e nove anos de idade, e seu marido, Eric. Baseando meus pensamentos nas observações descritivas detalhadas por sua família, agora traçarei suas vidas posteriores, quando, ao longo de dois anos, a Sra. Brown acabou perdendo sua mente viva, criativa e inquisitiva para as degradações da doença de Alzheimer. A ênfase naquele trecho foi sobre o quão rapidamente a Sra. Brown ficou atormentada por uma certeza persecutória de traição e abandono por parte de seu marido, apesar de seus muitos anos de devoção fiel. Naquele momento, a fonte da ansiedade da Sra. Brown era bastante clara para qualquer observador sensível e atencioso. Ela ainda podia ser tranquilizada e receber um pouco de paz de espírito. Mesmo então, mantinha-se em grande medida sua capacidade de interessar-se, ainda que de forma seletiva, por "como anda o mundo". Às vezes falava sobre morte, e recomendava que seus filhos fossem preservados daquilo a que ela se referia como uma "idade *muito* madura" (implicitamente traçando um contraste interessante com o que ela claramente considerava um "amadurecimento" razoavelmente positivo em um grau de velhice) e fossem autorizados a apodrecer um pouco mais cedo do que ela própria, pois ela odiava o que chamava de "morrer pouco a pouco".

Dois anos mais tarde, no entanto, a comunicação comum tinha deixado de ser possível para a Sra. Brown, e a questão central passou a ser o esforço contra um colapso cada vez mais recorrente das características do pensamento da posição depressiva, retornando a um estado muito mais esquizoparanoide. Ao contrário de épocas anteriores, quando a Sra. Brown rapidamente ressurgia de um estado persecutório, ela corria agora o risco de afastar-se daqueles ao seu redor pelos bloqueios aparentemente impossíveis da extrema velhice – bloqueios à memória, ao reconhecimento ou ao significado compartilhado. Estava ficando não apenas separada dos outros, mas também de si mesma.

Este é um retrato pungente e, no entanto, é possível que até mesmo *esses* estados sejam muito menos impenetráveis do que parecem. Há cada vez mais evidências de que as ansiedades e a perturbação mental, mesmo nos últimos anos, são muitas vezes bastante especificamente ligadas à natureza das lutas emocionais precoces. No caso da Sra. Brown, como o trecho anterior sugere, parece ter havido dificuldades edípicas subjacentes nunca resolvidas, não obstante as muitas décadas de casamento firme e devoção familiar. Após Bion, Segal, Britton e outros, aqueles com mente psicanalítica estão especialmente atentos às formas como a capacidade muito inicial de formar símbolos (e, portanto, pensar de forma independente) está enraizada na capacidade de suportar a separação, de lidar com a perda da fantasia de posse exclusiva do cuidador, e de tolerar ser, às vezes, excluído do par primário. Essas são tarefas da primeira infância e da infância. Tais capacidades para relacionamentos "triangulares" – capacidades que começam a se desenvolver no primeiro ano de vida – são, por sua vez, dependes da relativa segurança e da compreensão mútua da relação diádica primária entre a criança e o cuidador – geralmente a mãe.

A forma inicial de conduzir a triangularidade tem muita relação com as formas posteriores de lidar com constelações edípicas de qualquer tipo (ver Capítulo 5). Se essas primeiras interações forem muito perturbadas, o desenvolvimento do pensamento em si pode ser prejudicado, assim como as capacidades emocionais e sociais, e o indivíduo pode, para sempre, lutar com as dores de amor e perda, com os medos de rejeição e exclusão.

Muitos aspectos da chamada "senilidade" têm semelhanças próximas com distúrbios iniciais de pensamento, relacionamento e comunicação. Como vimos nos capítulos anteriores, no primeiro ou no nonagésimo primeiro ano, ou em qualquer ano entre eles, o crescimento cognitivo e emocional do indivíduo depende da qualidade de troca emocional entre o *self* e o outro. Seja na extrema juventude ou na extrema velhice, uma pessoa tem o impulso, pode-se mesmo dizer a necessidade, de projetar sentimentos do *self* no outro – seja a fim de comunicar essas emoções ou livrar-se delas. Muito depende de a pessoa que atua como "continente" poder tolerar as projeções inquietantes e ainda continuar pensando sobre o significado da experiência.

Quando a comunicação verbal ainda não está desenvolvida ou já foi perdida, ou é colocada em suspenso por catástrofe psicológica, a capacidade de um cuidador de tornar significativos os dados ou sensações brutas da experiência pode determinar a diferença entre "amadurecer" e "apodrecer". Seguindo o modelo de Bion, é a capacidade mental e emocional da mãe de tornar os elementos brutos dos estados do corpo e dos sentimentos do seu bebê manejáveis, suportáveis e, portanto, compreensíveis que capacita a criança mental e emocionalmente para o desenvolvimento (ver Capítulo 7). A intensidade emocional sobre a qual o bebê é incapaz de pensar é projetada na alimentação, carinho e cuidado da mãe – o "seio". Colocar novamente para dentro essa emotividade apaixonada e perturbada, agora que ela foi inconscientemente compreendida e tornada passível de significado, forma a base da personalidade, não só no sentido de que os estados emocionais têm uma forma e corpo – e não são longos somente gritos internos ou externos, completamente desnorteados e aterrorizantes –, mas também por um sentimento de que a função (originalmente da mãe, de produzir essa transformação) pode ela própria tornar-se parte da personalidade em desenvolvimento. Como vimos, posteriormente um cuidador também pode proporcionar um ambiente e uma atenção mental que o torna disponível como uma presença pensante, continente, cujas funções podem ser internalizadas.

Para retornar à Sra. Brown: o pouco que sua família sabia de sua infância era que ela havia sofrido (como o próprio Bion) a privação emocional de ter nascido na Índia durante o governo colonial britânico, ter sido criada por outros, embora no início carinhosamente por sua aia, e enviada para a escola naquele lugar inconcebivelmente distante, a "Inglaterra". Ela mal conhecera sua sádica e mentalmente perturbada mãe (que fora assim descrita), nem seu pai adorado mas distante, e muitas vezes ausente. Seu destino na infância era ser constantemente arrancada, realocada, novamente perturbada e ter negado qualquer cuidado ou atenção consistente. Durante sua juventude e vida adulta, ela utilizara os recursos de classe e educação para encontrar formas de acomodar--se socialmente ao que se esperava. No entanto, ela nunca se sentiu pessoalmente segura.

A Sra. Brown já havia confidenciado a uma de suas filhas os detalhes dolorosos do ciúme feroz, quase delirante da sua própria mãe, e da competição pelo que ela sentira como um relacionamento muito próximo entre seu marido e filha desde os primeiros dias. Logo após a morte prematura de seu marido, ela seduziu o jovem amante de sua filha. A Sra. Brown ficou para sempre marcada por essa traição e pela perda do homem a quem, na época, ela era tão profundamente dedicada. Descrevia a si mesma lutando sempre para esconder seus terrores de exclusão e sua tendência à "relegação", como ela dizia, ao grupo daqueles que "servem", e não daqueles que "exercem o poder".

É certamente verdade que o medo do abandono e a incapacidade de suportar a separação são característicos de quem sofre de demência, e que esses estados mentais persecutórios aumentam com a insuficiência orgânica. No entanto, chama a atenção que, no caso da Sra. Brown, era justamente a complexidade da triangularidade e os ataques de ciúmes e ansiedade o que lhe causavam angústia particular. O horror de ser deixada de fora e substituída minou sua confiança desde a infância, e nunca foi suficientemente abrandado. Em idade avançada, quando ela perdeu suas habilidades sociais adquiridas, foram essas velhas inseguranças infantis que começaram a se reafirmar com uma intensidade que era quase inimaginável. Seguem-se breves descrições de situações simples, em que suas capacidades relativas de continência possibilitaram que ela tornasse fragmentos incipientes ou aparentemente aleatórios de comunicação não apenas significativos, mas também evidentemente capazes de propiciar um contato com conexões antigas, e até mesmo forjá-las novamente, momentaneamente reacendendo, assim, as brasas de um *self* anterior. As situações descrevem a Sra. Brown em seu nonagésimo primeiro ano. Ela havia perdido a capacidade de lembrar ou pensar de qualquer forma obviamente reconhecível. Estava se tornando avessa a qualquer coisa nova, e muitas vezes à própria vida. Há muito tempo vinha perdendo as palavras, exceto pelas respostas habituais mais formais. Estas foram as últimas a deixá-la – a preocupação relativamente sem sentido às demonstrações de interesse e questionamentos adequados: "Você deve estar tão cansado"; "Você demorou muito para chegar aqui?" – uma vida inteira de prática de gentilezas, os *costumes* da sociedade educada. Ela ainda conseguia extrair pistas para responder a partir dos detalhes de expressão e entonação de seus acompanhantes, com base em sua visão e audição excepcionais, que permaneceram abençoadamente intactos. Essa sua capacidade muitas vezes obscurecia o quão pouco ela estava, de fato, compreendendo.

Como foi há muito constatado no contexto de bebês e crianças, mudanças de ambiente ou de cuidador começaram a causar na Sra. Brown ansiedade aguda. A percepção e compreensão concedidas aos muito jovens sobre questões de separação do ente querido e confiável, ou do ambiente familiar, até agora tiveram pouco impacto sobre o atendimento a pessoas muito idosas. Para elas, também, a "saudade" intensa e perturbadora do local de segurança psíquica pode estabelecer-se um instante após qualquer alteração de contexto. Uma das filhas muito amadas da Sra. Brown inesperadamente chegou para passar o fim de semana. O cenário ficou imediatamente diferente. A Sra. Brown olhou para o marido, Eric, com intensa ansiedade: "Ainda estamos em casa, Eric?".

Em algum momento mais tarde naquele dia, Eric levantou-se para sair da sala. Também desafiado por seu próprio esquecimento crescente, ele parou no meio do caminho para a porta e cruzou as mãos atrás das costas, indicando ironia consigo, tanto quanto frustração – sua pose característica quando perdia a noção do *seu* propósito original. A Sra. Brown apontou para as mãos dele e olhou para a filha com o que, mais tarde, foi descrito como "alegria quase juvenil". Insistentemente, ela apontou novamente para a postura de Eric, com o dedo encurvado para dar ênfase. Sua filha disse, sorrindo: "Sim, o bom e velho pai, ele esqueceu alguma coisa". A Sra. Brown riu. Eric se recompôs novamente e saiu do quarto, fechando a porta atrás de si. A Sra. Brown pareceu subitamente aterrorizada: "Quando ele volta? Aonde ele foi?", "Acho que ele lembrou do que quer da cozinha. Ele estará de volta em um instante". A Sra. Brown permaneceu ansiosa. Sua filha perguntou em voz alta, "Ajudaria se ele lhe dissesse para onde estava indo e o que iria fazer, para que você soubesse?". Sua mãe concordou.

Nesse simples conjunto de interações, pode-se traçar as mudanças, quase momento a momento, de estados mentais tão característicos do bebê ou criança pequena. A compreensão compartilhada e divertida entre mãe e filha do significado do gesto de incerteza de Eric ocorreu no contexto de uma noção segura da existência de significado disponível e comunicável. A filha foi capaz de interpretar corretamente o humor no gesto e olhar de sua mãe, e articulá-los – de forma similar a como um terapeuta sensível pode comunicar-se com uma criança sem palavras, ou um pai/mãe com um bebê. Era claro, porém que quando a porta se fechou, a ausência inexplicável de Eric fez sua esposa sentir-se totalmente sem chão, e tão aterrorizada como qualquer criança registrando a perda da presença necessária, e sentindo, como consequência, abandono e medo esmagadores – "Ele se foi"; "Ele nunca mais vai voltar"; "Estou sozinha no mundo" etc. O que era necessário, e que posteriormente, como resultado da observação da filha, tornou-se um hábito na casa, era uma simples explicação, como a que uma mãe pode oferecer a uma criança pequena: "Só estou indo fazer X, estarei de volta em um minuto". O estado emocional da Sra. Brown poderia ser descrito como alternando do depressivo para o esquizoparanoide, e novamente de volta para o depressivo, de uma maneira primorosamente relacionada à experiência psiquicamente perturbadora de estar, em um momento, sustentada com segurança dentro de uma estrutura psíquica triangular compartilhada (marido-filha-*self*) e, no próximo, sentindo-se separada de sua fonte de segurança e, como resultado, em algum tipo de queda livre emocional.

As angústias edípicas não resolvidas da Sra. Brown e a culpa, o medo e o desejo associados tinham persistido ao longo de sua vida adulta, apesar da impressionante acomodação social. Na medida em que desapareceram suas defesas sociais, e, mais importante, sua memória, e a deficiência mental real agravou as dificuldades emocionais subjacentes, ela tornou-se vítima angustiada de seu ciúme torturante, e cada vez mais incapaz de lidar com os perigos de relacionar-se com mais de uma pessoa.

Seu filho relatou uma ocasião em que, pouco antes do almoço, a mãe estava sentada junto à lareira com um copo de vinho ao seu lado, mas ainda sem seu habitual cigarro diário. O filho e o marido estavam tendo uma conversa animada. Como de costume, eles a incluíram, mas apenas por contato visual. Seu filho observou a mãe agitadamente pegando uma caixa de fósforos. Na medida em que ela acendia sucessivos fósforos com a mão direita, sua mão esquerda movia-se quase imperceptivelmente em direção à boca. Ela olhava para o "casal" com irritação evidente, agitava o fósforo para apagá-lo e o lançava no fogo. Isso ocorreu várias vezes seguidas. O filho, que estava observando esses detalhes enquanto ainda conversava com seu pai, virou-se para ela sorrindo: "Você acha que, acendendo um fósforo, o cigarro que você está esperando de alguma forma se materializará?". A Sra. Brown parecia incerta, sorriu e depois acenou com a cabeça, como se estivesse concordando. (O que ele não registrou foi a probabilidade do desejo inconsciente de sua mãe de extinguir ou queimar um ou outro dos seus rivais.)

Esses exemplos trazem à mente um estudo recente sobre a importância das "habilidades de atenção conjunta" e do "monitoramento do olhar", que é efetivamente o que estava acontecendo entre a Sra. Brown e sua filha e filho. A psicoterapeuta infantil Anna Burhouse (1999) reúne conceitos da psicologia cognitiva, pesquisas sobre o desenvolvimento infantil e psicanálise com suas próprias observações de crianças pequenas. Ela foca, em particular, nas deficiências na formação do espaço mental triangular, com especial ênfase às graves dificuldades de relacionamento características do espectro autista. Muitos aspectos dessa pesquisa têm uma influência importante na compreensão dos problemas associados às pessoas muito idosas, como os exemplos a seguir indicam.

Sem palavras, a Sra. Brown caracteristicamente apontava para um foco de estímulo e interesse e, em seguida, olhava para um acompanhante seguro, como se, por vezes, antecipasse uma resposta compartilhada. Em outras ocasiões, mais ansiosa, ela buscava por confirmação ou esclarecimento. Quando encontrava uma presença mental emocional que podia apreciar e se envolver com a substância da sua comunicação, ou podia encontrar um sentido no que ainda, para ela, não tinha nenhum, ela era capaz de fazer algo com isso – aproveitar o fato de que algo havia sido compreendido. Esse era particularmente o caso quando ela parecia estar querendo articular seu senso de beleza – o céu, os pássaros e as flores estavam entre suas poucas fontes de interesse e prazer remanescentes. Como se estivesse segurando uma varinha, ela suavemente e sem palavras sinalizava com a mão na direção de algum objeto que a atraia. Isto era seguido por um olhar intenso e muitas vezes zombeteiro para seu acompanhante, e de volta para o pássaro ou flor, e depois de volta para seu acompanhante. Quando o significado sentido de seus gestos era articulado em termos simples – "Este céu noturno não está absolutamente adorável?" – a Sra. Brown abria um sorriso de prazer sereno.

Estes eram, de fato, momentos de intensa comunicação entre ela e o outro. Mas quando um terceiro elemento estava envolvido, as coisas eram diferentes. O seguinte incidente ocorreu em um dia quando o ciúme e a ansiedade de exclusão da Sra. Brown já haviam sido despertados. O motivo dessa perturbação foi um cartão endereçado a Eric, de uma viúva idosa, desejando-lhe uma rápida recuperação após um problema de saúde recente. A Sra. Brown foi observada olhando para o cartão, o abrindo e fechando por longos períodos de tempo e murmurando repetidamente para si mesma,

354 OS ÚLTIMOS ANOS

"Com amor, Lily" – as palavras escritas no cartão. Ela parecia irritada com a debilidade temporária e incomum de Eric, e estava ela própria mais fisicamente dependente do que o habitual. Em certo momento, ela mancava pela sala, curvando fortemente seu corpo. Eric a observava. Ele parecia abatido e triste, mas não podia ajudá-la. Quando ele disse a ela, "Cuidado com o tapete" (querendo dizer "não tropece nele"), ela comentou irritada com seu filho "Ele só pensa no tapete". Prosseguiu em seu caminho, olhando para trás frequentemente para examinar o rosto de seu marido, meio zombando e, quase parecia, meio fazendo pouco dele. Estaria essa mudança de humor relacionada com a tentativa de aliar-se ao seu filho contra seu excepcionalmente frágil marido, como defesa contra sua ansiedade? Estaria procurando fazer Eric sentir-se inútil ("ele *não pode* ajudar"), vangloriar-se, uma vez que fosse, pelo desamparo *dele*?

No dia seguinte, os três estavam na cozinha. A Sra. Brown estava sentada, segurando um pano de lavar louça xadrez amarelo. Havia um pouco de lixo sobre a mesa, na sua frente. Ela apontou para ele interrogativamente, como se quisesse dizer "Onde isso vai?", e olhou para Eric. Compreendendo mal sua "pergunta", e pensando que ela estava se referindo ao lixo, Eric respondeu, um pouco impaciente, "Lá", apontando para a lixeira. Sua esposa olhou para ele sem compreender – parecendo saber que algo estava errado, mas não sendo capaz de descobrir o que poderia ser. Ela hesitou. Fugazmente, ela olhou para o pano e, em seguida, murmurou para si mesma: "Isso é uma coisa terrível de se dizer". Ignorando esse comentário (a Sra. Brown claramente pensando que ele tinha querido dizer que ela era um lixo), Eric insistiu, irritado, "Lá, no lugar adequado". Ela parecia infeliz e continuou a hesitar, despertando ainda mais irritação em seu marido, que, de repente, saiu da sala. Seu filho colocou o lixo na lixeira e também saiu da sala, sem demonstrar, nessa ocasião, os recursos emocionais para parar e tentar entender qual era realmente o problema. Mais tarde, Eric encontrou o pano xadrez amarelo cuidadosamente dobrado e colocado sobre a lixeira. Recordando o incidente, ele relatou sentir-se muito culpado: sua esposa quisera tanto ser obediente e fazer a coisa certa, mas tinha sido incapaz de resolver sua confusão entre a lixeira, ela própria e o pano. Ela tentou seguir as instruções, mas ficou confusa com sua noção residual de que o pano xadrez amarelo *não* era algo que deveria ser colocado na lixeira, e nem, na verdade, era ela própria – apesar de sua antiga tendência a sentir-se como lixo ter temporariamente assumido um caráter real, confuso, mas muito concreto para ela.

Na manhã seguinte, Eric teve que passar o dia no hospital para mais uma checagem. Apesar de ter sido cuidadosamente preparada para sua partida, a Sra. Brown ficou intensamente ansiosa, repetindo com raiva, "Ele não disse que estava indo. Ele não me disse". Havia um vento excepcionalmente forte soprando naquele dia, e a Sra. Brown olhou para o jardim, perturbada com o balanço dos galhos que se quebravam nas árvores próximas. Ela se virou para a filha com um ar de criança aterrorizada, e disse, suplicante, hesitante, "Casa [longa pausa]... onde está a casa? [Outra pausa]. Leve-me para casa... *por favor*". Em vez de tranquilizá-la rapidamente ("Você *está* em casa, mãe. Olha, aqui estão as flores que eu trouxe esta manhã", ou algo assim), sua filha tentou entender algo sobre o estado de terror da sua mãe. Falou calmamente com ela sobre os galhos que balançavam e quebravam. Ela lembrou-se de que, na noite da poderosa tempestade de 1989, sua mãe também tinha ficado apavorada, dizendo-lhe posteriormente que tinha pensado que era tempo de guerra novamente. Ela agora sugeriu que a mãe poderia estar sentindo que estava de volta em Londres, que a guerra estava ocorrendo e que a "casa" significava o apartamento de Old

356 OS ÚLTIMOS ANOS

Brompton Road. A Sra. Brown pareceu momentaneamente perplexa e depois murmurou, "Sim. [Pausa] Mas não vejo ninguém com armas lá fora". Quando sua filha fechou as cortinas e falou com sua mãe sobre o motivo pelo qual o vento forte nas árvores fora tão angustiante, a ansiedade da velha senhora começou a diminuir. Era como se a sala tivesse se transformado nela própria novamente, e não um lugar estranho, onde a Sra. Brown estava presa e desolada.

De suas diferentes formas, esses exemplos mostram como podem ser lançados raios de luz sobre a natureza dos estados de deficiência e confusão. Uma faceta da imagem que esses reflexos revelam é o fato de que, seja durante a infância ou na velhice, o desenvolvimento ocorre de forma desigual; que a situação não é tanto como Touchstone havia descrito – um processo constante de amadurecimento seguido por um processo constante de decomposição.

A partir dos incidentes descritos, é possível ver como podem ser úteis para a compreensão dos estados mentais opacos da velhice as habilidades de quem trabalha com estados mentais igualmente opacos na infância. Esses profissionais têm uma experiência muito particular do poder da transferência infantil; da maneira como o registro inconsciente de uma mãe, refletindo e pensando, dá *sentido* ao mundo da criança – um sentido que é comunicado em seu cuidado responsivo; ou de como, na linguagem da psicologia do desenvolvimento, o "monitoramento do olhar" pode gerar percepções sobre as necessidades e intenções de uma criança. Pelo mecanismo de identificação projetiva, o bebê/criança/idoso que não consegue entender, pensar ou falar sobre sua experiência fragmentária, ou em fragmentação, pode, contudo, ser capaz de gerar, no cuidador, alguma versão dessa experiência básica. Se, como vimos, o cuidador puder oferecer um estado mental receptivo, consciente ou inconsciente, a comunicação pode ser recebida, modificada, se for de dor e raiva, apreciada, se de amor e prazer, e comunicada novamente de uma forma mais manejável ou recíproca. A mente do cuidador funciona como um continente e um classificador para os fragmentos emocionais projetados, que, como consequência, tornam-se "o contido". O cuidado aos muito idosos, a quem tantas vezes falta a capacidade de falar, mas que são tão intensamente divididos por estados emocionais extremos, exige uma inversão dolorosa do padrão original de continente/contido (o jovem agora lutando para oferecer estados de *rêverie* para o idoso).

Estamos acostumados a observar como o comportamento do bebê é estimulado pelo relacionamento com suas fontes primárias de amor e carinho, mas o exemplo relatado descreve a receptividade à experiência emocional tendo um valor similar tanto para idosos como na infância. A turbulência de sentimentos, seja de alegria, frustração, desamparo, raiva, medo, prazer, perseguição, é tão intensa no idoso como no jovem, e testa o cuidador de formas igualmente extremas. Nessas situações, os cuidadores também têm muito a aprender, e eles próprios podem enriquecer-se. Como Margaret Rustin (1991) diz: "A capacidade de conter e observar fenômenos psíquicos emocionalmente poderosos é a base para o conhecimento de si mesmo, e para aquele contato com a realidade psíquica que está no centro de uma personalidade autêntica" (p. 244).

A Sra. Brown teve a sorte de ter, em Eric, um marido amoroso, sensível e profundamente paciente, que tinha uma capacidade "leiga" incomum para suportar os estados mentais de sua esposa. Ela também teve a sorte de ter filhos que tinham, de diferentes formas, experiência nas chamadas profissões de "cuidados". Eles eram "suficientemente bons" para saber quando seu ato de apontar insistentemente para um objeto indicava, por exemplo, um pedido, ou uma solicitação de esclarecimento, ou se declarava uma demanda ou, ao contrário, era uma comunicação de um sentimento em uma situação de intimidade compartilhada. Nesses momentos de

358   OS ÚLTIMOS ANOS

intimidade com seu estado mental específico, era possível observar uma distinta renovação das capacidades cognitivas no âmbito agora muito limitado da Sra. Brown. Ou seja, apesar de estar, em todos os aspectos óbvios, "apodrecendo", a Sra. Brown ainda era capaz, mesmo que brevemente, de "amadurecer" – a um ponto que podia, às vezes, até parecer uma momentânea floração tardia.

Cada vez que isso ocorria, era como se caminhos mentais que pareciam totalmente encobertos misteriosamente divergissem de onde antes tinha havido uma única trilha, e por um momento fossem desobstruídos ou milagrosamente reunidos. Para ela, como vimos, os momentos de maior ansiedade eram aqueles em que era incapaz de tolerar sentir-se no ponto solitário do triângulo edípico, temendo que outros dois pudessem se unir apenas se um, geralmente ela mesma, fosse excluído. Incapaz de falar ou de pensar com clareza em tais ocasiões, a Sra. Brown buscava, como no incidente do cigarro, reafirmações primitivas (como se no seio ou chupeta). Em outros momentos, ela ficava com raiva, e, por vezes, agressiva. Eram necessários recursos emocionais imensos de seus cuidadores para sustentar mentalmente estes últimos estados. Eles tinham que suportar sua própria impaciência, raiva e às vezes até mesmo ódio, como parte de seu amor.

Os tipos de interação descritos anteriormente se tornaram cada vez mais raros quando o Alzheimer da Sra. Brown destruiu mais e mais suas capacidades mentais. Ela deteriorou-se fisicamente, tornou-se totalmente dependente e cada vez mais silenciosa. Eventualmente, essa prolongada "segunda infância" levou ao "mero olvido". No momento em que esse ponto foi atingido, o "mero" do relato de Jaques pareceu menos austero e desafiador e mais apropriado do que uma primeira leitura pode sugerir. Depois de tanto tempo de luta na vida, a morte da Sra. Brown parecia ser, para seus entes queridos e quase certamente para ela mesma, uma questão de menor importância, algo relativamente fácil. Ela tivera o suficiente. Havia vivido a "última cena de todas" de Jaques.

Este livro foi sobre as recompensas de compreender o significado da experiência de uma pessoa e sobre as dificuldades de fazê-lo; as dificuldades de desenvolver uma mente própria, de tornar-se quem se é. O processo de encontrar o seu próprio lugar no mundo de uma geração para a próxima requer constante trabalho mental e emocional, desde as primeiras lutas do nascituro até aquelas dos últimos anos de vida. Trata-se de aprender com os outros sem meramente tornar-se como eles, e dar aos outros sem buscar amarrá-los. Envolve conflito, mas também abre possibilidades ilimitadas. Pois a vida não precisa ser um vale de lágrimas, mas é, ao contrário, um vale forjador de almas, processo em que se funda o crescimento da mente, o desenvolvimento da personalidade.

Nota

Há muito pouco escrito sobre a área abordada no presente capítulo. Incluo algumas referências úteis.

Davenhill, R., & Rustin, M. (1999). Age. In D. Taylor (Ed.), *Talking Cure: Mind and Method of the Tavistock Clinic*. London: Duckworth.

King, P. (1999). In the end is my beginning. In D. Bell (Ed.), *Psychoanalysis and Culture: A Kleinian Perspective*. London: Duckworth.

Kitwood, T. (1987). Dementia and its pathology. In brain, mind or society? *Free Associations*, 8.

Kitwood, T. (1987). Explaining senile dementia: the limits of neuropathological research. *Free Associations*, 10.

McKenzie-Smith, S. (1992). A psychoanalytical observational study of the elderly. *Free Associations*, 3/3(27).

360 OS ÚLTIMOS ANOS

Schore, A. (1997). A century after Freud's project – is a rapprochement between psychoanalysis and neurobiology at hand? *Journal of the American Psychoanalytic Association, 45.*

Sinason, V. (1992). The man who was losing his brain. In *Mental Handicap and the Human Condition: New Approaches from the Tavistock*. London: Free Association Books.

Apêndice

Há certas ideias complexas que são fundamentais para a história do desenvolvimento em qualquer idade ou fase. Elas são um tanto opacas, mesmo para aqueles que com elas já estão familiarizados, e bastante incompreensíveis para os menos versados na teoria psicanalítica. Trata-se especificamente dos mecanismos de identificação projetiva e introjetiva, e do conceito do complexo de Édipo. Essas noções continuam a ser muito discutidas, e ainda não se prestam facilmente a definição. No decorrer do livro, elas gradualmente adquirem mais forma e significado, na medida em que suas diferentes versões aparecem e voltam a aparecer. Mas elas precisam ser descritas em sua forma mais simples.

Os mecanismos psicológicos de projeção e introjeção são análogos aos processos físicos de expelir e colocar para dentro. São formas básicas de estabelecer e conduzir relacionamentos; tão básicas como a nutrição e a eliminação. Projeção e introjeção são os canais para o tráfego de sentimentos conscientes e inconscientes entre o *self* e o outro. No desenvolvimento da personalidade, muito depende da força, qualidade, intensidade, fluidez ou intransigência desses mecanismos.

O bebê inicialmente relaciona-se com o mundo, e o coloca para dentro, através da sua experiência de sua mãe. Como ela é todo o seu mundo, ele é extremamente sensível aos seus humores. Sua risada vai fazê-lo sorrir; sua tristeza irá fazê-lo franzir a testa. Quando um bebê está com raiva, ele fica totalmente com raiva. Com todo seu ser, ele percebe sua mãe como a fonte da sua dor e raiva. Ele se sente mau. Quer se livrar desse sentimento. Ele o empurra de volta à sua suposta fonte, ou seja, sua mãe. Aos seus olhos, sua própria mãe se torna má. E assim ele coloca para dentro a sensação de ter uma mãe má. Ele tem uma mãe má dentro dele. Quando ela o conforta e alimenta, e ele tem um sentimento bom, sua mãe volta a ser boa. Ele "projeta" seu sentimento bom e os identifica com ela. Ele "introjeta" sua experiência dela como sendo calma, satisfatória e boa, e ele próprio adquire um sentimento bom dentro dele. Ele sente que ele *é* "bom".

Se, por outro lado, o bebê continuamente experimenta uma mãe que rejeita suas comunicações, e que parece imune aos seus sentimentos, repetidamente os recebendo com uma "parede branca" emocional, então ele introjeta algo que não responde à comunicação de sentimento, e ele próprio pode também tornar-se assim. Ou seja, ele sente ser alguma versão das qualidades e características que experimenta pela primeira vez como pertencentes à sua mãe, e após como pertencentes a ele próprio.

A textura da experiência de uma pessoa é composta por uma interação constante entre esses mecanismos projetivos e introjetivos. Os termos são confusos porque a teoria psicanalítica baseia-se em cada um desses mecanismos para entender diversas ideias e funções diferentes. Juntos, com efeito, "projeção" e "introjeção" caracterizam a natureza e significado da comunicação de uma pessoa com outra. Os termos abrangem uma série de motivos por parte do *self* (proveniente de diferentes graus de necessidade, ansiedade ou segurança), e uma variedade de respostas por parte do outro.

Quando Klein formulou pela primeira vez o mecanismo de identificação projetiva, ela o descreveu como tendo diferentes ênfases e intensidades. Indicou a projeção de bons sentimentos como sendo a base da empatia. Também sugeriu que a criança precisava se livrar dos seus sentimentos ruins ou negá-los, porque eles eram excessivos para ela suportá-los. Mais tarde, outros psicanalistas propuseram outros motivos: que o bebê poderia estar procurando sentir-se indissoluvelmente ligado à mãe, por exemplo, ou ser o mesmo que ela, ou controlá-la, ou, na verdade, simplesmente comunicar-se com ela. Em relação a esta última possibilidade, Bion chamou a atenção para o fato de que tais processos projetivos, mesmo aqueles que pareciam ter como finalidade principal a evacuação de sentimentos ruins, também continham, quase sempre, um germe de comunicação. À medida que a criança começa a perceber que o choro provoca uma resposta particular, mais e mais esse choro se torna uma tentativa de comunicar – comunicar à sua mãe o fato de que ela está com dor, ou em perigo.

Quanto à resposta por parte da mãe, o termo "identificação projetiva" descreve a fantasia por parte do bebê de que sua própria mãe sente o que quer que ele esteja direcionando para ela ou tentando "colocar" nela. Ele sente que sua mãe tornou-se a personificação desses sentimentos. A mãe, então, torna-se o *self* odiado e odioso. Mas o termo também pode descrever a realidade de ela realmente ser afetada, se a emoção ou impulso original é particularmente forte, e a força por trás dele é poderosa e implacável. Um bebê aterrorizado pode instilar medo em sua mãe. Ela pode

364 APÊNDICE

começar a *realmente* sentir os sentimentos dele de medo. Ela pode até mesmo *agir* a partir desses sentimentos. Aqui, "identificação projetiva" envolve algo sendo colocado em outra pessoa ou empurrado para ela. A teoria psicanalítica estuda os motivos pelos quais isso acontece, e o que ocorre em seguida.

Quando o choro ou sorriso de uma criança ocorre sem qualquer eco de atendimento na mãe, não haverá oportunidade para o bebê tomar de volta, ou introjetar, uma experiência de ter sentimentos dolorosos compreendidos e sustentados por uma mente, ou por uma presença emocional, que é sentida como tendo o cuidado e a capacidade de tornar as coisas suportáveis para ele. "Algo" mau que é sentido será trazido de volta para dentro; será um "algo" que é experimentado como não apropriado, ou como um "corpo estranho", ou como um sentimento interno persecutório. Para que o bebê possa alcançar ou manter qualquer tipo de paz de espírito, esse "algo" deverá ser eliminado novamente, ser reprojetado.

Neste livro, como o foco principal é o desenvolvimento, e não a patologia, nossa principal preocupação com o processo introjetivo é positiva. Não nos estendemos muito em sequências como esta última, onde há imediata projeção-introjeção-e-reprojeção. Nem nos estendemos muito naqueles processos de longo prazo onde há introjeção no curso da qual o bebê constrói uma ideia de si mesmo como de certa forma igual ou sufocado por uma mãe não responsiva, fria ou distraída, e passa a sentir-se, *ele próprio*, como sendo uma pessoa com essas características. Não nos estendemos nessas sequências, embora elas façam sua aparição em alguns dos casos-histórias relatados.

Voltando à situação mais simples de introjeção, a experiência de uma mãe sensível e responsiva permite que o bebê também se sinta cada vez mais sensível e responsivo. Ele coloca para dentro uma experiência (o prazer de ser alimentado ou de que pensem sobre ele) que ele armazena dentro dele – uma imagem de olhos amorosos, ou uma impressão de ser física e emocionalmente contido. Isso é sentido como se fosse um colocar para dentro *real* das capacidades da mãe (da sustentação e das capacidades amorosas), como se essas capacidades fossem objetos concretos. Através da repetição desse processo, a criança começa a sentir a mãe continente e amorosa como uma presença definitiva dentro de si, como parte de si mesmo. Assim, ele próprio gradualmente desenvolve a capacidade de ser também continente e amoroso.

A identificação introjetiva desse tipo mais positivo leva ao fortalecimento da personalidade, na medida em que o bebê seja capaz de lentamente absorver boas experiências, que modificam os medos e ansiedades infantis. Há cada vez menos necessidade do processo insistente ou forçado de projeção-introjeção-reprojeção do tipo desesperado que caracteriza os estados persecutórios iniciais. A introjeção simples incentiva a capacidade de ser separado, e com a separação vem o aumento da capacidade de ser e pensar por si mesmo.

A projeção e a introjeção podem ser descritas dessa maneira, por referência às suas formas mais simples. Um observador munido de ideias sobre esses conceitos pode dar sentido a todos os tipos de inter-relações humanas. Observando e formulando hipóteses, aprendemos mais sobre eles. Eles não podem se prestar a definições definitivas. Como Martha Harris (1978) disse:

> *Introjeção continua a ser um processo misterioso: como o envolvimento e a dependência de objetos do mundo externo, que são apreendidos pelos sentidos (e, Wilfred Bion assinalou, descritos em uma linguagem que foi*

*desenvolvida para lidar com a realidade externa), é
assimilado na mente no que ele chama de "objeto psicanalítico" que pode contribuir para o crescimento da
personalidade; esse é um processo sobre o qual temos
quase tudo a aprender. (p. 168)*

Projeção e introjeção, como tantos outros processos, são
noções inerentemente problemáticas. Elas são constantemente
invocadas e detalhadas no decorrer do livro. Este Apêndice des-
tina-se a permitir que o leitor comece onde nosso relato dessas
coisas tem início.

O complexo de Édipo é algo a que fazemos referência muitas
vezes, em diferentes idades e estágios de desenvolvimento. Embora
o próprio Freud tenha se utilizado do drama de Sófocles baseado
no mito, o breve relato do próprio mito em *The Oxford Companion
to Classical Literature* (1937), ed. Harvey, oferece muitas fontes de
interesse e ressonância, as quais é interessante ter em mente ao se
debruçar sobre as influências imensamente importantes, em termos de desenvolvimento, das heranças familiares, conscientes e
inconscientes, de uma geração para a seguinte.

*Édipo (OIDIPOUS), na mitologia grega, filho de Laio,
rei de Tebas. Quando Amphion e Zethus tomaram posse
de Tebas, Laio se refugiou com Pelops, mas correspondeu
mal à sua bondade raptando seu filho, Crísipo, trazendo
assim uma maldição sobre sua própria família. Laio re-
cuperou seu reino após a morte de Amphion e Zethus, e
se casou com Jocasta, mas foi advertido por Apollo que
seu filho o mataria. Assim, quando Édipo nasceu, foi
colocado uma estaca em seus pés e ele foi abandonado*

no Monte Citeron. Lá, um pastor o encontrou, e ele foi levado para Políbio, rei de Corinto, e Mérope, sua rainha, que o criaram como seu próprio filho. Mais tarde, ao ser insultado por não ser filho verdadeiro de Políbio, Édipo consultou o oráculo de Delfos sobre sua filiação, mas apenas lhe foi dito que ele mataria seu pai e se casaria com sua mãe. Pensando que isso se referia a Políbio e Mérope, ele decidiu jamais ver Corinto novamente. Em um local onde três estradas se encontravam, ele encontrou Laio (a quem não conhecia) e foi ordenado a abrir caminho. Seguiu-se uma briga, na qual Édipo matou Laio. Ele seguiu para Tebas, que era naquele tempo atormentada por uma esfinge, um monstro que propunha enigmas às pessoas e matava aqueles que não conseguiam respondê-los. Creonte, irmão de Jocasta e regente de Tebas, ofereceu o reino de Tebas a quem livrasse o país dessa praga. Édipo resolveu o enigma da Esfinge, que, como consequência, se matou. [Édipo] Tornou-se rei de Tebas e casou-se com Jocasta. Eles tiveram dois filhos, Etéocles e Polinices, e duas filhas, Ismene e Antígona. Por fim, em um momento de morte e peste, o Oráculo anunciou que esses desastres poderiam ser evitados se o assassino de Laio fosse expulso da cidade. Édipo então passou a investigar quem matou Laio. O resultado foi a descoberta de que ele próprio era filho de Laio e seu assassino. Após essa descoberta, Jocasta enforcou-se e Édipo cegou-se. Édipo foi deposto e banido. Ele vagou, acompanhado por Antígona, para Colonus em Attica, onde foi protegido por Teseu e morreu. (p. 292)

Bibliografia selecionada

Abrams, M. H. (1953). Changing metaphors of the mind. In *The Mirror and the Lamp: Romantic Theory and the Critical Tradition*. Oxford: O.U.P.

Anderson, R., & Dartington, A. (Eds.). (1998). *Facing it Out: Clinical Perspectives on Adolescent Disturbance*. London: Duckworth.

Austen, J. (1816). *Emma*. Harmondsworth: Penguin [reimpresso por Blythe, R., 1973].

Barrie, J. M. (1911). *Peter Pan*. London: Everyman.

Bick, E. (1968). The experience of the skin in early object relations. *International journal of Psycho-Analysis, 49*, 484-486 [reimpresso por Harris, M., & Bick, E. (1987). *Collected Papers of Martha Harris and Esther Bick*. Strath Tay, Perthshire: Clunie Press].

Bion, W. R. (1959). Attacks on linking. *International Journal of Psycho-Analysis, 40*, 308-315 [reimpresso por Bion, W. R. (1967). *Second Thoughts*. London: Heinemann].

370 BIBLIOGRAFIA SELECIONADA

Bion, W. R. (1961). *Experiences in Groups*. London: Tavistock [reimpressão London: Routledge].

Bion, W. R. (1962a). A theory of thinking. *International journal of Psycho-Analysis*, *43*, 306-310 [reimpresso por Bion, W. R. (1967). *Second Thoughts*. London: Heinemann].

Bion, W. R. (1962b). *Learning from Experience*. London: Heinemann.

Bion, W. R. (1963). *Elements of Psycho-Analysis*. London: Heinemann.

Bion, W. R. (1970). *Attention and Interpretation*. London: Tavistock.

Blythe, R. (1966). *Emma* [Introduction]. Harmondsworth: Penguin.

Bowlby, J., Miller, E., & Winnicott, D. (1939). Evacuation of Small Children. *British Medical Journal*, *2*, 4119, 1202-1203.

Britton, R. (1992). The oedipus situation and the depressive position. In R. Anderson (Ed.), *Clinical Lectures on Klein and Bion*. London: Routledge.

Britton, R. (1998). Subjectivity, objectivity and triangular space. In *Belief and Imagination*. London: Routledge.

Brontë, C. (1847). *Jane Eyre*. Harmondsworth: Penguin, 2006.

Burhouse, A. (1999). *Me, You and It: Conversations about the significance of joint attention slulls from cognitive psychology, child development research and psychoanalysis*. Dissertação M.A. (não publicada).

Coote, S. (1995). *John Keats: A Life*. London: Hodder and Stoughton.

Copley, B. (1993). *The World of Adolescence: Literature, Society and Psychoanalytic Psychotherapy*. London: Free Association Books.

Deutsch, H. (1934). Ueber einen typus der pseudoaftektivitaet ("als ob"). *Zeitschrift Juer Psychoanalyse, 20,* 323-335.

Eliot, G. (1859). *Adam Bede.* Reimpressão Harmondsworth: Penguin, 1985.

Eliot, G. (1872). *Middlemarch.* Reimpressão Harmondsworth: Penguin, 1985.

Eliot, G. (1876). *Daniel Deronda.* Reimpressão Harmondsworth: Penguin, 1986.

Eliot, T. S. (1957). *On Poetry and Poets.* London: Faber and Faber.

Fox, P. (1989). *A Likely Place.* New York: Houghton Mifflin Co.

Freud, A. (1958). Adolescence. *Psychoanalytic Study of the Child, 13,* 255-278.

Freud, S. (1905). *Three Essays on the Theory of Sexuality.* (S. E., 20). London: Hogarth Press, 1955.

Freud, S. (1911). *Formulations on the Two Principles of Mental Functioning.* (S. E., 12).

Freud, S. (1925). *Inhibitions, Symptoms and Anxiety.* (S. E., 20).

Freud, S. (1933). *The Dissection of the Psychical Personality.* (S. E., 22).

Freud, S. (1933). *Femininity.* (S. E., 22).

Harris, M. (1970). Some notes on maternal containment in "good-enough" mothering. In *The Collected Papers of Martha Harris and Esther Bick.* Strath Tay, Perthshire: Clunie Press, 1987.

Harris, M. (1975). *Thinking About Infants and Young Children.* Strath Tay, Perthshre: Clunie Press.

Harris, M., & Meltzer, D. (1977). Family patterns and educability. In D. Meltzer (Ed.), *Studies in Extended Metapsychology.* Strath Tay, Perthshire, Clunie Press, 1986.

372 BIBLIOGRAFIA SELECIONADA

Harris, M. (1978). Towards learning from experience in infancy and childhood. In *The Collected Papers of Martha Harris and Esther Bick*. Strath Tay, Perthshire: Clunie Press, 1987.

Harris, M. (1981). The individual in the group: on learning to work with the psychoanalytical method. In *The Collected Papers of Martha Harris and Esther Bick*. Strath Tay, Perthshire: Clunie Press, 1987.

Heaney, S. (1966). *Death of a Naturalist*. London: Faber and Faber.

Hinshelwood, R. D. (1989). *A Dictionary of Kleinian Thought*. London: Free Association Books.

Hodgson Bumett, F. (1905). *The Little Princess*. Harmondsworth: Puffin.

Hodgson Bumett, F. (1911). *The Secret Garden*. Harmondsworth: Puffin.

Isaacs, S. (1948). *Childhood and After*. London: Routledge and Kegan Paul.

Jaques, E. (1965). Death and the mid-life crisis. *International Journal of Psycho-Analysis, 46,* 502-514.

Jones, E. (1922). Some problems of adolescence. *British Journal of Psychology, 13,* 31-47.

Joseph, B. (1997). *Psychic Structure and Psychic Change: Therapeutic Factors in Psychoanalysis.* Palestra ministrada na University College London, fevereiro, 1997.

Keats, J. Letters of John Keats, R. Gittings (Ed.). Oxford: O.U.P., 1987.

Keats, J. *John Keats: The Complete Poems.* Harmondsworth: Penguin Classics, 1988.

Klein, M. (1921). The development of a child. *International Journal of Psycho-Analysis*, 4, 419-474.

Klein, M. (1923). The role of the school in the libidinal development of the child. In M. Klein (Ed.), *Love, Guilt and Reparation and Other Works*, 1921-1945. London: Hogarth, 1985.

Klein, M. (1923b). The role of the school in the libidinal development of the child. *International Journal of Psycho-Analysis*, 5, 312-331.

Klein, M. (1928). Early stages of the oedipus complex. In M. Klein (Ed.), *Love, Guilt and Reparation and Other Works*, 1921-1945. London: Hogarth, 1985.

Klein, M. (1929). Personification in the play of children. *International Journal of Psycho-Analysis*, 9, 193-204.

Klein, M. (1931). A contribution to the theory of intellectual inhibition. In M. Klein (Ed.), *Love, Guilt and Reparation and Other Works*, 1921-1945. London: Hogarth, 1985.

Klein, M. (1935). A contribution to the psychogenesis of manic-depressive states. *International Journal of Psycho-Analysis*, 16, 145-174 [reimpresso em *Contributions to Psychoanalysis* 1921-1945. London: Hogarth, 1973].

Klein, M. (1940). Mourning and its relation to manic-depressive states. In M. Klein (Ed.), *Love, Guilt and Reparation and Other Works*, 1921-1945. London: Hogarth, 1985.

Klein, M. (1946). Notes on some schizoid mechanisms. In M. Klein (Ed.), *Envy, Gratitude and Other Works*, 1946-1963. London: Hogarth, 1975.

Klein, M. (1952). Some theoretical conclusions regarding the emotional life of the infant. In M. Klein (Ed.), *Envy, Gratitude and Other Works*, 1946-1963. London: Hogarth, 1975.

374 BIBLIOGRAFIA SELECIONADA

Klein, M. (1955). On identification. In M. Klein (Ed.), *Envy, Gratitude and Other Works*, 1946-1963. London: Hogarth, 1975.

Klein, M. (1957). Envy and gratitude. In M. Klein (Ed.), *Envy and Gratitude and Other Works*, 1946-1963. London: Hogarth, 1987.

Klein, M. (1958). On the development of mental functioning. In M. Klein (Ed.), *Envy, Gratitude and Other Works*, 1946-1963. London: Hogarth, 1975.

Klein, M. (1959). Our adult world and its roots in infancy. In M. Klein (Ed.), *Envy, Gratitude and Other Works*, 1946-1963. London: Hogarth, 1975.

Meltzer, D. (1967). *The Psycho-Analytic Process*. London: Heinemann.

Meltzer, D. (1973). *Sexual States of Mind*. Strath Tay, Perthshire: Clunie Press.

Meltzer, D. (1978). A note on introjective processes. In A. Hahn (Ed.), (1994). *Sincerity and Other Works: Collected Papers of Donald Meltzer*. London: Karnac, 1994.

Meltzer, D. (1988). *The Apprehension of Beauty*. Strath Tay, Perthshire: Clunie Press.

O'Shaughnessy, E. (1964). The absent object. *Journal of Child Psychotherapy, 1*, 2, 134-143.

Parker, R. (1995). *Torn in Two: The Experience 4 Maternal Ambivalence*. London: Virago.

Piontelli, A. (1992). *From Foetus to Child: An Observational and Psycho-analytic Study*. London: Routledge.

Riviere, J. (1937). Hate, greed and aggression. In J. Riviere (Ed.), *Love, Hate and Reparation*. New York: Norton.

Riviere, J. (1952). The unconscious phantasy of an inner world reflected in examples from English literature. *International*

Journal of Psycho-Analysis, 33, 160-172 [reimpresso em M. Klein, P. Heimann & R. Money-Kyrle (Eds.), (1955). *New Directions in Psycho-Analysis* (pp. 346-369). London: Tavistock].

Rustin, M., & Rustin, M. (1987). *Narratives of Love and Loss. Studies in Modern Children's Fiction.* London: Verso.

Rustin, M., & Trowell, J. (1991). Developing the internal observer in professionals in training. *Infant Mental Health Journal, 12*(3).

Segal, H. (1957). Notes on symbol formation. *International Journal of Psycho-Analysis, 38,* 391-397 [reimpresso em E. B. Spillius (Ed.), (1988). *Melanie Klein Today,* Vol. I: Mainly Theory. London: Routledge].

Segal, H. (1994). Salman Rushdie and the sea of stories: a not-so-simple fable about creativity. *International Journal of Psycho-Analysis, 75,* 611-618 [reimpresso em J. Steiner (Ed.), (1997). *Psychoanalysis, Literature and War.* London: Routledge].

Shakespeare, W. *A Midsummer Night's Dream.* The Arden Shakespeare ed. London: Routledge, 1991.

Shakespeare, W. *As You Like It.* The Arden Shakespeare ed. London: Routledge, 1991.

Shuttleworth, J. (1989). Psychoanalytic theory and infant development. In L. Miller et al. (Eds.), *Closely Observed Infants* (pp. 22-51). London: Duckworth.

Spillius, E. (1992). Prefácio para Piontelli, A. (1992). *l From Fetus to Child: An Observational and Psychoanalytical Study.* London: Routledge.

Spillius, E. B. (1994). Developments in Kleinian thought: overview and personal view. *Psycho-Analytic Inquiry, 14,* 13, 324-364.

376 BIBLIOGRAFIA SELECIONADA

Steiner, J. (1996). The aim of psychoanalysis in theory and in practice. *International Journal of Psycho-Analysis, 77*, 6, 1073-1083.

Tamer, T. (1986). *Jane Austen*. London: Macmillan.

Thomson, M. (1989). *On Art and Therapy: an exploration*. London: Virago [reimpressão London: Free Association Books, 1997].

Wilde, O. (1892). *Lady Windermere's Fan*. London: Ernest Benn.

Williams, G. (1997). Some reflections on some dynamics of eating disorders: "No Entry" defences and foreign bodies. *International Journal of Psycho-Analysis, 78*, 5, 927-941.

Williams, G. (1998). *Internal Landscapes and Foreign Bodies: Eating Disorders and Other Pathologies*. London: Duckworth.

Williams, M. H. (1986). Knowing the mystery: against reductionism. *Encounter, 67*, 1.

Williams, M. H., & Waddell, M. (1991). *The Chamber of Maiden Thought: Literary Origins of the Psychoanalytic Model of the Mind*. London: Routledge.

Winnicott, D. W. (1958). *Through Paediatrics to Psycho-Analysis*. London: Hogarth.

Winnicott, D. W. (1965). *The Maturational Process and the Facilitating Environment*. London: Hogarth.

Wordsworth, W. *William Wordsworth*, S. Gill (Ed.). Oxford: O.U.P., 1984.

Yeats, W. B. (1933). *Collected Poems*. London: Macmillan.

Índice remissivo

Abrams, M. H. 78, 369
adolescência 20, 28, 32, 132, 163, 166-
      168, 172, 177, 193, 209-212,
      214-218, 220-222, 224, 226-
      228, 230-235, 237-238, 241,
      251,253- 254, 257-261, 267-
      268, 274, 280-281
adulta (idade) 28, 32, 132, 258-259,
      261, 277, 284-286, 299
Alvarez, A. 57
Alzheimer 345, 358
ambivalente 29, 30, 48
amor 24, 40, 56, 59-60, 76, 82, 87, 95-
      96, 101-102, 104, 106, 115,
      139, 154, 181, 191, 203, 219,
      224, 251-252, 259 , 265, 268,
      272-273, 279, 281, 294, 310,
      311, 315-316, 347, 354, 356-
      358
Anderson, R. 40, 369
ansioso(a) 44, 46, 51, 61, 65, 90, 91, 96,

122, 133, 135, 149, 164, 182,
      196, 243, 293, 302, 321, 327,
      350, 353, 355
aprendizagem 19, 97, 130, 135, 137,
      140, 141, 149, 163-165,
      168-169, 171-184, 186-187,
      189, 191, 203, 233, 243,245,
      278,290, 301
atuação 193, 230
Austen, J. 261-262, 267, 281
automutilação 223

Barrie, J. M. 67
Bick, E. 57, 85, 87, 98, 166, 245, 298
Bion, W. R. 10, 19, 28, 31-32, 60, 61,
      63-67, 70, 74, 83, 87, 125,
      164, 175-179, 182, 237, 239,
      241, 257, 268, 278, 280, 284,
      333, 346, 347, 363, 365
Bower, T. G. R. 57
Bowlby, J. 161

378 ÍNDICE REMISSIVO

Branca de Neve 106
Brazelton, T. B. 57
Britton, R. 40, 78, 84, 346
Brontë, C. 261, 274, 276
Burhouse, A. 352

capacidade de *rêverie* 175
capacidade negativa 240, 255
ciúme 33, 38, 104-105, 123, 125-126,
    136, 192, 228-230, 240, 272,
    304, 348, 349, 352-353
Cohen, N. A. 338
Coleridge, S. T. 312
continente/contido 38, 67, 75, 176, 268,
    333, 357
controle 39, 54, 95, 109, 119, 131, 136-
    137, 145-147, 150, 158, 217,
    245, 265, 292
Coote, S. 255
Copley, B. 221
corpos estranhos, 364
curiosidade 22, 147, 173, 174, 182, 220,
    239, 265, 268, 334

Dartington, A. 207, 208
Davenhill, R. 10, 339, 359
denegrir 260
deprimido 166, 236, 242
desintegração 52, 59, 80, 87, 89, 95, 97
desmame 101-102, 104-105, 112, 126,
    279
desmentalizado 219, 222
Deutsch, H. 98
disfunções alimentares 223
doença psicossomática 302
dor mental 201, 223, 232

Édipo, complexo de 40, 105, 122, 126,
    130, 137, 138, 361, 366
elementos alfa 74
elementos beta 74
Eliot, G. 79, 87, 180, 186, 220, 258, 277,
    282-283, 313, 344

Eliot, T. S. 27, 335, 341
estados mentais 12, 22, 25, 27-29, 31-
    33, 36-38, 41, 44, 46, 61, 67,
    81-82, 97, 130, 139, 174, 182,
    186, 191, 196, 202, 203, 209-
    211, 218, 235, 248, 254, 259,
    284-286, 291, 294, 318, 333,
    342, 349, 351, 356
exoesqueleto 87

fantasia 22, 40, 45, 49-50, 54, 57, 106-
    107, 112, 119, 121, 136, 177,
    184, 213-215, 230,238, 242,
    251, 265, 267, 273, 290, 346,
    363
fantasia inconsciente 22, 45, 57, 120,
    123-124, 182, 192, 212, 215,
    256
formação de símbolos 71, 74-75, 333
Fox, P. 151-152, 162
Freud, A. 16, 212
Freud, S. 42, 234, 298
frustração 60, 62, 71, 96, 106, 177, 178,
    181, 184, 201, 234, 237, 292,
    294, 316, 350, 357

gangues 218, 223, 226, 227, 321
gravidez 44-46, 48, 50-52, 56,115, 304
grupos 130, 150, 170, 179-180, 189-
    190, 195-197, 199, 205-206,
    218-219, 223, 225-227, 229-
    230, 259, 348

Harris, M. 7, 76, 191, 206, 287, 312, 365
Heaney, S. 129, 147, 148
Hildebrand, P. 339
Hinshelwood, R. 39
Hodgson Bumett, F. 153
Humpty Dumpty 89, 98-99

idealização 270, 310
identificação adesiva 298
identificação introjetiva 165, 278, 294,
    300, 311, 365

identificação projetiva 78, 83, 114, 199, 247, 249, 268, 278, 298, 356, 361, 363-364
infância 10, 28, 30, 32, 34, 42, 57, 59, 70, 72, 79, 82, 84, 91, 95, 97, 101-102, 131, 133, 138, 157, 167, 199, 211-212, 214, 229, 260, 274, 284, 290, 302, 322, 325, 327, 330, 341, 342, 345, 348, 356, 358
instinto epistemofílico 174, 182
integração 59, 65, 69, 78-80, 82, 86, 95,101, 103, 105, 137, 156, 178, 185, 212, 252, 286, 298, 314, 321
Isaacs, S. 173

João e Maria 106
Jones, E. 214, 253

K e -K 180, 182
Keats, J. 6, 240, 241, 255, 279, 285, 337, 338
King, P. H. M. 339, 359
Klein, M. 16, 22, 28, 30-31, 39, 59-61, 77, 78, 107, 122, 138, 147, 155, 173, 182, 211, 239, 256, 284, 286, 291, 298, 315, 363

latência 28, 32, 38, 129-130, 132, 134, 137-140-141, 146-147, 149, 151, 156, 158, 163, 172, 209-217, 222-224, 283, 285, 317, 325, 334
ligação 35, 82, 115, 124, 138, 165, 180, 239, 245, 259, 274, 278, 299, 331
Liley, A. W. 57
Limentani, A. 339

mãe suficientemente boa 76
Meltzer, D. 7, 80, 149, 150, 153, 189, 191, 206, 211, 278-279, 299

mental, parede de tijolos 201
metáfora 32, 61, 69, 80, 154, 157, 233, 336
Miller, E. 161
morte 27, 43, 60, 102, 1210 , 123, 142-143, 145, 147, 155-157, 166, 216, 263, 279, 305, 314-316, 319, 323-327, 330, 334, 336, 342, 344, 345, 348, 358, 366
mudança catastrófica 40, 270
mundo interno 23, 24, 41, 108, 138, 140, 153, 224, 246, 249, 256, 269, 281, 294, 303
Murray, L. 57

narcisismo 243
nascimento 24, 27, 42-45, 49-54, 55-56, 66, 80-81, 102, 153, 183, 191-192, 194, 237, 242, 279, 302
Nicholson, B. 26

obsessivos, traços 131, 141
onipotência 85, 103, 177, 251, 263, 275
onisciência 177-178

Parker, R. 8, 57, 78, 312
pensamento, teoria do 174, 239
persecutório 34, 51-52, 80, 91, 109, 113, 121, 126, 144, 154, 246, 301, 316, 346, 349, 364-365
personalidade, crescimento da 179, 186, 280, 366
Piontelli, A. 42, 44, 46, 50, 57
posição depressiva 30, 39,105-106, 221, 280, 284, 291, 315-316, 345
posição esquizoparanoide 39, 105
PS↔D 31
pseudoadulto 159-160, 167, 210, 265, 289
puberdade 35, 130, 140, 159, 209, 212, 214-218, 220, 222-224, 227, 230, 234

380 ÍNDICE REMISSIVO

relações de objeto 17, 40, 150
rêverie 59, 64, 66, 69, 125, 175, 179,
    202, 357
reversão da função alfa 83
Riviere 23
roubar 228, 230, 232, 250
Rushdie, S. 78
Rustin, M. 8, 150, 161, 357, 359

sadismo 182
Segal, H. 7, 74, 78, 128, 239, 339, 346
segunda infância 341–342, 345, 358
segunda pele 85, 87, 88, 91, 161, 166,
    245, 288, 298
seio "pensante" 60, 61, 70
senilidade 347
separação 31, 88, 94, 101-102, 104-106,
    108, 114, 120, 123, 126, 131,
    136, 142, 158, 159, 161, 166,
    167, 177, 181, 190, 196, 204,
    211, 216, 229-231, 244-246,
    251-252, 259-260, 262, 274,
    281, 294, 303, 308- 309, 311,
    314, 346, 349-350, 365
Settlage, C. 339
Shakespeare 74, 78, 232, 240, 256, 341-
    342
Shuttleworth 39, 78
símbolos 24, 71, 73-75, 120, 232, 332,
    333, 346
Sófocles 40, 366

sonhos 15, 41, 46-47, 74, 142-143, 165,
    171, 239, 241, 243, 248-250,
    252, 260, 301, 304-307, 309,
    310, 322, 330
Spillius, E. B. 39, 57
Steiner, J. 78, 128
Stern, D. 57
Symington, J. 86

Tanner, T. 281
terror sem nome 83
Thomson, M. 26
Trevarthan, C. 57

verdade 16, 18, 26, 35-36, 38, 43, 48, 54,
    60, 64, 69, 74, 76, 78, 90 ,92,
    120, 127, 154, 174-175, 177-
    178, 182, 185, 197-199, 204,
    221, 235, 238, 240, 246, 252,
    253-255, 259-260, 262, 267,
    270, 272, 274, 277, 296-297,
    300, 309, 313,327, 335, 342,
    349, 355, 363, 367

Waddell, M. 10
Williams, G. 8, 84, 98
Williams, M. H. 312
Winnicott, D. 16, 76-77, 98, 161
Wordsworth, W. 24, 59, 65-66, 319, 326

Yeats, W. B. 69, 78, 101, 163-164, 334,
    336